Metafísica dos costumes

FUNDAÇÃO EDITORA DA UNESP

Presidente do Conselho Curador
Mário Sérgio Vasconcelos

Diretor-Presidente / Publisher
Jézio Hernani Bomfim Gutierre

Superintendente Administrativo e Financeiro
William de Souza Agostinho

Conselho Editorial Acadêmico
Luís Antônio Francisco de Souza
Marcelo dos Santos Pereira
Patricia Porchat Pereira da Silva Knudsen
Paulo Celso Moura
Ricardo D'Elia Matheus
Sandra Aparecida Ferreira
Tatiana Noronha de Souza
Trajano Sardenberg
Valéria dos Santos Guimarães

Editores-Adjuntos
Anderson Nobara
Leandro Rodrigues

ARTHUR SCHOPENHAUER

Metafísica dos costumes

Tradução
Eli Vagner Francisco Rodrigues

© 2024 Editora Unesp

Título original: *Metaphysik der Sitten*

Direitos de publicação reservados à:

Fundação Editora da Unesp (FEU)
Praça da Sé, 108
01001-900 – São Paulo – SP
Tel.: (0xx11) 3242-7171
Fax: (0xx11) 3242-7172
www.editoraunesp.com.br
www.livrariaunesp.com.br
atendimento.editora@unesp.br

Dados Internacionais de Catalogação na Publicação (CIP) de acordo com ISBD
Elaborado por Vagner Rodolfo da Silva – CRB-8/9410

S373m

Schopenhauer, Arthur
    Metafísica dos costumes / Arthur Schopenhauer; traduzido por Eli Vagner Francisco Rodrigues. – São Paulo: Editora Unesp, 2024.

    Tradução de: *Metaphysik der Sitten*
    ISBN: 978-65-5711-151-2

    1. Filosofia. 2. Arthur Schopenhauer. 3. Schopenhauer. 4. Ética. 5. Moral. 6. Metafísica. 7. Filosofia moral. 8. Justiça. 9. Liberdade. 10. Vontade. I. Rodrigues, Eli Vagner Francisco. II. Título.

2024-588   CDD 100
                                                                             CDU 1

Editora afiliada:

Sumário

Apresentação . *7*
   Eli Vagner Francisco Rodrigues

Metafísica dos costumes

1 Sobre a filosofia prática em geral . *19*

2 Sobre nossa relação com a morte . *23*

3 Da liberdade da vontade . *43*

4 Do estado da vontade no mundo de sua aparição: ou do sofrimento da existência . *83*

5 Da afirmação da vontade de viver . *113*

6 Da injustiça e do direito (justo), ou doutrina filosófica do direito . *125*

7 Da justiça eterna . *167*

8 Do significado ético da ação, ou: da natureza da virtude e do vício . *185*

9 Da negação da vontade de viver, ou: da renúncia e da santidade . *223*

Apresentação

Eli Vagner Francisco Rodrigues

Arthur Schopenhauer recebeu sua *Venia Legendi*[1] no ano de 1820 e lecionou na Universidade de Berlim nesse mesmo ano. Embora tenha continuado a anunciar suas aulas até o semestre de verão de 1822 e depois novamente no semestre de inverno de 1826 e 1827, até o semestre de inverno de 1831-1832, sua única atuação como professor universitário foi no verão de 1820. Esse dado biográfico não retira o valor das preleções que o filósofo preparou para o exercício acadêmico. Elaboradas de forma análoga à sua obra capital *O mundo como vontade e como representação*, as preleções versam sobre a "Teoria de toda a representação, pensamento e cognição"; "Metafísica da natureza"; "Metafísica do belo" e "Metafísica dos costumes".

A obra que o leitor tem em mãos é uma tradução da última dessas quatro preleções, a qual fechou a participação de Schopenhauer na Universidade de Berlim.

O que se percebe a partir da leitura das preleções é que as teses do autor sobre o conhecimento, a natureza, a estética e a

---
1 Autorização para lecionar na Universidade.

ética são retomadas de maneira totalmente fiel em relação ao texto de O *mundo como vontade e como representação*; em algumas passagens, identificamos verdadeiras paráfrases do texto da obra capital. Em alguns casos, no entanto, o filósofo elabora alguns suplementos e explicações adicionais. O que se pode concluir dessa adaptação de sua filosofia para a sala de aula é que Schopenhauer preparou o conteúdo das preleções com uma preocupação didática e adaptada à leitura pública. Assim, o texto se apresenta de forma mais clara e acessível em comparação com sua obra principal, que, diga-se de passagem, já primava pela clareza e pela concatenação lógica.

A *Metafísica dos costumes* oferece ao leitor um panorama de tópicos que vão desde o rompimento com a perspectiva ética kantiana, a distinção entre o justo e o injusto, a questão da liberdade da vontade, a tematização da existência do sofrimento, a doutrina do direito e a questão da afirmação e negação da vontade de viver, até uma comparação entre algumas doutrinas religiosas e sua própria filosofia moral. Schopenhauer compara sua ética com algumas doutrinas éticas historicamente reconhecidas como influentes, sobretudo com a doutrina cristã. Além disso, fenômenos como remorso, tédio, paixão, crueldade, agonia de consciência, bondade, nobreza, amizade, choro e compaixão são descritos e explicados na quarta preleção de acordo com sua própria doutrina filosófica.

Todos esses temas, tão diversos e complexos, são, no texto da preleção sobre a metafísica dos costumes, sempre balizados por uma proposição que permeia toda a obra e que é enfaticamente afirmada desde seu início, o "fato da consciência moral": "Temos uma consciência moral [*moralischen Bewusstseÿn*], uma consciência [*Gewissen*]. Mas de forma alguma essa consciência moral assume a forma de um imperativo...".²

Segundo Schopenhauer, a consciência moral se manifestará como um sentimento, como um peso na consciência, como uma angústia relativa a um ato de injustiça. A injustiça, por sua vez, é definida como uma ação que vai além da afirmação de seu próprio corpo e na qual a afirmação de sua própria vontade se torna a negação da vontade que aparece em outros indivíduos. Essa angústia da consciência, portanto, é um sentimento que atinge aquele que tem sua visão totalmente determinada pelo princípio de individuação e que age segundo o egoísmo, não enxergando no outro a mesma vontade que o anima. Para Schopenhauer, a tarefa da metafísica dos costumes, entre outras, é explicar esse sentimento, é elevar esse "fato da consciência" a um conhecimento claro. O filósofo se propõe a explicar esse fenômeno sem elaborar nenhuma doutrina de deveres, sem impor uma ideia de dever incondicional.

O texto original

O texto usado como base para a presente tradução foi a nova edição das *Vorlesung über: Die gesamte Philosophie oder die Lehre vom Wesen der Welt und dem menschlichen Geiste, 4. Teil: Metaphysik der Sitten* publicada em 2017 pela editora Felix Meiner.

A edição do quarto volume das preleções, publicadas pela Felix Meiner na Alemanha, contou com um trabalho de edição crítica coordenado por Daniel Schubbe e com a participação de

---

2 No original alemão: *"Wir haben ein moralisches Bewusstseÿn, ein Gewissen. Aber keineswegs hat dieses moralische Bewusstseÿn die Form eines Imperativs..."*.

William Massei Junior, Judith Werntgen-Schmidt e Daniel Elon. Vale destacar o precioso trabalho desse grupo de pesquisadores que, através de um rigoroso trabalho de leitura dos manuscritos de Schopenhauer, disponíveis aos pesquisadores no Schopenhauer Archiv da Goethe Universität – Frankfurt am Main, conseguiu resgatar com maior acuidade e precisão a versão mais fiel do espólio e do legado do filósofo de Frankfurt.

O objetivo central de uma nova edição crítica das preleções de Schopenhauer seria, basicamente, a tarefa de realizar uma nova transcrição dos manuscritos de Schopenhauer a fim de corrigir os problemas encontrados na tradição textual e restaurar a completude das referências da obra do filósofo. Com base em uma nova transcrição dos manuscritos, a edição de Daniel Schubbe apresenta um texto recém-compilado e mais completo em relação ao último estado de revisão da obra de Schopenhauer, permitindo assim que as preleções possam ser trabalhadas a partir de uma leitura mais facilitada tanto para o grande público quanto para o público acadêmico.

A tradução espanhola

A título de cotejamento, a tradução de Roberto Rodríguez Aramayo[3] foi de grande valia.

Aramayo apresenta um rigoroso trabalho de tradução para a língua espanhola e oferece ao leitor inúmeros esclarecimentos e informações adicionais em suas notas de rodapé, o que atesta um profundo estudo do texto original e de textos relacionados.

---

3 Aramayo, *Metafísica de las costumbres*. ed. bilíngue. Madri: Editorial Trotta, 1993. (Colección Classicos de la Cultura.)

Sobre o texto base para a tradução, Aramayo utiliza a edição de Franz Mockrauer em cooperação com Paul Deusen de 1913 que, segundo Aramayo, ocupa as páginas 367-584 do volume X.[4]

Segundo indica Aramayo, em seu estudo introdutório à tradução espanhola, foi utilizada a reimpressão realizada por Volker Spierling.[5]

O trabalho de tradução de Aramayo se baseou em um amplo estudo da obra de Schopenhauer, e o tradutor se valeu de inúmeras consultas às referências citadas pelo filósofo alemão ao longo de seu texto. Esse trabalho de pesquisa de Aramayo representou um inestimável auxílio para algumas notas e soluções de tradução que adotei.

Projeto de tradução

A presente tradução foi realizada de 2021 a 2023 com financiamento da Fundação de Amparo à Pesquisa do Estado de São Paulo (Fapesp), Processo n.2021/14261-7, intitulado *Estudo crítico e tradução: Metaphysik der Sitten (1820). Preleções sobre a "Metafísica dos Costumes", na Universidade de Berlim de Arthur Schopenhauer*. O projeto propôs um trabalho de colaboração entre a Universidade Estadual Paulista "Júlio de Mesquita Filho" – Unesp e a Goethe Universität – Frankfurt am Main.

---

4 "Arhtur Schopenhauer handschriftlicher Nachlass. Philophische Vorlesungen", em Paul Deusen (org.), *Arthur Schopenhauer Samtlich Werke*. 16v. Munique: R. Piper & Co., 1911-1942.

5 Schopenhauer, *Metaphysik der Sitten*. ed. Volker Spierling. Munique; Zurique: Piper, 1985.

O financiamento do projeto pela Fapesp e a colaboração com a Goethe Universität de Frankfurt me permitiram, além de custeio de material de pesquisa, uma estadia de estudos no Schopenhauer Archiv da Goethe Universität – Frankfurt am Main entre 2022 e o início de 2023.

O trabalho foi possibilitado, inicialmente, por envio de carta de recomendação do prof. dr. Mathias Kossler à equipe do Schopenhauer Archiv da Goethe Universität. Posteriormente recebi carta convite do prof. dr. Christoph Menke do Institut für Philosophie an der Goethe Universität para temporada de pesquisa em Frankfurt am Main, e finalmente pelo trabalho de atendimento e agendamento da sala de leitura do Schopenhauer Archiv realizada por Oliver Kleppel e pelo dr. Mathias Jehn.

A senhora Isabelle de Porras, assessora para pesquisadores internacionais do Welcome Center da Goethe Universität, foi responsável pela viabilização de minha permanência na Gästehaus da Goethe Universität (Casa de estadia para professores/pesquisadores convidados da Universidade de Frankfurt).

A natureza do texto

Como estamos diante de um texto que foi lido em sala de aula e que tem por base um sistema de pensamento, algumas anotações de Schopenhauer indicam material ou referências que não compõem o texto propriamente dito. Assim, encontramos ao longo do texto algumas anotações que não fazem parte, necessariamente, do que poderíamos denominar a fluência natural e lógica do discurso oral, sequencial. Essas anotações aparecem nas edições tanto de Volker Spierling quanto de Daniel Schubbe. Não são muitas, mas podem causar algum estranhamento por não estarem diretamente ligadas à estrutura discursiva direta. As anotações *illustratio* foram mantidas no texto e nos remetem a outras fontes, referências bibliográficas e até a outras folhas dos manuscritos e mesmo a outros trechos do próprio texto. Essas palavras podem parecer, em alguns trechos do texto, um tanto soltas e repetitivas. Os termos foram reproduzidos na tradução exatamente como aparecem no original, na mesma posição e pontuação. Além dessas anotações, algumas palavras figuram como se fossem tópicos que poderiam ser mais desenvolvidos durante apresentação oral, e aparecem, geralmente, ao final de um capítulo. Por esse motivo, elas aparecem sem desenvolvimento, apenas como apontamentos, assim como o autor as deixou nos manuscritos.

A característica didática do texto pode sugerir que sua leitura seria uma boa iniciação à obra de Schopenhauer. De fato, a leitura da *Metafísica dos costumes* pode iniciar o leitor em alguns aspectos fundamentais da ética do filósofo de Frankfurt. No entanto, é sempre prudente seguir a recomendação do próprio filósofo de iniciar seus estudos lendo duas vezes *O mundo como vontade e como representação*, de 1818-1819, não sem antes ler a sua tese de doutoramento *Sobre a quadrúplice raiz do princípio de razão suficiente*, de 1813.

Observações técnicas

Para algumas soluções de tradução da terminologia mais recorrente na obra de Schopenhauer me foi de grande valia o cotejamento com a tradução do prof. dr. Jair Barboza dos dois volumes de *O mundo como vontade e como representação*. A opção por verter *"Objektität des Willens"* por "Objetidade", por exemplo, se baseia na opção adotada nas referidas traduções. Em nota à p.157 da edição brasileira de *O mundo como vontade e como representação*, o tradutor esclarece sobre a opção: "O termo *Objektität*, neologismo de Schopenhauer, costuma provocar confusão entre tradutores, que às vezes o vertem por 'objetividade', termo inadequado, pois faz perder de vista o caráter inconsciente da intuição do entendimento".[6]

Meus agradecimentos ao professor Jair Barboza pela gentileza a mim dispensada na consulta que pude fazer a ele ao final de minha tradução.

Agradecimentos

Agradeço à Fapesp pelo financiamento da pesquisa e da visita técnica ao Schopenhauer Archiv da Goethe Universität, 2022-2023.

Agradeço a Jézio Hernani Bomfim Gutierre, editor e diretor-presidente da Fundação Editora da Unesp, pela acolhida do projeto de publicação das preleções de Schopenhauer e pelas orientações relativas a esta tradução.

Agradeço ao Departamento de Ciências Humanas da Faculdade de Arquitetura, Artes, Comunicação e Design (Faac-Unesp) pelo período de afastamento a mim concedido para a realização da pesquisa em Frankfurt.

Agradeço à diretoria da Faac, na pessoa da profª drª Fernanda Henriques, pela concessão de estadia internacional para viabilização da pesquisa.

---

6 Schopenhauer, *O mundo como vontade e como representação*. Trad. Jair Barboza. São Paulo: Editora Unesp, 2005, p.157n.

Agradeço ao prof. dr. Mathias Kossler e ao prof. dr. Christoph Menke pela recomendação e convite para pesquisa na Goethe Universität – Frankfurt am Main.

Agradeço a Oliver Kleppel e ao dr. Mathias Jehn pelo atendimento e agendamentos na sala de leitura do Schopenhauer Archiv.

Agradeço à senhora Isabelle de Porras pela viabilização de minha estadia na Gästhaus da Goethe Universität.

Agradeço, também e sempre, à professora Hülya Belketin-Dikme pelas preciosas orientações em relação à língua alemã.

Por fim, gostaria de reproduzir aqui uma observação que consta da primeira edição brasileira de *O mundo como vontade e como representação*, traduzida por Jair Barboza, fazendo minhas as palavras dele naquela introdução:

"As críticas e sugestões por parte dos leitores, tradutores, filósofos ou amantes da literatura em geral serão bem-vindas e levadas em conta numa futura revisão. Para isto a exigência que faço é que sejam bem-intencionadas." O meu e-mail: eli.vagner@unesp.br.

Frankfurt am Main, dezembro de 2022

Metafísica dos costumes

1
Sobre a filosofia prática em geral

A parte primordial.
Filosofia prática.
Caráter inteligível.
A virtude não se aprende.

A filosofia não pode, em nenhum lugar, fazer mais do que interpretar e explicar o que é dado, trazer a essência do mundo, que se expressa *in concreto*, ou seja, como sentimento, compreensível a todos, para o claro conhecimento abstrato da razão, e isso em todos os aspectos, de todos os pontos de vista. Dessa forma, o agir do homem será o objeto de nossa consideração: e descobriremos que ele é, provavelmente, o mais importante de todos, não apenas de acordo com o julgamento subjetivo, mas também de acordo com o julgamento objetivo. Ao fazer isso, darei por suposto o conteúdo das lições anteriores; na verdade, vou desenvolver o conhecimento único, que é o conjunto da filosofia, e que agora se desdobra nesse objeto, como anteriormente se desdobrou em outros.

Arthur Schopenhauer

Fatos da consciência moral; como problema

A significação ética do agir é um fato inegável. (*illustratio*) Nós possuímos uma consciência moral [*moralisches Bewusstseÿn*], uma consciência moral em sentido estrito [*Gewissen*]. Mas essa consciência moral não ostenta de modo algum a forma de um imperativo, de uma lei moral relativa a "o que alguém *deve* fazer e o que alguém deve deixar de fazer"; tal foi o parecer de Kant, em que pese que ele não o provou, e desde Kant *todos* o repetem, por ser cômodo, mesmo que se expressem de maneira diferente (lei moral). Mas ninguém encontrará semelhante preceito, mandado ou dever no seio de nossa consciência. A única coisa que cabe sustentar como fato da consciência moral é o seguinte: mesmo sendo verdade que somos *egoístas* por natureza, e sob essa luz, isto é, a consciência da mera razão, quer dizer, que só buscamos *nosso* próprio gozo e benefício, não resulta menos certo o fato, tão estranho como irrefutável, de que, quando obtemos nosso gozo ou proveito *à custa de outro*, se estremeça muito claramente com ele certo pesar, cuja causa não conseguimos explicar de imediato e que vem amargar esse regozijo, sendo assim que esse mal-estar persiste inclusive depois de ter esgotado o gozo e o benefício; e pelo contrário, quando os outros cometem uma arbitrariedade à custa de nosso gozo ou proveito, se soma com toda clareza a nossa pena um intenso júbilo e contentamento interior, que não sabemos explicar e que, porém, *persiste* ainda depois que nossa desgraça seja ressarcida de fato. Por outro lado, quando vemos que um homem propicia gozo e proveito a outro, tendo-os como algo tão sagrado e inviolável como os seus próprios, experimentamos em relação a ele, de forma extremamente involuntária, um sentimento de apreço; e vice-versa, quando vemos que alguém persegue cegamente seu gozo e seu benefício, sem considerar em nada a existência e os direitos dos demais, experimentamos um enfurecido menosprezo por ele, por mais que nosso interesse se submeta a ele. Estes são os únicos fatos relativos à significação ética do agir ou da consciência moral; não existe, no entanto, dever, preceito, imperativo categórico nem lei moral alguma.

O propósito de minha ética

Para explicar esse fato: meu tema é elevar o que é meramente sentido ao conhecimento claro.
Nenhuma doutrina do dever.
Nenhum princípio moral geral (universal).
Nenhum *dever* incondicionado.
De nossa visão global segue-se que a vontade não é apenas livre; mas também todo-poderosa: dela não se desprende somente seu agir, mas também seu mundo; e como ele é, assim aparece sua ação, assim aparece seu mundo: ambos são seu autoconhecimento, nada mais: ela determina a si mesmo e, portanto, determina a ambos. Pois nada existe à margem da vontade como si mesmo: só a vontade é realmente autônoma, sendo heterônomo qualquer outro aspecto. Nosso esforço só pode visar a interpretar e explicar as ações humanas, as máximas muito diferentes e até contraditórias das quais ela é expressão viva, de acordo com sua essência e conteúdos mais íntimos, em conexão com nossas considerações anteriores e assim como fazemos para interpretar os outros fenômenos do mundo, para trazer sua natureza mais íntima para uma cog-

nição clara e abstrata. Nossa filosofia manterá neste ponto a mesma *imanência* de todas as considerações anteriores.

Não vamos utilizar as formas da aparência (o princípio de razão) para sobrevoar a aparência (que por si só lhes dá sentido) e aterrissar no campo da ficção vazia. Ao contrário, esse mundo real de cognoscibilidade, no qual nós e aquilo que está em nós, permanece a substância e também o limite de nossa consideração. Ele é tão rico em conteúdo que mesmo a pesquisa mais profunda de que a mente humana seja capaz não pode esgotá-lo. Assim, pois, o mundo real resultará tão pouco permeável a nossa consideração ética, carente de material e realidade, como se mostrou às considerações anteriores.

Filosofia histórica e autêntica filosofia.

2
Sobre nossa relação com a morte

A vida é, certamente, vontade

De tudo que vimos até agora, já nos é conhecido que no mundo como representação surgiu o espelho da vontade, no qual ela se reconhece a si mesma com graus crescentes de clareza e completude, dos quais o homem é o mais alto. A essência do homem, no entanto, só recebe sua expressão completa através da série coerente de suas ações, cuja coerência completa se torna possível pela razão, que sempre permite examinar o todo *in abstracto*.

A vontade, considerada puramente em si mesma, é sem conhecimento e apenas um impulso cego e incontrolável: assim ela ainda aparece em natureza inorgânica e meramente vegetal e suas leis, de fato na parte vegetativa de nossa própria vida. Somente quando o mundo da representação, desenvolvido para seu serviço, é adicionado, ele próprio recebe o conhecimento de sua necessidade e do que é que ele quer: que não é nada mais do que este mundo, a vida, tal como está ali. Por isso dizemos: o mundo aparente é seu espelho, sua objetividade: pois o que a vontade quer é sempre a vida, justamente porque a vida nada mais é do que a representação daquele querer da representação; é tudo a mesma coisa e é apenas um pleonasmo se, em vez de dizer simplesmente a vontade, dissermos a vontade de viver. Ora, já que a vontade é a coisa em si, o conteúdo interior, a essência do mundo; a vida, o mundo visível, é aparência, apenas o espelho da vontade; ela acompanhará a vontade tão inseparavelmente quanto a sombra acompanha o corpo: e quando houver vontade, a vida, o mundo também ali existirá. A vontade de viver é, também, certamente, a vida.

Vida e morte

Portanto, enquanto estivermos cheios de vontade de viver, não devemos nos preocupar com nossa existência, nem mesmo com a visão da morte. Embora vejamos o indivíduo nascer e falecer: mas o indivíduo é apenas aparência, está apenas para a cognição localizada no princípio de razão, no *principium individuationis* [no tempo e no espaço]. Para estes, porém, recebe sua vida como um presente, emerge do nada, depois sofre a perda desse presente através da morte e volta ao nada. Mas, se olharmos a vida filosoficamente, isto é, de acordo com considerações ideais, descobriremos que nem a vontade, a coisa em si mesma em todas as aparências, nem o sujeito de cognição, o espectador de todas as aparências, são tocados de todo pelo nascimento e pela morte. O nascimento e a morte pertencem à aparência da vontade, ou seja, à vida. É essencial que a vontade se represente em indivíduos que surgem e passam, como aparições fugazes na forma do tempo, daquilo que em si mesmo não conhece tempo, mas deve se representar precisamente da

forma acima mencionada, a fim de objetivar sua essência real. Nascimento e morte pertencem à vida da mesma forma e mantêm seu equilíbrio como condições recíprocas um do outro. (Polos da aparição da vida.)
Shiwa, Lingam.
Sarcófago dos antigos.

O objetivo era, evidentemente, apontar com maior ênfase desde a morte do indivíduo enlutado até a vida imortal da natureza, e indicar, embora sem conhecimento abstrato, que toda a natureza é aparência e também o cumprimento da vontade de viver. A forma desse fenômeno é o tempo, o espaço e a causalidade, e, por meio destes, a individuação, que implica que o indivíduo deve nascer e morrer, mas isto não afeta a vontade de viver mais do que toda a natureza é afetada pela morte de um indivíduo. Pois o indivíduo é, por assim dizer, apenas um único exemplo ou espécime da aparência da vontade de viver: é por isso que a natureza não está interessada no indivíduo, mas somente na espécie: ela se esforça com toda a seriedade para conservá-lo, e cuida dele através do enorme número de germes (*illustratio.*) e do grande poder do instinto de fecundação. Por outro lado, o indivíduo não tem valor para a natureza e não pode, de fato, ter, pois o reino da natureza é de tempo e espaço infinitos e, neste, um número infinito de indivíduos é possível. Portanto, a natureza está sempre pronta para deixar o indivíduo perecer: assim, o indivíduo não só está exposto ao perecer de mil maneiras, pelas mais insignificantes coincidências, mas já está originalmente destinado a ele: é levado até ele pela própria natureza a partir do momento em que serviu para a preservação da espécie. Muito ingenuamente, a própria natureza expressa a grande verdade, que só as ideias têm realidade, ou seja, que são elas a perfeita objetidade da vontade, não os indivíduos. Nessa ordem de coisas o homem é a própria natureza, e isso no mais alto grau de sua autoconsciência: mas a natureza é apenas a vontade de viver objetivada. Assim, o homem, quando tiver compreendido esse ponto de vista e permanecer com ele, pode, de fato e com razão, se consolar com sua morte e a de seus amigos, olhando para trás, olhando para a vida imortal da natureza. Quando, nos antigos sarcófagos, se representava Shiva com o Lingam, o que se pretendia com essas imagens ardentes de vida era evocar ao espectador de luto que *Natura non contristatur*.[1]

Portanto, temos que olhar para a procriação e para a morte como algo pertencente à vida e essencial a essa manifestação da vontade: isto também decorre do fato de que ambas se apresentam como a manifestação mais elevada de todas, em que consiste todo o resto da vida. Pois, elas não passam de uma constante mudança de matéria sob a firme persistência da forma: e isto é precisamente a transitoriedade dos indivíduos com a imperecibilidade da espécie. A constante nutrição e reprodução não supõem senão distintos graus da geração, assim como a excreção é da morte.

Em plantas e animais

O primeiro pode ser visto de forma mais simples e clara nas plantas. Isto é, através e apenas através da repetição constante do mesmo rebento, da sua fibra mais simples, que se agrupa em folha e ramo; é um agregado sistemático de plantas semelhantes que se suportam umas às outras, cuja reprodução constan-

---

[1] A natureza não se entristece. (N. T.)

te é o seu único rebento: enquanto uma árvore ainda não tiver uma flor, a procriação e a reprodução continuam a ser a mesma coisa: cada ramo que brota em vez de um cortado é uma nova pequena planta que cresce na grande, podendo por isso ser separada desta última e colada ao chão, onde depois se mantém completamente como uma nova planta. A fim de satisfazer esse instinto reprodutivo mais completamente, mais rapidamente e com mais frequência, a planta, através da escada da metamorfose, sobe finalmente à flor e à fruta, esse compêndio de sua existência e de seus esforços, no qual atinge agora pelo caminho mais curto possível aquilo que é o seu único objetivo, e agora realiza com um único golpe mil vezes o que até agora trabalhou em pormenor, a repetição de si mesma. A sua condução para a fruta é para a fruta como a escrita é para a prensa de impressão.

Obviamente, o mesmo se passa com os animais. O processo nutritivo é uma procriação estável e lenta: o processo procriador é um alimento mais potente, é a reprodução com a separação do produto, que agora se mantém como um novo indivíduo e, tendo-se afastado do antigo, não é afetado pelo cansaço do indivíduo procriador, mas começa uma vida nova. O conforto da sensação de vida em plena saúde surge da vegetação e reprodução constantes, o crescimento constante de novas partes através da assimilação. Uma vez que a procriação é a maior potência de reprodução, a luxúria que a acompanha é também a maior potência do conforto dessa sensação de vida. Por outro lado, a *excreção*, o constante derramamento de matéria, é o mesmo que a *morte*, o oposto da procriação, na sua potência superior. Tal como nos contentamos sempre em preservar a forma sem lamentar a matéria que foi deitada fora, também devemos comportar-nos da mesma forma quando na morte a mesma coisa acontece em potência aumentada e como um todo que acontece diariamente e de hora em hora em detalhe na excreção: tal como somos indiferentes no primeiro, não devemos tremer de volta no segundo. Desse ponto de vista, parece igualmente errado exigir a continuação da sua individualidade, que é substituída por outros indivíduos, como a continuação da matéria do seu corpo, que é constantemente substituída por outros. A vida consiste precisamente no constante derramamento de matéria e na assimilação de nova matéria, daí que seja contraditório querer a vida enquanto se mantém constantemente a mesma matéria. É a mesma contradição num plano mais elevado quando se exige que o próprio indivíduo exista sempre, uma vez que tem providenciado a continuidade da forma através da procriação. Parece tão insensato embalsamar cadáveres como seria preservar cuidadosamente os seus excrementos. O cadáver é um mero excremento da forma humana sempre existente.

Extinção da consciência

No que diz respeito à *consciência individual* ligada ao corpo de cada um, ela é completamente interrompida diariamente pelo sono. O sono profundo não é de modo algum diferente da morte (na qual frequentemente passa) para o presente da sua duração, mas apenas para o futuro, nomeadamente no que diz respeito ao despertar. A morte é um sono em que a individualidade é esquecida: todo o resto desperta novamente, ou melhor, permanece acordado.

Se se entendeu bem a proposta principal na *Metafísica da natureza*, que a essência em si mesma no homem, e também em cada aparência, é a vontade, que é o radical em cada ser e a coisa real em si mesma, que, por outro lado, a *representação* em geral é apenas a sua imagem, consequentemente apenas algo acrescentado, inteiramente secundário e apenas externo, uma mera *aparência*, nomeadamente, precisamente a aparência da vontade; *a priori*, já se pode ver e compreender plenamente que, embora a essência do homem em si permaneça completamente intocada pela morte, que é algo que ocorre no tempo e, portanto, pertence apenas à aparência, no entanto, a *consciência* é extinta pela morte. Pois a consciência tem a sua essência inteiramente na representação: nada mais é do que a *percepção* do presente e a *memória* do passado enfiadas juntamente com a experiência do indivíduo que aparece como um corpo no espaço: mas tudo isto existe apenas como representação. Uma vez que a representação com tudo o que nela existe é mera aparência, não pertence ao ser em si mesmo, que não é afetado pela mudança de aparências: ainda que este ser em si mesmo, a vontade, seja tão pouco destruída pela morte como começa pelo nascimento; este não é o caso da consciência e nenhuma *memória* pode ir além da vida individual.

Em geral, o indivíduo humano nasce através da adição de um certo grau de conhecimento à vontade, que é a essência em si mesma, a radicalidade deste fenômeno: por assim dizer, como resultado do golpe dos fios de luz sobre um corpo, este corpo fica ali como uma aparência visível. Uma vez que a consciência individual só surge, portanto, através da reunião de duas heterogeneidades, como deve continuar após a sua separação?

A propósito. Assim como o indivíduo humano surge do encontro de duas coisas bem diferentes, a vontade e o conhecimento, análoga a isso é, por assim dizer, a imagem dele na aparência, que é produzida por dois indivíduos, os progenitores. – Na procriação, o pai dá a base material, o radical da nova aparência, a mãe apenas o recipiente, a forma. Só pela analogia, poder-se-ia concluir que a vontade do novo indivíduo corresponde à vontade do pai e os seus conhecimentos aos da mãe. Agora, no entanto, parece-me que tanto minha própria experiência como a história sempre confirmam isso; pelo menos eu o encontrei até agora: isto é, parece que a moral o homem herda do pai, mas a parte intelectual da mãe. (*Illustratio.*) A esposa de Eduardo da Inglaterra, filha de Filipe, o Belo. Filipe e Alexandre, conquistadores. Mas, *pater semper incertus*. A mãe de Goethe, a mãe de Kant. Cada um se lembra de seu próprio pai. Costuma-se dizer "mãe-feiticeira", não "pai-feiticeiro". Considerando que: "ele tem o coração de seu pai", casualmente fala-se sobre cabeça e coração (Foliant, p.36.13). Todos esses exemplos são apenas hipóteses. Em animais, a mãe dá o tamanho para os bastardos, o pai a forma.

A falta de naturalidade da exigência de que a consciência individual não deve ser interrompida mesmo pela morte pode ser vista de forma mais viva quando se olha para um *sonâmbulo*: como regra, isto mostra duas consciências que não sabem nada uma sobre a outra, mas cada uma tem seu próprio pensamento: a pessoa acordada não sabe nada sobre o que disse e fez no sono hipnótico, e essa pessoa muitas vezes sabe tão pouco sobre a outra. Uma emigrante francesa sonâmbula, durante o sono, falava apenas um alemão fragmentado. Mesmo o tempo que uma consciência ocupa não é o mesmo para a outra. Muitas vezes, a pessoa sonâmbula, ao entrar no sono, começa seu discurso novamente exatamente onde tinha sido interrompido quando o sono anterior se rompeu. – Agora, finalmente, a morte! Onde o homem se transforma em cinzas! Mas em tudo isso devemos perceber que a *procriação e a morte* são algo *indiferente* para nós, uma mera aparência que não toca nosso verdadeiro ser, e por isso não temos de forma alguma que temer a morte como nossa destruição; mas, se a vida nos agrada, ela não pode nos escapar de forma alguma.

A forma presente da realidade

Acima de tudo, devemos reconhecer claramente que a forma da *aparência da vontade*, ou seja, a forma da *vida* ou da *realidade*, na verdade é apenas o *presente*, não o futuro ou o passado. Estes só estão no conceito, só estão lá no contexto do conhecimento na medida em que seguem o princípio de razão. Nenhum homem viveu no passado, e nenhum homem jamais viverá no futuro: mas o *presente* por si só é a forma de toda a vida; é também sua posse certa, que nunca poderá ser arrancada dela. (M. S. Buch, p.71.)[2] A vontade é a vida, a vida é o presente certo e seguro. Claro que, quando pensamos nos últimos milênios, nos milhões de pessoas que neles viveram, então perguntamos: o que foram eles? o que foi feito deles? — Mas podemos apenas recordar o passado de nossa própria vida, e renovar vividamente suas cenas em nossa imaginação, e agora perguntar novamente: o que foi tudo isso? o que foi feito dela? onde ela ficou?

Assim como com ela, assim é com a vida desses milhões. Ou devemos pensar que o passado, por ser fechado pela morte, adquire uma nova dimensão? Nosso próprio passado, mesmo o próximo, o dia de ontem, é apenas um sonho fútil da imaginação; e o mesmo é o passado de todos esses milhões. O que foi? o que é? — O presente, e no presente a vida e a existên-

---

2 "Reisebuch" (Vgl. HN III, p.24.)

cia que são o espelho da vontade e sua imagem. A vontade é a coisa em si: mas o tempo existe apenas para sua aparência, seu fluxo não a afeta. – Aqueles que ainda não reconheceram isto devem acrescentar esta pergunta à questão sobre o destino das gerações passadas: Por que *existo* agora e já não *deixei* de existir? Que privilégio meu insignificante eu tem de realmente existir no único presente real; enquanto tantos milhões de pessoas, mesmo os grandes heróis e os sábios do passado, já afundaram na noite do passado e assim se tornaram nada? de onde vem o privilégio inestimável de eu realmente existir *agora*? Por que *eu* não morri há muito tempo como eles? Ou ele pode expressá-lo ainda mais estranhamente assim: por que este é meu agora e não um muito tempo atrás? Ao fazer perguntas tão estranhas, ele realmente vê seu tempo e sua existência como independentes um do outro, e isso como tendo sido atirado para dentro dele. Ele realmente assume dois agoras, um que pertence ao sujeito e outro que pertence ao objeto, e se maravilha com a feliz coincidência de sua convergência. De fato, o presente é o ponto de contato do objeto cuja forma é o tempo com o sujeito, que não tem a forma do princípio de razão. Porque o princípio de razão é apenas a forma do objeto, não do sujeito. Agora, porém, tudo é objeto da vontade na medida em que se torna representação, e o sujeito é o correlato necessário de todo objeto: mas os objetos reais só existem no presente: passado e futuro só existem no conceito, contêm meros conceitos e fantasmas: portanto, o presente é a forma essencial do aparecimento da vontade, e inseparável dela. A vida é essencial e certa para a vontade, o presente para a vida. A forma da vontade, ou seja, a forma como a vontade aparece a si mesma, é um presente imóvel e interminável. O *tempo* consiste inteiramente de futuro e passado. Podemos comparar o tempo a um círculo sem fim: a metade cada vez menor seria o passado, a metade cada vez maior seria o futuro: acima, porém, o ponto indivisível tocando a tangente seria o *presente* inextenso: como a tangente não rola, tampouco o presente, ponto de contato do objeto cuja forma é o tempo com o sujeito que não tem forma, porque não pertence ao cognoscível, mas é a condição de todo cognoscível. Podemos também pensar no tempo como uma corrente impetuosa e torrencial: mas o presente como uma rocha que a corrente quebra sem arrastá-la. A vontade, como coisa em si, está tão pouco sujeita ao princípio de razão como está o sujeito do conhecimento, que no final a vida é ela mesma ou sua expressão, e como a vontade é certa de sua própria aparência, a vida; assim também o presente é a única forma de vida real. Portanto, não temos que perguntar sobre o passado antes da vida, nem sobre o futuro após a morte: não pode haver tal coisa. Ao contrário, devemos reconhecer que a única forma em que a vontade aparece a si mesma é o *presente*: os escolásticos já ensinavam que a eternidade (isto é, a forma em que a coisa em si constitui sua forma mesma enquanto manifestação no tempo) não é um *temporis sine fine successio*; mas um *Nunc stans*: portanto, na verdade, *idem nobis nunc esse, quod erat Nunc Adamo: i.e. inter Nunc & Tunc nullam esse diferentiam*.[3] Assim, apenas o presente é a forma da manifestação da vontade: portanto, não escapará dela: mas agora ele também não a inverte. Ou seja, aquele que está satisfeito com a vida como ela é, que a quer e

---

3 Não é uma sucessão infinita de tempo, mas um contínuo agora, isto é, que nosso agora é o mesmo que foi para Adão, que entre este agora e o de então não existe nenhuma diferença. (N. T.)

a afirma de todas as maneiras, pode com confiança considerá-la infinita e banir todo o medo da morte, como uma ilusão através da qual surge o medo absurdo de que possa perder o presente, de que possa haver um presente sem ele, ou mesmo um tempo sem presenças: Essa ilusão, que subjaz ao medo da morte, existe realmente em relação ao tempo. Em relação ao espaço há aquela outra ilusão em virtude da qual todos em sua imaginação consideram o lugar que ele ocupa no globo como o topo e todo o resto como o fundo: da mesma forma que todos atribuem o presente à sua individualidade, e realmente pensam (temendo a morte) que com a morte todo o presente se extingue; passado e futuro seriam desamparados sem o presente. Mas, como em toda parte do globo há um acima, assim também a forma de toda vida está no *presente*: e temer a morte, porque ela nos arrebata o presente, não é mais sábio do que temer que alguém possa deslizar para baixo do globo redondo sobre o qual se encontra agora, felizmente, em cima. A forma do presente é essencial para a objetivação da vontade: como ponto inextensível, ele intercepta o tempo, que é infinito de ambos os lados, e permanece imóvel: assim, o verdadeiro Sol permanece firme e queima sem cessar um perpétuo meio-dia sem uma noite fria, enquanto ele só aparentemente afunda no seio da noite: se, portanto, um homem teme a morte como sua aniquilação, não é diferente de que se pensasse que o Sol, ao anoitecer, poderia temer afundar na noite eterna. – Mas agora também no caso contrário: se um homem é sobrecarregado pelo peso da vida, se ele realmente quer a vida em geral e a quer e afirma, mas detesta as dificuldades dela e, especialmente, não pode mais suportar as dificuldades que acabam de cair sobre ele; então não deve esperar ser capaz de se libertar dela através da morte e considerar o suicídio como um meio de salvação: é também apenas uma falsa pretensão com a qual o escuro e frio Orkus lhe acena como um refúgio de descanso. A Terra gira do dia para a noite; o indivíduo morre: mas o próprio Sol queima incessantemente o meio-dia eterno; à vontade de viver, a vida é certa; a forma de vida está presente sem fim; não importa como os indivíduos, as aparências da ideia, venham a existir e desapareçam no tempo, compare-os a sonhos fugazes. – O suicídio já nos aparece aqui como um ato fútil e, portanto, tolo; além disso, vamos conhecê-lo de um lado pior.

Por mais que os dogmas mudem e nosso conhecimento se perca, o sentimento sempre fala corretamente, e a natureza também não se perde, mas segue seu curso firme e seguro, aberto a todos aqueles que são imparciais e capazes de entendê-lo.

Todo ser está completamente na natureza e também está completamente em todos, é ele mesmo. Também em todo animal a natureza tem seu centro: ela encontrou seu caminho para a existência com sua mão, e assim o descobrirá. Enquanto isso, o animal não teme a aniquilação, vive despreocupadamente, apoiado no conhecimento de que é a própria natureza e, portanto, como ela, imperecível. Só o homem carrega consigo, em termos abstratos, a certeza de sua morte. Mas [é] muito estranho que isso também não o preocupe como um todo; mas apenas em momentos únicos, quando uma ocasião a traz à mente em sua imaginação, podem assustá-lo. A reflexão pouco pode fazer contra a poderosa voz da natureza. Portanto, também nele, assim como no animal que não pensa, aquela consciência mais íntima prevalece como um estado de espírito permanente de que ele é a natureza, o próprio mundo: e daí surge aquela segurança na existência, graças à qual nenhuma pessoa é visivelmente perturbada pelo pensamento de uma morte certa; mas vive como se tivesse que viver para sempre, e isto vai tão longe que se poderia dizer que ninguém tem uma convicção viva real da certeza de sua morte, pois de outra forma todos nós deveríamos estar quase tão assustados quanto o criminoso condenado à morte: mas a proposta de que todos devem morrer é admitida por todos, *in abstracto* e teoricamente, mas imediatamente posta de lado, como outras verdades teóricas que, no entanto, não se aplicam à prática. Quer-se explicar isto psicologicamente por hábito e contentamento com o inevitável: mas isto não é suficiente: e a razão para isto é precisamente aquela mais profunda que eu indiquei. Essa consciência de que cada um carrega dentro de si a fonte de toda existência e é ele mesmo a essência mais íntima da natureza é também a origem real de todos os dogmas sobre qualquer tipo de continuação do indivíduo após a morte: tais coisas existiram em todos os tempos e entre quase todos os povos, e sempre se acreditou nelas, embora as provas para elas tenham sido sempre muito inadequadas, enquanto as provas para o contrário foram fortes e numerosas; de fato, isto na verdade não precisa de provas, mas é revelado como um fato: confiar nesse fato exige de todos a confiança com a qual ele deve assumir que a natureza, como ela não erra, também não mente, mas afirma abertamente seus atos e sua essência, até mesmo os expressa ingenuamente: se, no entanto, nos enganamos nisso, é porque nós mesmos a turvamos por ilusão, a fim de interpretar o que é adequado de acordo com nossa visão limitada.

Agora trouxemos à clara consciência que, embora a manifestação individual da vontade tenha um começo e um término no tempo, a própria vontade como uma coisa em si não é afetada nem por um nem por outro. Assim como ao correlato de todo objeto, ao sujeito do conhecimento, não ao conhecido, sempre corresponde uma certa da vontade de viver – isso não é o mesmo que aqueles dogmas da imortalidade do indivíduo. Pois a vontade como coisa em si mesma (como também o puro sujeito do conhecimento, o eterno olho do mundo) tem tão pouco a ver com a persistência quanto com a morte: pois estas coisas só estão no tempo e aquela não está vinculada ao tempo. Se, portanto, o indivíduo, em virtude de seu egoísmo, deseja se manter por um tempo infinito, nossa visão não lhe promete mais consolo e realização do que a garantia de que o resto do mundo externo continuará a existir após sua morte: pois esta é a expressão da mesma visão quando se expressa objetiva e temporalmente. Entretanto, todo mundo é apenas transitório como uma aparência, mas como uma coisa em si é atemporal e, portanto, também infinito. Mas, mesmo como aparência, difere das outras coisas do mundo; como coisa em si, é precisamente a vontade que aparece em tudo. O fato de não ser afetado pela morte pertence a ele apenas como uma coisa em si, mas para a aparência coincide com a existência continuada do resto do mundo externo. (Comentário do Veda p.404, 19 omitido.) É por isso que temos duas visões diferentes em relação à morte em nossos sentimentos, principalmente desviamos o olhar da morte com indiferença, mas em momentos individuais estremecemos ao pensar na morte: ou seja, dependendo se direcionamos nosso conhecimento para a vida e seu fundamento em nós, ou para a finitude, que é a forma da aparência da vida. Nossa visão da morte é tão dupla quanto nosso ser, ou seja, por um lado, uma coisa em si mesma e, por outro lado, uma aparência. A consciência íntima e meramente sentida daquilo que acabamos de elevar para um conhecimento claro impede, como já disse, que o pensamento da morte envenene nossa vida, mas essa consciência é a base da coragem de viver, que sustenta todas as coisas vivas e permite que elas continuem a viver como se não houvesse morte, pois, enquanto ela tiver vida em mente, é direcionada para a vida: Mas essa consciência, por outro lado, não pode impedir que o indivíduo seja tomado pelo medo da morte quando a morte se aproxima dele em detalhes, na realidade, ou mesmo apenas em sua imaginação, e quando ele tem que enfrentá-la. Enquanto sua cognição for dirigida à vida como tal, ela também reconhece nisto a imortalidade e a si mesma como a essência interior desta vida; mas, se a morte vem diante de seus olhos, ele também a reconhece pelo que ela é, o fim temporal da aparência temporal individual que ela mesma é. Daí que todos os seres vivos temem necessariamente a morte. *Nullum animal ad vitam prodit, sine metu mortis;*[4] diz Sêneca (*ep.* 121.21). Esse medo natural da morte é apenas o reverso da vontade de viver. Todo ser vivo é apenas essa vontade em uma única objetivação, e esse ser, para ser a vontade de viver, se expressa como cuidado com a própria preservação, como desejo de reproduzir, enfim também na *fuga mortis* natural, como fuga de todo perigo e de todos os inimigos. Essas três expressões básicas da vontade de viver são inerentes a todos os seres vivos, sem exceção. (E, ainda assim, as expressões para eles não são elogios: ganância, luxúria, covardia!) Portanto, o homem também tem o medo natural da morte. E o que tememos na morte não é de forma alguma a dor: para 1º) este é aparentemente o lado da morte:

---

4 Nenhum animal se entrega à vida sem medo da morte. (N. T.)

(a morte é um ponto matemático); 2º) muitas vezes fugimos da dor para a morte.

Assim, distinguimos a dor e a morte como dois males bem diferentes: o que todo ser vivo teme na morte é de fato a queda do indivíduo, como se dá a conhecer sem mácula: porque o indivíduo é precisamente a vontade inteira de viver, que é inteira em cada aparência, seu ser inteiro resiste à morte com todas as suas forças. Daí o medo insuperável de todos os seres vivos à vista da morte que se aproxima deles, o medo da morte. Há uma confirmação óbvia do meu ensinamento de que a natureza essencial de tudo é a vontade de viver, quando se vê como todo animal, todo homem resiste à morte com todas as suas forças. Assim como expressamos a essência de tudo como vontade de viver, também podemos expressá-la como fuga da morte. Amargura da morte. Por mais que o raciocínio e a filosofia afastem e dissipem os horrores da morte, continua sendo uma tarefa da psicologia empírica verificar se o poder da razão é suficientemente forte não apenas para esconder o tremor à vista da morte atual, mas realmente para superá-la completamente, ou se é talvez tão fisicamente impossível olhar a morte com firmeza no rosto como é, para nós, olhar para o Sol. – Mas, por mais impotentes que nossos sentimentos possam nos abandonar aqui, a razão pode, no entanto, intervir e superar as impressões adversas da morte, pelo menos em sua maior parte, colocando-nos em um ponto de vista superior, onde, em vez do indivíduo, temos agora o todo em vista. Isto já pode ser feito do ponto de vista em que nossa contemplação agora se encontra, mas no qual não permanecerá, porém ganhará um ponto mais alto e mais consolador. Portanto, já desse ponto de vista, com o conhecimento metafísico da essência do mundo, como o alcançamos até agora, os horrores da morte podem ser superados, nos quais, como em todo indivíduo, a reflexão tem poder sobre o sentimento imediato.

Afirmação da vontade de viver (preliminar)

Partindo deste pressuposto, imaginemos um homem que teria assimilado firmemente as verdades até agora apresentadas na sua forma de pensar, mas que ao mesmo tempo não teria chegado a reconhecer um sofrimento essencial em toda a vida através da sua própria experiência ou de uma visão mais abrangente, e encontraria satisfação na vida, estaria perfeitamente à vontade nela, e, em reflexão calma, desejaria que o seu curso de vida, como até agora o experimentou, durasse indefinidamente ou voltasse uma e outra vez, cuja coragem para viver seria tão grande que, em troca dos prazeres da vida, de todas as dificuldades e dores a que a vida é submetida, ele toleraria, de bom grado, todas as queixas e tormentos a que está sujeito; tal pessoa ficaria (como diz Goethe) "com ossos firmes e medrosos sobre a terra bem fundamentada e duradoura"[,] ele não teria nada a temer: pois estaria armado com o conhecimento que lhe atribuímos, que ele próprio é a natureza e, como ela, é imperecível, por isso, olharia indiferentemente para a morte, que se apressa para ele nas asas do tempo, considerando-a como uma mera aparência, um espectro impotente, que pode assustar os fracos, mas não tem poder sobre ele, que sabe que, ele próprio, é essa vontade, cuja objetificação ou imagem é todo o mundo existente a quem, portanto, a vida é sempre certa e também o presente, pois tal é a forma atual e única do aparecimento da vontade, pelo que nenhum passado ou futuro infinito, em que ele não estaria, o pode assustar, o que ele considera como um deslumbramento vaidoso, e sabe que tem tão pouco a temer a morte como o Sol tem a temer a noite. Este é o ponto de vista da natureza quando atinge a plena prudência na fase mais elevada da sua autoconsciência. (*Illustratio* de Poetas e Filósofos – p.407.)

Muitas pessoas estariam nesse ponto de vista se o seu conhecimento acompanhasse a sua vontade, ou seja, se fossem capazes, livres de toda a ilusão, de se tornarem claras e distintas para si próprias. Pois este é, para o conhecimento, o ponto de vista da *afirmação completa da vontade de vida*. Aqui quero dar-vos uma indicação preliminar do que entendo por afirmação e negação da vontade em duas expressões muito gerais e abstratas: embora só se consiga ter uma visão real do que se entende por isso depois de terem ocorrido algumas outras discussões. *A vontade afirma-se na sua objetidade*, ou seja, o mundo, ou a vida, a sua própria essência é-lhe dada como uma representação, completa e clara, e esse conhecimento não inibe de forma alguma a sua vontade; mas esta mesma vida, assim reconhecida, é também desejada por ele como tal; como até agora foi, sem conhecimento, como um impulso cego, mas agora com conhecimento, consciente e prudentemente.

O oposto disto é a *negação da vontade de vida*: ela mostra-se quando o querer termina nesse conhecimento, na medida em que então os fenómenos individuais reconhecidos já não atuam como *motivos* da vontade; mas todo o conhecimento da essência do mundo, que surgiu através da conceção de ideias e que reflete a vontade, torna-se o *quietivo* da vontade, e assim a vontade anula-se livremente. – Essa expressão geral do assunto ainda não pode ser compreensível para vós, mas virá a sê-lo, uma vez que vos apresentar os fenômenos, aqui modos de ação, nos quais se exprimem a afirmação, por um lado, e a negação, por outro. Pois ambas procedem de fato do conhecimento, mas não de um conhecimento abstrato, cuja expressão são palavras, mas de um conhecimento vivo, que se expressa unicamente através da mudança e da ação e permanece independente dos dogmas que assim ocupam a razão como conhecimento abstrato. Aliás, meu propósito é apenas apresentar a ambos, apresentar seu conteúdo em conceitos abstratos, e levá-los ao claro reconhecimento da razão, mas não prescrever ou recomendar um ou outro como lei; o que seria bastante inútil, porque a vontade é precisamente aquela que é por excelência livre, aquela que é inteiramente autodeterminante, para a qual não pode, portanto, haver lei. Mas essa mesma *liberdade* e a sua relação com a *necessidade* devem ser agora o nosso próximo tema. Nomeadamente, só depois de as termos discutido e, portanto, também *sobre a própria vida*, cuja afirmação e negação é o nosso problema, poderemos fazer *algumas observações* que se relacionem com a vontade e os seus objetos, só então poderemos empreender a verdadeira investigação do significado ético da ação, que, no entanto, será grandemente facilitada por isso.

3
Da liberdade da vontade

Que a vontade como tal seja *livre* decorre por si mesma do fato de ser o *em si*, o *conteúdo* de todos os fenômenos. Por outro lado, conhecemos as aparências como consistentemente sujeitas ao *princípio de razão*, nas suas quatro formas: e como sabemos que a *necessidade* é absolutamente *idêntica* à *consequência* de uma dada causa, e ambas são *fundamentos* recíprocos; então tudo o que pertence à aparência, ou seja, é um objeto para o sujeito que o conhece como indivíduo, é, por um lado, causa e, por outro lado, consequência de outra, e nesta última qualidade é *determinada* ao longo de todo o processo pela *necessidade* e não pode, em nenhum aspecto, ser diferente do que é. Por conseguinte, todos os *fenômenos* na natureza e todos os *eventos* são absolutamente *necessários*; e essa necessidade pode também ser provada sempre, na medida em que para cada fenômeno ou evento deve ser encontrada uma *razão* da qual depende como *consequência*. Isso é verdade sem exceção: decorre da validade irrestrita do princípio de razão. Por outro lado, porém, esse mesmo mundo, em todos os seus fenômenos, é a objetidade da *vontade*, que, não sendo ela mesma um *fenômeno*, nem um objeto ou uma ideia, mas uma *coisa em si*, também não está sujeita ao *princípio de razão*, a forma do objeto, isto é, não é determinada como *consequência* por uma razão, não conhece nenhuma *necessidade*, ou seja, é *livre*. O conceito de *liberdade* é, portanto, realmente *negativo*: pois seu conteúdo é apenas a negação da necessidade, isto é, da relação da consequência com sua razão de acordo com o princípio de razão. — Aqui se vê muito claramente o *ponto de unidade dessa grande oposição*, a coexistência, a compatibilidade da *liberdade* com a *necessidade*. Nos últimos tempos tem-se falado frequentemente disto, mas, tanto quanto sei, nunca de forma clara e adequada. Cada coisa, cada ocorrência, como uma aparência, como um objeto, é consistentemente *necessária*: mas todo objeto é, em si, *vontade* e esta é totalmente *livre*, por toda a eternidade. A aparência, o objeto, é inevitável e inalteravelmente determinada na concatenação de consequências e razões, que não podem ter interrupção. Mas a existência desse objeto em geral, e a natureza da sua existência, ou seja, a ideia que se revela nele, ou o seu caráter, é a aparência direta da vontade. De acordo com essa liberdade da vontade, não poderia ser isso, ou poderia também ser original e essencialmente algo bastante diferente: pois, então, toda a cadeia também seria diferente. Mas, uma vez que a coisa está lá, e existe como definitiva, está também incluída na série de consequências e razões e é necessariamente determinada nisto para cada ponto no tempo: consequentemente, não pode tornar-se outra, ou seja, mudar, nem mesmo sair da série, ou seja, desaparecer. — O *homem*, como qualquer outra parte da natureza, é um objeto da vontade, ou seja, uma aparência: por conseguinte, o que foi dito também se aplica a ele. Tal como tudo na natureza tem as suas *forças e qualidades*, que reagem de certa forma a certas influências e constituem o seu caráter; assim também tem o seu *caráter*, do qual os motivos invocam as suas ações, com necessidade.

Nesse modo de ação em si o seu *caráter empírico* é revelado, mas também aqui o seu *caráter inteligível, a própria vontade*, cuja aparência determinante ele é, como explicado na *Metafísica da natureza*, capítulo 5. Mas o homem é a aparência mais perfeita da vontade, que, *para existir fisicamente*, teve de ser iluminada por um grau de conhecimento *tão elevado* que nele até uma repetição completamente adequada da essência do mundo se tornou possível sob a forma da representação, que é a concepção das ideias, o espelho puro do mundo. No homem, então, a vontade pode atingir a autoconsciência completa, o conhecimento claro e exaustivo do seu próprio ser, tal como se reflete em todo o mundo. A existência real desse grau de conhecimento cria, como se sabe, arte, e é chamada de gênio. Além disso, veremos que através desse mesmo conhecimento, quando a vontade se refere a si própria e a aplica, torna-se possível uma suspensão e *autonegação* da vontade, precisamente na sua manifestação mais perfeita. Se isto acontecer, então a liberdade também aparece na aparência; pois caso contrário, como só pertence à coisa em si, *nunca* à aparência, também nunca se pode mostrar nela. Mas, no caso em questão, também se torna diretamente visível na aparência, à medida que anula a sua essência interior, enquanto a própria aparência ainda persiste no tempo, de modo que então *uma contradição* da aparência consigo mesma se torna visível. Esta contradição é chamada *autonegação* e é precisamente um fenômeno de santidade. Isto aqui é mera antecipação: tornar-se-á claro mais adiante. Por ora, apenas indicarei que o homem difere de todas as outras manifestações da vontade nessa *liberdade*, ou seja, independência do princípio de razão, que de outra forma só pertence à coisa em si mesma e contradiz a *manifestação*; pode, no entanto, ocorrer nele, *possivelmente* também na manifestação, mas onde depois se apresenta como uma contradição da manifestação consigo mesma. Nesse sentido, contudo, não só a vontade em si, mas até mesmo o ser humano pode ser chamado de *livre* e assim distinguido de todos os outros seres. No entanto, como isto só pode ser compreendido e ficar claro pelo que se segue: por agora vamos absternos de fazer distinções.

Pois a primeira coisa *a ser evitada* é o *equívoco* de que a *ação de um determinado indivíduo* não está sujeita a nenhuma necessidade, e que a lei da motivação é menos válida do que a da causalidade ou consequência na inferência. Assim, deixando de lado o caso antes referido, que apenas diz respeito a uma exceção, a *liberdade da vontade como uma coisa em si* não passa de modo algum diretamente para a sua *aparência*, mesmo quando esta atinge o nível mais alto de visibilidade, ou seja, não para o animal racional, com um caráter individual, ou seja, *a pessoa*. A pessoa enquanto tal não é livre, embora tenha a aparência de ter um livre-arbítrio. Pois é precisamente do seu livre-arbítrio que ele é a aparência já determinada. A vontade, que é a coisa em si da pessoa, é de fato livre como uma coisa em si mesma, ou seja, independente do princípio de razão: mas, como agora aparece como pessoa, essa aparência entra, como tal, na forma de todo o objeto, no princípio de razão: portanto, embora a vontade que aparece, que é aquele em si mesmo desta pessoa[,] seja uma *unidade* extratemporal; no entanto, a aparência representa-a através de uma multiplicidade de ações, para as quais a forma da aparência (o princípio de razão) a separa. Mas porque o ser em si mesmo que aparece em todas essas ações, a vontade, é extratemporal e portanto por excelência Um; assim também em todas as ações que a representam, o ser interior é o mesmo, e imutavelmente determinado: a *mesma vontade* aparece em cada uma dessas ações: por conseguinte, essas ações da pessoa no tempo têm todas o mesmo caráter e realizam-se por ocasião dos motivos, tão licitamente como os efeitos de uma força natural sobre as suas causas, e não podem ser de outra forma que não sejam elas. Mas como aquilo que se torna visível na pessoa e em toda sua conduta é precisamente esse *livre querer* (que se relaciona com ele como o conceito o faz com a definição), *cada ato individual da pessoa* deve também ser atribuído ao *livre querer* e, portanto, também se anuncia à consciência como um ato livre, próprio[,] ou seja, como uma expressão da *vontade*, que, como uma coisa em si mesma, não conhece nenhuma necessidade; portanto, como disse anteriormente, todos se consideram *a priori* livres mesmo nas ações individuais, no sentido de que qualquer ação seria possível para ele em qualquer caso, porque sente que cada ação surge apenas da sua *vontade*; mas apenas *a posteriori* da experiência e da reflexão sobre ela nota que a sua ação surge necessariamente da coincidência do seu caráter com os motivos e que o seu caráter é imutável: o que vem do fato de o caráter já ser a aparência da vontade; não a vontade como uma coisa em si mesma. Disso se explica que todo aquele que é filosoficamente grosseiro, seguindo seus sentimentos, defende com muita veemência a total liberdade das ações individuais, enquanto os grandes pensadores de todos os tempos e mesmo as doutrinas religiosas mais profundas, a negam (Lutero, *de servo arbitrio*; Spinoza, *de servitute humana*). Mas se se compreendeu que todo o ser em si mesmo é a vontade do homem e o próprio homem é a aparência dessa vontade, a forma essencial da aparência é o princípio de razão, no que diz respeito à aparência humana como a lei da motivação; pode duvidar tão pouco da inevitabilidade do ato, dado o seu caráter e motivo, como consequência da conclusão a partir das premissas. Sobre a necessidade de ação vale bem a pena ler Priestley, *The Doctrine of Philosophical Necessity* (Birmingham, 1782. Em alemão: *Auszüge aus Priestleÿs Schrift über die Nothwendigkeit des Willens*. Altona, 1806). – Mas a coexistência dessa necessidade com a liberdade da vontade em si mesma foi demonstrada pela primeira vez por Kant (*Kr. d.r. V.*, p.560-86;[5] *pr. V.*, p.169-79[6]), estabelecendo a *diferença* entre o caráter *empírico e inteligível*, que já apresentei na *Metafísica da natureza*, cap.5. O *caráter inteligível* é a vontade como uma *coisa em si*, na medida em que aparece num determinado indivíduo, num certo grau. Mas o *caráter empírico* é essa aparência mesma, pois apresenta-se, de acordo com o tempo, *no modo de ação*, de acordo com o espaço, já na *corporificação*. Por isso eu disse: o caráter inteligível deve ser considerado como um *ato de vontade extratemporal*, portanto indivisível e imutável; o *caráter empírico*, porém, na medida em que a sua aparência se desenvolve e expande no espaço, no tempo e em todas as formas do princípio de razão; é representado pela experiência em todo o modo de ação e no curso de vida do ser humano individual. Mas todo esse curso de vida e também toda a experiência em que se apresenta é apenas aparência: pois tal é apenas a forma pela qual a vontade entra no conhecimento. Tal como toda a

---

5 Immanuel Kant, *Kritik der reinen Vernunft*. 5.ed. Leipzig: Johann Friedrich Hartknoch, 1799. (= A 532-558/ B 560-586; AA III, 362-377). (N. T.)

6 Ibid., *Kritik der praktischen Vernunft*. 4.ed. Riga: Johann Friedrich Hartknoch, 1797. (= AA V, 94-100). (N. T.)

árvore é apenas a aparência sempre repetida de um e mesmo impulso, que se apresenta de forma mais simples na mera fibra, mas se repete na sua composição em folha, caule, ramo, tronco, e é facilmente reconhecível nele: da mesma forma, todos os *atos* do ser humano individual são apenas a *expressão sempre repetida* (em mera forma e aparência diferente) do seu caráter inteligível: a indução resultante da soma de todos os atos dá o seu caráter empírico.

A mais íntima autoconsciência é o ponto onde a coisa em si, a vontade, passa para a aparência, o cognoscível, ou seja, onde ambos se encontram. A vontade está fora do domínio do princípio de razão, ou seja, da necessidade; a aparência está inteiramente dentro dela. Onde a filosofia ainda não nos ensinou a distinguir entre os dois, eles estão *misturados* no pensamento e então *a liberdade sentida da vontade como uma coisa em si* mesma é também transferida para a sua aparência: esta é a razão pela qual todos aqueles que ainda não purificaram o seu julgamento através da filosofia consideram o *liberum arbitrium indifferentiae* como um fato direto da consciência. De acordo com isto, alegam num caso particular: "esta pessoa, nesta situação, *pode* agir desta forma e também da forma oposta". – Os opositores filosóficos, contudo, dizem: "ele não *pode* fazer outra coisa que não seja simplesmente assim". – Para decidir isto:

Isto torna necessário um desenvolvimento do conceito de *poder* [*Können*]. O que irá clarificar a questão. O termo *poder* tem um duplo significado. Para simplificar a relação, vamos explicá-la com um exemplo de natureza inorgânica. – Para que uma mudança ocorra, ou seja, para que uma causa produza um efeito, são necessários pelo menos dois corpos, e na verdade dois corpos que *diferem* em qualidade ou em movimento: um só, ou muitos juntos que são iguais em todos os aspectos, não produzem uma mudança. O estado, que é chamado causa e efeito é, portanto, uma relação de corpos diferentes, pelo menos dois, e as condições que constituem essa relação são necessariamente distribuídas em ambos. Por exemplo, para que *ocorra* movimento, um deve certamente ser o movido, o outro o móvel. – Do mesmo modo, para que o fogo possa surgir, deve haver oxigênio e o outro corpo deve estar relacionado com o oxigênio. Se haverá fogo ou não, é determinado pelo seu encontro com o oxigênio. A sua *capacidade de queimar* é, portanto, duplamente condicionada: primeiro, pela sua própria natureza, e segundo, pela do meio à sua volta. "Não *pode* queimar"; é, portanto, algo de duplo sentido. Pode significar, "não é combustível". Ou também pode significar: "As condições externas de queima (oxigênio e temperatura) não estão presentes". – O que se vê aqui na lei da causalidade aplica-se também à da motivação: pois esta é apenas a causalidade mediada pela cognição, ou passada através dela. – "Este homem não *pode* fazer isso", significa também: "faltam as condições externas para tal ação, isto é, os motivos de fora, ou o poder para fora". Ou também: "ele próprio, mesmo sob as condições dadas, não é capaz de tal ação". Mas isto também pode ser expresso por: "Ele *não quer*". – Pois as condições interiores não são outra coisa senão a sua própria constituição, o seu ser, ou seja, a sua vontade. Tal como as propriedades químicas de um corpo só se tornam aparentes depois de este ter sido testado em vários reagentes, ou o seu peso só depois de ter sido equilibrado contra outros. Da mesma forma, a *capacidade interior* de um homem, ou seja, a sua vontade, só se mostra depois de ter entrado em conflito com os motivos (pois os motivos, como os reagentes, são meras causas de oportunidade), e também só depois de a esfera da sua *capacidade exterior* ter sido alargada a um âmbito adequado, e, quanto mais e mais claramente, mais o é. Se for bastante estreito, o homem encontra-se numa masmorra, sozinho; então essa *capacidade* interior não pode de modo algum ser revelada, tal como as propriedades químicas de um corpo separado do ar e da luz. Mas se um homem tem riqueza, se tem apetites, se tem conhecimento da miséria de muitas outras pessoas, então a esfera da *capacidade externa* é suficientemente ampla, e tornar-se-á claro se ele prefere satisfazer todos os seus apetites ou reduzir a miséria de outras pessoas. Assim, agora vai tornar-se evidente qual é a sua *capacidade interior*, ou seja, qual é a sua vontade. Agora parece a si próprio e a outros juízes não filosóficos que ele pode fazer tanto um como o outro: Essa aparência surge de fato desta forma: eles agarram-se ao conceito abstrato do *homem*, e uma vez que querem julgar *a priori*, não podem fazer o contrário: porque um conhecimento exaustivo que dá origem a julgamentos analíticos só pode ser obtido a partir de conceitos, não de indivíduos. Sob esse conceito eles subsumem o indivíduo, e o que se aplica ao *homem em geral*, nomeadamente que em tal caso ele pode agir de ambas as maneiras, transferem para o indivíduo, e atribuem-lhe uma escolha que ainda não é determinada por nada, *liberum arbitrium indifferentiae*. – Mas, se tivesse essa vontade, teria de ser capaz de agir de uma forma hoje e de outra amanhã nas mesmas circunstâncias. Mas então a sua vontade teria de ter mudado: para isso, mais uma vez, a vontade teria de estar inserida no tempo; e então ou a vontade teria de ser uma mera aparência, ou o tempo teria de chegar à coisa em si. Pois a mudança só é possível no tempo, e aqui as condições da capacidade interior, isto é, a vontade, devem ter mudado, uma vez que as da capacidade exterior são assumidas como sendo as mesmas. Mas como sabemos que a vontade é uma coisa em si e como tal está fora do tempo, as condições da capacidade interior nunca podem mudar, mas apenas as da capacidade exterior. Se, portanto, a vontade desse indivíduo fosse aquela que preferia a redução de outros sofrimentos ao aumento dos seus próprios prazeres, tê-lo-ia feito ontem, quando a faculdade externa estava lá, como o faz hoje; e se não o tivesse feito ontem (porque a faculdade interna não pode sofrer qualquer alteração), certamente também não o fará hoje; ou seja, ele não *pode*. Portanto, é irrelevante para o sucesso se faltam as condições internas ou externas para a ação necessária: em ambos os casos dizemos: o indivíduo não *pode* realizar essa ação. Para as condições internas da ação, a palavra adequada é *querer*; mas muitas vezes também usamos a palavra *capacidade* para indicar com essa metáfora a necessidade que a ação da vontade tem em comum com a ação da natureza. (*Illustratio.*) Os grandes poetas são em todo o lado o espelho fiel e esclarecedor da natureza e da essência das coisas, por isso podemos referir-nos a eles como à natureza. Shakespeare é especialmente grande na medida em que nos permite ver claramente não só as ações dos homens, mas também o funcionamento interior dessas ações (*Goethes Gleichniss 33*).

Medida por medida, ato 2, cena 2. Isabella pede ao governador imperial Ângelo misericórdia ao seu irmão que foi condenado à morte:

> *Ângelo*: Eu não vou fazer isso.
> *Isabella*: Mas você pode, se você quiser?
> *Ângelo*: Olha, o que eu *não quero*, isso eu não posso fazer.[7]

---

7 Em inglês, no original: *Angelo*: I will not do it./ *Isabella*: But can you, if you would?/ *Angelo*: Look, what I *will* not, that I *cannot* do. (N. T.)

Como é um certo grau de vontade que se manifesta em todas as forças da natureza de acordo com leis imutáveis, é também uma tal vontade que aparece em cada indivíduo humano e da qual fluem os seus atos, de acordo com uma lei igualmente rigorosa, mesmo que não seja tão fácil de compreender e expressar. Esta é também a razão pela qual exigimos do poeta dramático que cada personagem por ele apresentado leve até o fim a mais estrita consistência e unidade consigo mesmo. — De acordo com o que foi dito, essa disputa sobre a liberdade de ação individual, *liberum arbitrium indifferentiae*, na verdade gira em torno da questão de saber se a vontade reside no tempo ou não. Toda a minha exposição e a doutrina de Kant a tornam necessária, fora do tempo e de toda a forma do princípio de razão. Assim, o indivíduo, que tão frequentemente se encontra na mesma situação, deve agir sempre da mesma forma, e por isso cada má e cada boa ação é o fiador fixo de inúmeras outras que ele *deve* e não *pode* abster-se de realizar; mas mais ainda, através da ação de um determinado homem, já está de fato bastante determinado como ele *irá agir* em todas as posições possíveis das condições externas, devendo assim agir; tal como na *química* é determinado em cada corpo conhecido como *ele deve* comportar-se em conflito com todos os reagentes disponíveis. Como diz Kant, mesmo que apenas o caráter empírico e os motivos fossem completa e totalmente dados, o comportamento do homem no futuro poderia ser calculado como um *eclipse do Sol ou da Lua*. Como a natureza é *consistente*, o caráter também o é: de acordo com ela, cada ação individual tem de se revelar, como cada *fenômeno* se revela de acordo com a *lei da natureza*: as *causas* do fenômeno, e o *motivo* da ação, são apenas *causas de oportunidade*. A vontade, cuja aparência é todo o ser e a vida do homem, não pode negar-se no caso individual, e o que o homem quer no todo, sempre o fará no indivíduo. Os gregos chamaram esse caráter de ηθοσ e às suas expressões, ou seja, moral ηθη (ética), mas, originalmente, essa palavra significa hábito: tinham-na escolhido para denotar metaforicamente a constância do caráter pela constância do hábito. — Na doutrina cristã encontramos o dogma da *eleição pela graça* e da *perdição (não eleição)*, evidentemente decorrente da percepção de que o homem não muda; mas a sua vida e mudança, isto é, o seu caráter empírico, é apenas o desenvolvimento do caráter inteligível, o desenvolvimento de predisposições decisivas e imutáveis já reconhecíveis na criança, portanto, por assim dizer, a sua mudança já está firmemente determinada no nascimento e permanece essencialmente a mesma até o fim[,] o homem está, por assim dizer, destinado ao bem ou ao mal. — É precisamente a vontade que é imutável em cada ser humano, precisamente porque é o essencial, o radical. — Estão agora a conhecer-se falhas e virtudes, morais e intelectuais. Se, após quinze anos, um se voltar a encontrar com o outro, descobrirá que este último se tornou muito mais rico em perspicácia, conhecimento, experiência, e assim mudou a esse respeito e se tornou mais sensato e mais estabelecido: mas já na primeira hora perceberá nele as mesmas falhas morais que agora conhece nele; de fato, elas terão ficado ainda mais claras. Da mesma forma, os seus traços faciais terão mudado muito, ao longo do tempo; mas o caráter dele será inteiramente o mesmo, e é precisamente por esse caráter que um outro voltará a reconhecê-lo: pois os traços e a sua relação estão demasiado alterados: mas o caráter é a própria vontade, o radical no homem e o que está fora do tempo. (*Anecdote by Gall.*)⁸ Portanto, é um princípio que "o homem não muda". – Isto é especialmente importante na prática: deve ser a base da nossa confiança e prudência: teste o seu amigo. Mas então pode-se confiar nele, se o exame foi sério e afiado. Por outro lado, não confiem em ninguém que uma vez tenha sido encontrado errado. Perdoar uma infração é, na verdade, convidá-la a regressar. Mas aqui aceito perdoar significando esquecer. Perdoa-se no sentido de que não se procura vingança: mas não se esquece e negam-se todas as oportunidades de regresso. Kant disse: as turbas lutam entre si e se dão bem: isto é, fazem a coisa ao contrário.

No entanto, é necessária mais alguma discussão sobre a *relação entre caráter e cognição*, uma vez que todos os seus motivos residem neste último.

A aparência do caráter ou da ação determina os *motivos*; mas estes afetam o homem *através do conhecimento*: agora o conhecimento é mutável, muitas vezes vacila entre o erro e a verdade, mas é, em regra, cada vez mais corrigido ao longo da vida, reconhecidamente em graus muito diferentes: daí que agora o modo de agir de um homem possa mudar sensivelmente sem que se possa concluir que o seu caráter mudou. O que o homem *realmente e em geral quer, o esforço do seu ser interior* e o *objetivo* que persegue de acordo com isso, nunca poderemos mudar através de influência externa sobre ele, por exemplo através de instrução e ideias; caso contrário, poderíamos mudá-lo: por

---

8 O que provavelmente se quer dizer é um relato que Schopenhauer também menciona no segundo volume de *Die Welt als Wille und Vorstellung*, cf. W II, p.274.38. (N. T.)

isso Sêneca diz excelentemente *velle non discitur*.⁹ A vontade só pode ser influenciada a partir do exterior por *motivos*. Mas estes nunca podem mudar a vontade em si: pois só têm poder sobre a vontade na condição de que ela seja tal como é[,] receptiva a esse tipo de motivos. Portanto, tudo o que podem fazer é mudar a *direção* do seu esforço, ou seja, podem fazê-lo procurar de forma diferente daquela que ele invariavelmente procura até agora. Portanto, a *instrução*, um *melhor conhecimento*, ou seja, *uma influência externa*, pode de fato ensinar-lhe que está enganado nos meios, e pode portanto fazê-lo perseguir o objetivo, ao qual ele, de acordo com a sua natureza interior, uma vez aspirou, de *forma completamente diferente*, mesmo num objeto *completamente diferente* do que antes. Mas nunca poderá fazê-lo querer algo *realmente diferente* do que até agora *desejava*: os motivos fundamentais para os quais dirige o seu esforço nunca poderão tornar-se diferentes; mas apenas os motivos secundários, os indiretos. Os motivos finais das suas ações permanecerão sempre os mesmos na sua natureza. Isto permanece imutável: pois todo o seu eu, é apenas isto mesmo, e teria, portanto, de ser anulado com ele. Mas a *aparência* dessa vontade, o *fazer*, pode ser grandemente modificado influenciando a cognição. Pode-se, por exemplo, fazer o homem procurar alcançar o seu fim outrora imutável uma vez no mundo real e outra vez no imaginário: por exemplo, estas são as alegrias de Maomé do Paraíso: o mesmo homem pode procurá-lo uma vez no mundo real, e depois os seus meios para isso são a prudência, a violência e o engano; outras vezes procura-o num mundo imaginário, aplicando a justiça, a abstinência, a esmola, a peregrinação a Meca etc.

---

9 Querer não se aprende. (N. T.)

Mas o seu esforço em si não mudou, e muito menos ele próprio: Assim, mesmo que as ações de um homem sejam muito diferentes em momentos diferentes, a sua vontade manteve-se, no entanto, bastante inalterada. *Velle non discitur.*

Ao que chamei anteriormente a *capacidade externa* pertence não só a existência das condições externas e dos motivos; mas também a sua cognição. Nesse sentido, os escolásticos disseram: *causa finalis non agit secundum suum esse reale; sed secundum esse cognitum.*[10] Por exemplo, não é suficiente que o homem que acabo de criar como exemplo possua riqueza; ele também deve saber o que pode ser feito com ela, tanto para si próprio como para outro. Não só o sofrimento do outro deve apresentar-se a ele; mas também deve saber o que é sofrimento; e também o que é prazer. Talvez, na primeira ocasião, ele não soubesse tudo isto tão bem como na segunda: e se, portanto, ele age de forma diferente na mesma ocasião, isto é apenas *porque as circunstâncias eram* realmente *diferentes*, nomeadamente, de acordo com a parte que depende da sua cognição, portanto diferentes eram *para ele*, embora o mesmo para nós, os espectadores. Assim como o não reconhecimento de circunstâncias realmente existentes priva-as de sua eficácia, por outro lado, circunstâncias bastante imaginárias podem ter o mesmo efeito que as reais, não apenas no caso de um engano individual, mas também como um todo e em longo prazo. Se, por exemplo, um homem estiver firmemente persuadido de que toda boa ação será recompensada cem vezes mais em uma vida futura, essa convicção se aplica e age como uma letra de câmbio a longo prazo, e ele pode agir a par-

---

10 A causa final não age de acordo com seu ser real; mas de acordo com o ser conhecido. (N. T.)

tir de uma perspectiva altruísta, mas a partir de seu egoísmo. Em ambos os casos, sua vontade é exatamente a mesma, por mais diferente que seja a ação em que ela se manifesta. É precisamente por causa dessa grande influência do conhecimento sobre a ação que o caráter só se desenvolve gradualmente e seus diferentes lados emergem. Portanto, ele se mostra diferente em cada idade, não porque tenha mudado, mas porque o conhecimento mudou, e ele sempre quer a mesma coisa, mas de uma maneira diferente, de uma forma diferente: portanto, uma juventude violenta e selvagem pode ser seguida por uma idade estável, moderada. Em particular, o mal do caráter emergirá cada vez mais poderosamente com o tempo (já que a vergonha e o medo o contiveram no início). Às vezes, no entanto, as paixões que foram liberadas na juventude são mais tarde restringidas voluntariamente, simplesmente porque os motivos opostos só agora vieram à tona. No início, somos todos inocentes, ou seja, nem nós mesmos nem os outros conhecem a maldade de nossa própria natureza: isso só surge por ocasião dos motivos; e os motivos só se tornam conhecidos com o tempo. Por fim, chegamos a nos conhecer como sendo muito diferentes do que *a priori* pensávamos ser, uma vez que, antes da experiência, acreditávamos que éramos todos bons; e então, muitas vezes, ficamos assustados com nós mesmos. Você acha que um grande vilão pensava em si mesmo como mau *a priori*?

Sobre o remorso

O remorso nunca resulta do fato de a vontade ter mudado, pois isso é impossível: mas sim do fato de o conhecimento ter mudado. Tenho ainda que querer o *essencial* e *real* do que sempre quis: porque eu mesmo sou essa vontade que está fora do tempo e da mudança. Portanto, nunca posso me arrepender do que realmente *quis*, mas posso me arrepender do que *fiz*; porque, guiado por conceitos errados, fiz algo diferente do que realmente estava de acordo com a minha vontade. A percepção disto, que se obtém através do conhecimento corrigido, é o *arrependimento*. Isto não se estende apenas à prudência, à escolha dos meios e à avaliação da adequação do fim à minha vontade real; mas também ao que é de fato ético. Assim, por exemplo, num caso, posso ter agido *mais egoisticamente* do que está de acordo com o meu caráter, induzido em erro, por exemplo, por uma ideia exagerada do sofrimento em que me encontrei, ou também por uma ideia exagerada da astúcia, do engano, da malícia dos outros, ou também pelo fato de ter agido *precipitadamente*, ou seja, sem *pensar*. Fui determinado não por motivos claramente reconhecidos em *abstrato*, mas apenas por motivos vívidos, pela impressão do presente e pelo efeito que despertou e que foi tão forte que não tive realmente o uso da minha *razão*: o retorno da reflexão é então também aqui apenas um *conhecimento corrigido*, do qual podem surgir *remorsos*, mas que em *tal caso* se dá sempre a conhecer, corrigindo, na medida do possível, o que aconteceu. Mas é de notar que, para se enganar, prepara-se para si próprio uma aparente precipitação, que na realidade são ações deliberadas secretamente. Pois não enganamos e não lisonjeamos ninguém por artifícios tão sutis a não ser nós próprios. — O caso inverso do antes referido também pode ocorrer: demasiada confiança nos outros, ou ignorância do valor relativo dos bens da vida, ou algum dogma abstrato, em que eu tenha perdido a fé, pode tentar-me a agir menos *egoisticamente* do que está de acordo com o meu caráter: depois vem o remorso de um tipo bastante diferente, egoísta. O valor ético de tal ato está perdido para mim: não foi uma característica do meu caráter, mas do meu erro. O remorso, portanto, é sempre um *reconhecimento corrigido da relação do ato com a intenção real, com a vontade real*. Tal como a matéria se opõe à vontade, na medida em que revela as suas ideias *apenas no espaço*, ou seja, através da mera forma, na medida em que já é dominada por outras ideias, aqui as leis da natureza, daí que a forma, que aqui luta pela visibilidade, raramente pode emergir de forma perfeita e clara, ou seja, belamente. A vontade, que se revela no *tempo* apenas através de ações, encontra um obstáculo análogo no seu meio, ou seja, no conhecimento, que raramente lhe indica os dados de forma bastante correta, pelo que a ação não resulta exatamente de acordo com a vontade e, assim, prepara o arrependimento. Por conseguinte, o *arrependimento* vem sempre de um conhecimento corrigido, não de uma mudança de vontade, o que é impossível. *O peso na consciência* pelo que foi feito não é nada menos que remorso; dor pelo conhecimento de si próprio, como em si, ou seja, como vontade. Baseia-se precisamente na certeza de que ainda se tem a mesma vontade. Se fosse alterado e, portanto, o peso na consciência fosse mero remorso, isso anular-se-ia: pois o passado já não poderia então suscitar medo, uma vez que representaria as expressões de uma vontade que já não seria a do arrependido. Mas continuarei a discutir em pormenor o significado do peso na consciência.

Da determinação da escolha ou do conflito de motivações Ou: da oposição da motivação vívida e imaginada e da diferença entre humanos e animais com base nisso

A *influência que o conhecimento*, como meio dos motivos, não tem na vontade em si, mas na sua emergência nas ações, estabelece também a *principal diferença* entre *as ações dos homens e as dos animais*: porque o modo de conhecimento de ambos é diferente. Pois o animal tem apenas representações vívidas; o homem, através da razão, também representações abstratas, conceitos. Embora os animais e os homens queiram essencialmente a mesma coisa, e sejam também determinados com a mesma necessidade pelos motivos em pormenor, o homem tem, no entanto, uma *determinação real de escolha* perante o animal, que também é frequentemente considerada como uma liberdade da vontade nos atos individuais, embora nada mais seja do que a possibilidade de um conflito real entre vários motivos, dos quais o *mais forte* então o determina com necessidade; enquanto o animal não é determinado pelo mais forte, mas pelo motivo que está *mais presente*. Pois, *em concreto*, apenas um motivo de cada vez tem efeito, porque as representações vívidas residem numa série de tempo sem amplitude. O animal tem agora apenas tais ideias e é por isso sempre necessariamente determinado pela representação sempre presente, se for apenas um motivo para a sua vontade em primeiro lugar; sem deliberação e sem escolha. Portanto, a necessidade da determinação da vontade pelo motivo, que é igual à do efeito pela causa, só pode ser *demonstrada viva e diretamente* nos animais, porque aqui o espectador também tem o motivo diante dos seus olhos tão diretamente como o seu efeito. No homem, por outro lado, os motivos são ideias abstratas das quais o espectador não compartilha, e mesmo para o próprio agente a necessidade da sua ação está oculta por trás do seu conflito com outros motivos. Esse *conflito* só pode ocorrer quando os motivos são *representações abstratas*. Pois apenas conceitos, julgamentos, conclusões e suas correntes, ou seja, as representações abstratas, podem estar simultaneamente ao lado umas das outras na consciência e, portanto, agir umas contra as outras sem qualquer determinação temporal até que a mais forte domine as outras e determine a vontade.

Também é possível um conflito entre um motivo intuitivo e um abstrato: a saber, quando a presença de um objeto desperta desejo ou raiva, enquanto a razão apresenta um motivo oposto *in abstracto* à vontade. Por exemplo, quando a raiva ou o desejo nos arrebatam para que se esqueçam máximas e decisões: ou também quando a mera solicitação pelo tangível, o presente, acaba por não triunfar. — Num tal conflito entre o abstrato e o motivo intuitivo, este último, em virtude da sua forma (ou seja, em virtude da sua evidência), tem uma grande vantagem: pois o conhecimento intuitivo está mais originalmente ligado à vontade do que ao pensamento, daí que o que se vê esteja muito mais próximo de nós e tenha um efeito mais enérgico, mais imediato do que o que é meramente pensado. Se um motivo tão vividamente apresentado derrota o abstrato, isto não se deve tanto à sua matéria (o que é apresentado e agora desejado) como à sua forma. O que acontece dessa maneira não é inteiramente obra sua, mas do efeito de *afetar*, ou seja, o que afeta de fora, a influência do que se apresenta vividamente. Um testemunho completo da natureza de uma vontade individual é dado apenas pelo ato que é decidido por escolha entre motivos puros concebidos em abstrato, ou seja, com pleno uso da razão, como se diz, de forma *deliberada* e *prudente*. Tal ação é um sintoma do caráter inteligível. Por outro lado, o que é cometido apenas por um motivo, apenas porque foi *vívido* (estímulo presente), ganhou a vantagem sobre outro que se lhe opôs como mero pensamento (intenção, máxima), isto é (se for *realmente* assim; um caso raro, porque pensamos rapidamente) o efeito do afeto, e a natureza da vontade não deve ser julgada estritamente de acordo com esse ato: pois aqui (se for realmente assim) a culpa não é diretamente da vontade, mas da razão, que era demasiado fraca, cuja representação abstrata era demasiado fraca para se manter na consciência, enquanto o motivo vivo penetrou à força a vontade e a moveu fortemente. Portanto, tal ato é desculpado pelo fato de ter acontecido no calor do momento, no *frenesi* do desejo, na raiva, sem deliberação, por assim dizer, por pressa, enquanto a razão, por cansaço, se distanciou momentaneamente do campo de batalha. Vê-se nisto mais um erro dos poderes de cognição do que da vontade. — Precisamente porque o visível tem um poder muito mais imediato sobre a vontade do que o meramente pensado; por isso é bom no caso de grandes tentações, se as prevemos, *armar* a razão com uma imagem vívida, com uma figuração, que se coloca no lugar do seu conceito frio. Um italiano que teve de suportar a tortura gritava de vez em quando "*Io ti vedo!*" durante a provação, referindo-se ao cadafalso, cuja imagem ele sempre teve em mente e assim permaneceu firme. — Quem quiser resistir às tentações da luxúria, que visite a ala venérea de La Charité. — A propósito de *inclinação, afeto, paixão*. *Inclinação* é a maior receptividade da vontade a motivos de certo tipo: inclinação para beber, discutir, brincar, às mulheres, à pesca, à caça, à leitura. — A *paixão* é uma inclinação tão forte que contra os motivos que lhe correspondem não podem surgir outros motivos que se lhe oponham, o seu domínio sobre a vontade é absoluto, e consequentemente a vontade é passiva e sofredora em relação a tais motivos, e não lhes pode resistir. O *afeto* [*Affekt*] é um movimento da vontade causado por motivos vívidos diretamente apresentados, tão fortes que, durante a sua duração, impede e inibe o uso dos poderes de cognição, nomeadamente, suprime a razão, a cognição abstrata, e a vontade atua assim desenfreada por ela. Na paixão, o motivo move a vontade através da sua matéria, de seu conteúdo: no afeto, através da sua forma, vividez no presente, realidade imediata. -- É evidente que o afeto surge de fato da vontade, pois ocorre apenas através de uma forte excitação da vontade, mas não tem o seu lugar inteiramente na vontade, mas a sua influência sobre ela é apenas indireta e vem, por assim dizer, de fora; pois surge, de fato, como já foi demonstrado, através da supressão momentânea do poder do pensamento, ou seja, da razão, e tem assim o seu lugar na faculdade do conhecimento. No afeto o homem *faz* aquilo que ele não seria capaz de *decidir*. Portanto, o que na realidade está na cognição é mais um erro de cognição do que de vontade. Portanto, o ato cometido no calor do momento não é inteiramente atribuído à vontade, não é inteiramente considerado como o nosso ato. O homicídio cometido no momento de raiva não é de todo punido na Inglaterra, sendo até considerado como involuntário. – O ato de afeto é de fato uma manifestação do caráter empírico, mas não imediatamente do inteligível. Por outro lado, a *paixão* tem sua sede inteiramente na vontade. É um estado persistente; os motivos que lhe correspondem dominam a vontade em todos os momentos, tanto quando são deliberados como quando se apresentam subitamente. A paixão é recompensada com grande deliberação. Seus atos devem, portanto, ser atribuídos à vontade e são sintomas do caráter inteligível.

Esta é a *determinação eletiva* que dá proeminência ao homem em relação aos animais. É também uma das coisas que tornam a sua vida muito mais dolorosa do que a dos animais: em geral, a nossa maior dor não reside no presente como ideias vívidas ou sentimentos imediatos, mas na razão como conceitos abstratos, pensamentos atormentadores, dos quais o animal é livre, uma vez que vive apenas no presente. Quero explicar a diferença indicada entre a decisão animal e humana da vontade (determinação da escolha do homem) com um exemplo que pode servir ao mesmo tempo para resolver um dos argumentos mais famosos contra a necessidade da vontade; e que só pode ser resolvido a partir deste ponto.

O Asno de Buridan.

É realmente um argumento engenhoso contra a *dependência* da vontade ao qual Descartes e Spinoza deveriam ter prestado mais atenção. Estes dois partem do mesmo *falso* princípio e obtêm resultados opostos. Ambos identificam as decisões da vontade com capacidade de afirmação e de negação (poder de julgamento). O erro é devido à vontade que arbitrariamente afirma ou nega sem motivos suficientes (*Cart. medit.* 4.42). Spinoza, por outro lado, diz muito corretamente que o juízo é necessariamente determinado pelas razões, e que este é um juízo com a determinação da vontade pelas razões, daí que a vontade também seja bastante necessária: esta última está certa; mas incorretamente deduzida (Spin., *Eth.*, Pars II, prop. 48, 49, cet. 43 –). – No exemplo de Buridan: se propicia uma *suspencio judicii*[11] como no caso de duas dúvidas absolutas e igualmente vigorosas, de dois princípios cognoscitivos mutuamente contrapostos, ou, como se duas causas de mesma intensidade neutralizassem reciprocamente seus efeitos, ao atuar uma contra a outra, dando lugar a uma paralisação. – Ainda que, dessa forma, motivos opostos, mutuamente exclusivos, podem

---

11 Suspensão do julgamento. (N. T.)

cancelar-se mutuamente – então aqui também deve haver uma paralisação completa e o burro de Buridan vindo a morrer de fome porque não há razão preferencial a puxá-lo para um ou outro feixe de feno – ou a vontade deve também determinar-se a si própria sem qualquer razão, ou seja, no sentido dos não filósofos, ser livre. Mas isso, por si só, esclarece a diferença entre a cognição animal e a humana. Ou seja, na faculdade cognitiva irracional do animal, o conflito entre dois motivos mutuamente exclusivos não é de todo possível, pois não se pode ensinar ao asno que, agarrando um pacote, ele perderá o outro: porque apenas *uma* ideia está presente para ele no momento e pode servir de motivo: este é agora aquele feixe para o qual seus olhos estão dirigidos: essa direção depende da série de seus movimentos anteriores e com ela sua ação aqui também é necessariamente determinada. Mas agora, em vez de cognição irracional, coloquemos a cognição racional, em cujo reflexo atuam motivos abstratos, cujo efeito sobre a vontade não depende do tempo e da sucessão, mas estão presentes à consciência abstrata sem qualquer diferença de tempo, como mutuamente exclusivos, para que surja um verdadeiro conflito, ao qual pode muito bem surgir um equilíbrio completo das forças de ambos os motivos. Assim surge a paralisação: mas logo é levantada por uma terceira reflexão adicional, a saber, que se nenhuma decisão for tomada, não apenas o objeto de escolha, mas ambos serão perdidos: essa reflexão será o motivo de uma imperiosa e cega escolha que, no entanto, resulta intolerável para a razão; e portanto é levada à superstição, reclamando uma sentença do destino mediante alguma sorte de vaticínio forjado expressamente para a ocasião (*illustratio*), ou a razão, tendo-se encontrado incompetente para decidir, agora retrocede deliberadamente e deixa a escolha, à maneira do animal, de ser determinada pela impressão momentânea do presente: o que, na realidade, é de novo o acaso: se assim for pensado como destino, então esse segundo caso passa novamente para o primeiro.

Essa diferença na forma como o animal é movido, e na forma como o ser humano é movido por motivos, estende a sua influência sobre a natureza de ambos muito longe e contribui mais para a diferença completa e evidente da existência dos dois. O animal é sempre motivado apenas por uma representação intuitiva, ou seja, pelo presente. O homem, por seu lado, procura excluir inteiramente esse tipo de motivação: assim, ele usa sua prerrogativa da razão com o maior proveito possível, não escolhendo ou fugindo do prazer ou da dor temporária; mas considera as consequências de ambos. Com exceção das ações mais insignificantes, geralmente somos determinados por motivos abstratos e imaginários, não por impressões reais. Portanto, no momento, cada privação é bastante fácil para nós, mas cada renúncia terrivelmente difícil: pois aquela afeta apenas o presente que passa; mas esta é o futuro e, portanto, inclui inúmeras privações, das quais é o equivalente. Nossa dor, como nossa alegria, não está principalmente no presente real; mas apenas em pensamentos abstratos: são estes que muitas vezes são sentidos por nós como insuportáveis, criam dores em comparação com as quais todo sofrimento animal é muito pequeno: pois muitas vezes até a nossa própria dor física não é sentida em vista de todos os sofrimentos espirituais que existem ao mesmo tempo. Cuidado e paixão, ou seja, os jogos mentais, muitas vezes desgastam mais o corpo do que as queixas físicas. Portanto, Epicteto diz ταρασσει...; e Sêneca: *plura*

sunt, quae nos terrent, quam quae premunt, & saepius opinione quam re laboramus[12] (ep. 5.47) –
Eulenspiegel. – Crianças. – p.431.

Tais grandes diferenças de ação e sofrimento decorrem da diferença entre os modos de cognição animal e humano. Esta é também a causa do *surgimento do caráter individual* que é único ao homem e que o distingue tanto do animal, que tem apenas o caráter de uma espécie. Porque isso depende da possibilidade de escolher entre vários motivos, que para isso devem ser abstratos. Pois a diferença em caracteres individuais é mostrada apenas pela diferença na decisão tomada com os mesmos motivos presentes. O animal, entretanto, não tem escolha real, mas apenas a presença ou ausência da impressão determina o que ele faz ou não faz, desde que a impressão seja um motivo para sua espécie. Portanto, ele mostra apenas caráter genérico. Ver nota à p.432.[13] –

Finalmente, também deve ser deduzido dessa *determinação de escolha* que só no homem a *decisão*, não o mero *desejo*, é um *sinal válido de seu caráter*, para si mesmo e para outro. A decisão, entretanto, torna-se certa somente através do *ato*, para si e para outro. O desejo é apenas a consequência necessária da impressão atual, seja do estímulo externo ou do humor passageiro interno; é, portanto, tão imediatamente necessário e sem deliberação como a ação dos animais; daí que o simples desejo expressa apenas o

---

12 Há mais coisas que nos apavoram do que coisas que nos oprimem, e muitas vezes lutamos com a opinião e não com a realidade. (N. T.)

13 Schopenhauer se refere aqui a uma anotação feita na página 432 de seu exemplar da primeira edição de O *mundo como vontade e como representação*. (N. T.)

caráter genérico, assim como a ação dos animais, e não o caráter individual: ou seja, o mero desejo indica apenas o que o ser humano seria capaz de fazer em geral, não o que o *indivíduo* sente que o desejo faria. Para o indivíduo, o ato sozinho é decisivo: pois, como ato humano, já requer uma certa deliberação, e como regra o *homem* é regente de sua razão, portanto prudente, ou seja, decide de acordo com motivos abstratos, concebidos. Portanto, só o ato é a expressão da máxima inteligível de sua ação, o resultado de sua vontade íntima, e se apresenta como uma letra à palavra que designa seu caráter empírico, que por si só é apenas a expressão de seu caráter inteligível. Portanto, em uma mente saudável, somente os atos pesam na consciência, não os desejos e pensamentos. Pois somente nossos atos nos mostram o espelho de nossa vontade. O ato mencionado anteriormente, que é cometido sem pensar e em emoção cega, é até certo ponto uma mera coisa intermediária entre um mero desejo e uma resolução: portanto, através de um verdadeiro arrependimento, que, no entanto, também se mostra como um ato, ele pode ser apagado como uma linha marcada da imagem de nossa vontade, que é o nosso curso de vida.

De acordo com essa completa consideração da liberdade da vontade e do que lhe diz respeito, a vontade é de fato livre em si mesma e fora de toda aparência, de fato ela deve ser chamada de onipotente: por outro lado, em todas as suas aparências individuais, ela é determinada por causas, mesmo onde o conhecimento a ilumina; assim, no homem e nos animais, ela é determinada por motivos, contra os quais o caráter individual reage sempre da mesma forma, legal e necessariamente. O homem, em virtude do conhecimento abstrato ou racional acrescido, tem uma *determinação de escolha* diante do animal: mas isto só o torna o campo de batalha do conflito de motivos, sem privá-lo de seu domínio: essa determinação de escolha dá a possibilidade de um caráter individual, mas não da liberdade da vontade individual, ou seja, da independência da lei da razão, que se estende a todos os fenômenos, portanto também ao homem. A diferença que a razão, ou o conhecimento de conceitos, provoca entre o humano e o animal, portanto, se estende até o ponto indicado e não mais. — Somente no final de toda nossa consideração, no entanto, surgirá que uma única expressão real da liberdade que pertence à vontade em si mesma também é possível na aparência; ou seja, que um fenômeno totalmente impossível nos animais pode emergir da vontade humana, ou seja, quando o homem deixa todo o conhecimento das coisas individuais como tal, que está sujeito à proposição da razão, e, por meio de ideias, vê através do *principium individuationis*, onde se torna possível uma verdadeira emergência da liberdade da vontade, como uma coisa em si, onde, no entanto, a aparência também entra, então, em certa contradição consigo mesma, o que a palavra *autonegação* denota, ao final, a supressão do em si daquela manifestação.

Por enquanto, no entanto, depois que ficou claro para nós como o caráter empírico é imutável, porque é meramente o desdobramento do inteligível, que está fora do tempo e, portanto, de sua coincidência com os motivos, as ações emergem com necessidade; devo primeiro *eliminar uma conclusão* que poderia ser tirada a partir disso *em favor das más inclinações*. Pois pode-se dizer: meu caráter é o desdobramento de um ato de vontade extratemporal e, portanto, indivisível e imutável, ou seja, de meu caráter inteligível, através do qual todo o essencial, ou seja, o conteúdo ético do meu modo de vida, é imutável e deve, portanto, expressar-se na aparência, no caráter empírico, e apenas o não essencial, ou seja, o imutável, deve ser expresso no caráter empírico dessa aparência, ou seja, a forma exterior do meu curso de vida depende das formas sob as quais os motivos se apresentam: portanto, é inútil trabalhar para melhorar meu caráter ou resistir à força das más inclinações, e é mais aconselhável submeter-se ao imutável e cumprir imediatamente com todas as inclinações, mesmo que sejam más. — Mas isto é o mesmo que a teoria do *destino inevitável* e a conclusão daí tirada, que se chama ἀργος λογος, em tempos mais recentes denominado fatalismo turco: a refutação correta da qual, como dada por Crisipo, é apresentada por Cícero em seu *De fato* III c. 12, 13.51.

Pois embora tudo o que acontece possa ser considerado como irrevogavelmente predeterminado pelo destino, só o é por meio da cadeia de causas e efeitos. Portanto, em nenhum caso pode ser determinado que um efeito ocorra sem sua causa. Não é o evento como tal, portanto, que é predestinado pelo destino, mas o evento como resultado de causas anteriores: portanto, não é apenas o sucesso, mas também os meios como resultado do qual ele está destinado a ocorrer, que é decidido pelo destino. (*Illustratio Cic.*) Se, portanto, os meios não ocorrem, então certamente também não o sucesso: ambos sempre de acordo com a determinação do destino, que, no entanto, também só aprendemos depois.

Assim como os acontecimentos sempre acontecem de acordo com o destino, ou seja, a cadeia interminável de causas, assim também nossas ações sempre acontecerão de acordo com nosso caráter inteligível: mas, assim como não conhecemos o destino de antemão, também não nos é permitida *a priori* qualquer percepção de nosso caráter inteligível; somente *a posteriori*, através da experiência, aprendemos a conhecer a nós mesmos assim como aos outros. Se meu caráter inteligível indicou que eu só poderia tomar uma boa decisão após uma longa luta anterior contra minhas más inclinações, então esta mesma luta deve preceder e ser aguardada: a decisão não é realmente tomada pela minha própria vontade, mas somente pelo conhecimento da minha vontade que agora me vem: posso considerar toda a minha vida como a comunicação desse conhecimento. Assim, a reflexão sobre a imutabilidade de meu caráter, sobre a unidade da fonte da qual fluem todos os meus atos, não deve me tentar a antecipar a decisão de meu caráter em favor do bem ou do mal: pela decisão que se segue, verei de que tipo sou, em meus atos serei refletido. Isso explica a *satisfação* ou a *angústia* da alma com que olhamos para trás no caminho da vida que percorremos: ambos não vêm do fato de que esses atos passados ainda têm um significado: eles são o passado, foram e agora não são nada: mas sua grande importância para nós vem do seu *significado*, vem do fato de que esses atos são a marca do caráter, o espelho da vontade, no qual reconhecemos nosso eu interior, o núcleo de nossa vontade, olhando para eles. Como não experimentamos isto de antemão, mas somente depois, cabe a nós ansiar e lutar no tempo, precisamente para que a imagem que produzimos através de nossas ações se torne de tal forma que a visão dela nos acalme o máximo possível, não nos assuste. Mas continuaremos a examinar o significado dessa tranquilidade ou medo da alma.

Do caráter adquirido

A seguinte consideração também é pertinente aqui.
Já lhes demonstrei e expliquei o caráter inteligível e empírico e considerei novamente ambos aqui. Mas ainda há uma terceira

diferença entre os dois, o *caráter adquirido* que só se adquire na vida, pelo uso mundano, e de que se fala quando se é elogiado como uma pessoa de caráter, ou censurado como uma pessoa sem caráter.

Agora você pode pensar que como o caráter empírico, como uma aparência do inteligível, é imutável e, como todo fenômeno natural, é consistente em si mesmo, por isso mesmo o homem também deveria parecer sempre igual a si mesmo e consistente e, portanto, não precisaria adquirir um caráter artificialmente através da experiência e da reflexão. Mas isto é diferente. Pois, embora a pessoa seja sempre a mesma, nem sempre se compreende a si mesma, mas muitas vezes se julga mal até que tenha adquirido um certo grau de conhecimento real de si mesma. O caráter empírico, como mero instinto natural, não é em si racional; de fato, suas expressões são perturbadas pela razão, e ainda mais o homem tem a prudência e o poder do pensamento. Pois estes sempre têm diante de si o que pertence ao *homem em geral* como um caráter genérico e é possível a ele em querer e em executar. Isto torna difícil para ele entender o que *só ele*, separado da totalidade, pode querer e realizar, em virtude de sua individualidade. Ele encontra em si mesmo as disposições para todos os esforços e potencialidades humanas, por mais diferentes que sejam; mas o diferente grau deles em sua individualidade não se torna claro para ele sem experiência. Mesmo que ele agora recorra aos esforços que estão apenas de acordo com seu caráter; no entanto, ele sente, especialmente em momentos e humores individuais, o estímulo exatamente oposto, incompatível com ele, o que, se ele quiser perseguir os primeiros sem ser perturbado, deve ser completamente reprimido. Pois, como nosso caminho físico na terra é sempre apenas uma linha e não uma superfície; assim, na vida, se quisermos apreender e possuir uma coisa, devemos deixar inúmeras outras à direita e à esquerda, renunciando a elas. Se não podemos decidir, mas agarrar, como crianças na feira, tudo o que nos atrai de passagem; então esta é a tentativa errada de transformar a linha do nosso caminho em uma superfície: então corremos em ziguezagues, vagando para lá e para cá, e não chegamos a nada. Aquele que quer ser tudo pode não ser nada. Outro exemplo: Hobbes deriva o direito de propriedade do fato de que originalmente todo homem tinha direito a tudo, mas a nenhum direito exclusivo, ou seja, um direito de propriedade. Mas ele adquire esse direito às coisas individuais renunciando a seu direito original a todas as outras; enquanto outros fazem o mesmo com relação às coisas que ele escolheu: é exatamente o mesmo na vida: só podemos perseguir qualquer aspiração particular, seja por prazer, honra, riqueza, ciência, arte, virtude, com verdadeira seriedade e felicidade se renunciarmos a todas as reivindicações que lhe são alheias, renunciarmos a tudo o mais. É por isso que a mera vontade e a capacidade não são suficientes em si mesmas; um homem também deve *saber* o que quer e saber o que pode fazer: só então mostrará caráter e só então poderá realizar algo certo. Antes de chegar a esse ponto, ele está, apesar da consequência natural do caráter empírico, ainda sem caráter. É verdade que deve permanecer sempre fiel a si mesmo no todo e seguir seu curso conforme seu *daimon* o atrai; mas não descreverá uma linha reta, e sim uma linha trêmula e irregular, ele vacilará, desviará, voltará atrás, causará a si mesmo remorso e dor. Tudo porque ainda não se conhece; porque vê à sua frente o que é tanto quanto possível e alcançável para o homem, mas não sabe qual de todos eles é, de fato, o único adequado e alcançável para ele. Fará todo tipo de tentativas malsucedidas, violentará seu caráter em particular; mas no geral tem que ceder a ele novamente. E o que realiza tão laboriosamente, contra sua natureza (*invita Minerva, Marte, Venere*), não lhe dará prazer; o que ele aprende assim permanecerá morto: sim, mesmo eticamente, torna-se um ato nobre em si mesmo, porém que ele não realizou por um puro impulso decorrente diretamente de seu caráter, mas simplesmente como resultado de um conceito, de um dogma, um exemplo, que era, portanto, nobre demais para seu caráter, perderá todo o mérito por remorsos egoístas subsequentes, mesmo aos seus próprios olhos, porque afinal não é realmente seu ato. Lidamos conosco como com os outros: só percebemos a inflexibilidade do caráter alheio pela experiência: até então, acreditamos infantilmente que através de ideias razoáveis, através da persuasão, da súplica, através de exemplos de nobreza, podemos levar alguém a abandonar seus caminhos, a mudar sua maneira de agir, a abandonar sua maneira de pensar, ou mesmo a expandir suas habilidades – também é assim conosco mesmos. Devemos primeiro aprender por experiência o que queremos e o que podemos fazer. Até lá, não sabemos, somos como alguém sem um caráter definido e muitas vezes temos que ser jogados de volta ao nosso próprio caminho por golpes duros vindos de fora. – Mas, quando finalmente aprendemos, então alcançamos o que no mundo é chamado de caráter, o *caráter adquirido*. Isto nada mais é do que o conhecimento mais completo possível de sua própria individualidade. É o conhecimento abstrato, consequentemente claro das qualidades imutáveis do próprio caráter empírico e da medida e direção das próprias forças mentais e físicas, portanto de todos os pontos fortes e fracos da própria individualidade. Isto nos coloca em posição de desempenhar prudente e metodicamente o papel de nossa própria pessoa, que antes era imutável em si mesma, e que antes naturalizávamos sem regras. Agora, levamos o modo de ação, que de qualquer forma é exigido por nossa natureza individual, a máximas claramente conscientes que estão sempre presentes para nós, segundo as quais o realizamos de forma tão prudente como se fosse um aprendiz, sem nunca sermos enganados pela influência passageira do humor ou pela impressão do presente, sem nunca sermos inibidos pela amargura ou doçura de um detalhe encontrado no caminho, sem hesitação, vacilação, incoerência. Agora não vamos mais, como novatos, esperar, tentar, tatear para ver o que realmente queremos e do que somos capazes; mas sabemos de uma vez por todas, temos apenas que aplicar proposições gerais a casos individuais em cada escolha e chegar à decisão imediatamente. Conhecemos nossa vontade em geral e não nos deixamos tentar por humores individuais ou exigências externas para decidir em detalhes o que é contrário a ela como um todo. Da mesma forma, conhecemos a natureza e a extensão de nossos poderes e nossas fraquezas, e isso nos poupará muita dor. Porque, na verdade, não há nenhum prazer além de usar e sentir a própria força, e a maior dor é a falta de força percebida onde se precisa dela. Mas, quando tivermos verificado onde estão nossos pontos fortes e fracos, treinaremos e usaremos nossos excelentes talentos naturais e nos voltaremos sempre para onde eles são adequados e válidos; mas evitaremos por todos os meios, e com autossuperação, aqueles esforços aos quais temos por natureza pouca aptidão; conter-nos-emos de tentar aquilo em que não somos bem-sucedidos. Somente aquele que alcançou isto será sempre ele mesmo com total prudência, e nunca será decepcionado por si mesmo, porque sempre soube o que poderia esperar de si mesmo. Muitas vezes, ele compartilhará a alegria de sentir seus pontos fortes e raramente experimentará a dor de ser lembrado de suas fraquezas: esta última é a humilhação, que talvez cause a maior dor. É por isso que é muito mais fácil suportar o próprio infortúnio do que uma torpeza. — Se agora estamos tão perfeitamente familiarizados com nossos pontos fortes e fracos, não procuraremos mostrar pontos fortes que não temos, não brincaremos com moedas falsas, pois tal simulação teatral acaba falhando em seu objetivo. Pois, como o homem inteiro é apenas a aparência de sua vontade, nada pode ser mais errado do que querer ser algo diferente do que se é, partindo da reflexão: pois é uma contradição direta da vontade consigo mesmo. A imitação de qualidades e peculiaridades estranhas a si mesmo é muito mais vergonhosa do que usar roupas estrangeiras: pois é o julgamento da própria inutilidade expressa por si mesmo. A esse respeito, o conhecimento da própria disposição e das próprias habilidades de cada tipo e de seus limites inalteráveis é o caminho mais seguro para alcançar a maior satisfação possível consigo mesmo. Pois o mesmo se aplica às circunstâncias internas e externas, ou seja, que não há consolo mais efetivo para nós do que a certeza plena de uma necessidade inalterável. Não somos tanto atormentados por um mal que nos aconteceu, mas pelo pensamento das circunstâncias pelas quais ele poderia ter sido evitado. Nós reclamamos e nos enfurecemos apenas enquanto esperamos que isso tenha um efeito sobre outrem, ou que nos excite a um esforço desarrazoado. Mas as crianças e os adultos sabem ficar maravilhosamente satisfeitos; assim que percebem que não é absolutamente diferente.

θυμον ενι στηθσσι φιλον δαμασσανγτεσ αναγκη.[14]

Elefantes. Davi. p.442.
Males duradouros.

A esfera das alegrias e tristezas

O reconhecimento da necessidade externa é mais fácil do que o da necessidade interna, porque é ensinado mais diretamente. Cada homem tem certos limites para sua esfera de visão dentro dos quais só a felicidade e a infelicidade são possíveis para ele: o que está além deles, seja bom ou mau, não está lá para ele: porque o conhecimento da necessidade externa estabeleceu esses limites para ele de uma vez por todas. Vou deixar isso mais claro. Todo mundo tem certos males e é privado de certos bens sem sentir nenhum dos dois: enquanto outro é infeliz por causa desses mesmos males ou privações. Isso porque: o bem-estar de cada homem se baseia unicamente na relação entre suas reivindicações e suas posses: só o tamanho das posses não decide nada, e é tão insignificante quanto um numerador sem denominador. Ou seja, no círculo espiritual de visão de cada homem, jazem certos objetos que lhe parecem como possivelmente alcançáveis, e a estes ele estende suas reivindicações: só estes se tornam agora seus motivos, são os objetos de sua vontade em geral. Agora o acaso joga seu jogo com eles, como lhe apraz, movendo-os logo mais perto, logo mais longe: todas as vezes esses objetos se apresentam ao homem de tal forma que ele espera confiantemente alcançá-los, ele se sente feliz,

---

14 Cf. Homero, *Ilíada*, XVIII, 113 (Nota do autor). ["Segurando com compulsão o ressentimento acalentado no peito." – N. T.]

confortável e parece satisfeito: por outro lado, todas as vezes a perspectiva de sua posse desaparece novamente, ele fica deprimido e infeliz. Mas tudo o que está inteiramente fora dessa esfera de suas exigências, seja bom ou mau em si mesmo, não o afeta em nada, não está lá para ele de forma alguma. Portanto, a substância da tristeza e da alegria é muito diferente. Os pobres não são incomodados por todos os bens que os ricos apreciam e isto ocorre porque eles não se encontram no *horizonte de suas exigências*. Por outro lado, todos os bens e prazeres que são a meta suprema do pobre estão à disposição do rico, que os despreza e não lhe dá consolo nos sofrimentos que sente quando suas reivindicações permanecem insatisfeitas: para aqueles bens que nunca lhe faltaram, nunca *aprendeu a apreciá-los* por isso mesmo. O que torna os ricos infelizes não tem poder sobre os pobres porque eles nunca *aprenderam a desejá-lo*. A matéria do prazer e da dor tem seu lugar limitado, por um lado, pelo que se possui e, por outro, pelo que, consequentemente, não se tem a menor esperança de ter: ὁ τοπος των οδύνων και ἡδονων.[15] — Portanto, assim como a pobreza, inúmeros outros males, como aleijamento, baixo *status*, feiura, residência desfavorável etc., são suportados por inúmeras pessoas com total indiferença: porque reconheceram de uma vez por todas a necessidade interna ou externa e traçaram a linha de suas reivindicações deste lado. Outros, por outro lado, que estão felizes a esse respeito, não conseguem entender como se pode suportar tais coisas e ainda fazer uma cara feliz. Portanto, nada nos reconcilia com a necessidade externa tão firmemente quanto um claro conhecimento dela, e o mesmo se passa com a necessidade interna. Logo aprendemos a conhecer nossas boas qualidades, nos-

---

15 O lugar de dores e alegrias. (N. T.)

sos pontos fortes, e a usá-los em nosso benefício. Da mesma forma, porém, devemos superar nossas fraquezas, deficiências e falhas naturais e aprender a conhecê-las de uma vez por todas, determinar os limites de nossas exigências de acordo com elas, e contentar-nos com o inatingível aqui também: pois a necessidade interna permanece ainda mais firme do que a externa. Quando o tivermos feito, certamente escaparemos do mais amargo de todos os sofrimentos espirituais, da insatisfação conosco mesmos, do amor-próprio magoado: pois esta é a consequência inevitável da ignorância da própria individualidade, da qual surge a falsa presunção, desta presunção depois se segue a vergonha; *Nulli potes imprecari quidquam gravius, quam si imprecatus fueris, ut se habeat iratum.*[16]

Tanto sobre *caráter adquirido*, que, é verdade, não é tão importante para a ética propriamente dita quanto para a vida no mundo: eu o discuti, no entanto, porque deveria ser mencionado como o terceiro, juntamente com o caráter empírico e o inteligível: mas apresentei o empírico e o inteligível para deixar claro para vocês como a vontade, embora sujeita à necessidade em todas as suas manifestações, pode em si mesma ser chamada de *livre* e onipotente.

Da liberdade da vontade de afirmar e negar a si mesma

Todo o mundo visível deve ser considerado como a expressão e a imagem dessa liberdade, na verdade, da onipotência da vontade, pois é apenas sua aparência; mas se apresenta e se desen-

---

[16] Você não pode desejar nada pior para alguém do que desejar que ele fique com raiva de si mesmo (Sêneca, *ep.* 110). (N. T.)

volve progressivamente de acordo com as leis que a forma do conhecimento traz consigo.

Agora, entretanto, eu disse anteriormente que essa liberdade da vontade também pode surgir na aparência, ou seja, na mais perfeita de suas aparências, em que um conhecimento perfeitamente adequado de seu próprio ser surge sobre ela. Ou seja, também aqui, no auge da autoconsciência e da prudência, a vontade ou quer a mesma coisa que queria quando ainda era cega e não se conhecia, e então ela sempre tem o conhecimento, tanto no detalhe como no *motivo* inteiro; ou, vice-versa, essa cognição torna-se para ele um *quietivo*, que acalma e abole todo querer. Já falei disso em termos gerais como a *afirmação* e a *negação* da vontade de viver. Com relação à mudança do indivíduo, esta é sempre uma expressão *geral* da vontade: ou seja, não interfere no desenvolvimento do caráter, nem se expressa em ações individuais; mas se mostra de tal forma que ou todo o modo de agir anterior se torna cada vez mais proeminente; ou, ao contrário, esse modo é completamente abolido, e assim se *expressa* a máxima que, depois de um conhecimento adicional, a vontade agora compreendeu livremente. – O claro desenvolvimento disto, o assunto principal da ética, já está agora um pouco facilitado e preparado para nós pelas considerações sobre liberdade, necessidade e caráter. Devemos, no entanto, adiá-la mais uma vez, pois mais uma consideração deve ser feita de antemão, isto é, *sobre a própria vida*, querer ou não querer é a grande questão; de tal maneira que examinemos o que a própria vontade, que está em toda parte nesta vida, realmente se torna através de sua afirmação, de que maneira e em que medida ela a satisfaz e, de fato, pode satisfazê-la: em resumo, qual é o estado da vontade em geral e em essência neste mundo próprio, que lhe pertence em todos os aspectos.

4
Do estado da vontade no mundo de sua aparição: ou do sofrimento da existência

Recordemos, antes de tudo, a questão levantada anteriormente sobre *o objetivo e a finalidade da vontade*: em vez de respondê-la, vemos como a vontade, em todos os níveis de sua aparição, do mais baixo para o mais alto, carece completamente de um objetivo e de uma finalidade última, sempre se esforça, se afirma, porque o esforço é sua única essência, à qual nenhum objetivo alcançado jamais põe um fim. Ela é, portanto, incapaz de qualquer satisfação final e sempre pode ser apenas inibida, mas em si mesma vai até o infinito. Vimos isso no mais simples de todos os fenômenos naturais, a gravidade, que não cessa de se esforçar e de pressionar em direção a um centro inextensível, cujo alcance seria sua aniquilação e da matéria, mas que não cessaria mesmo que todo o universo já estivesse fechado. Vemos a mesma coisa nos outros fenômenos simples da natureza: o sólido se esforça em direção à fluidez, por fusão ou dissolução, porque só então suas forças químicas se tornam livres: a rigidez é sua prisão, na qual eles são mantidos pelo frio. O *líquido* luta pela forma de vapor, para a qual a água passa imediatamente assim que é liberada de toda pressão:

nenhum corpo está sem relação, ou seja, sem esforço, desejo, vício. A *eletricidade* propaga sua autodivisão interna ao infinito, mesmo que a massa do globo devore o efeito. O *galvanismo* também, enquanto a coluna viver, é um ato de autodivisão e reconciliação sem propósito e incessantemente renovado. A existência da *planta* é igualmente agitada e nunca satisfaz um esforço, uma condução incessante através de formas cada vez mais elevadas até o ponto final, a semente, que se torna novamente o ponto de partida: isto se repete *ad infinitum*, em nenhum lugar um objetivo, em nenhum lugar uma satisfação finita, em nenhum lugar um ponto de descanso. Agora, lembre-se também que em toda parte as múltiplas forças da natureza e formas orgânicas disputam a matéria sobre a qual desejam agir, cada uma possuindo apenas o que arrancou da outra, e assim se mantém uma luta constante pela vida ou morte: é justamente dessa luta que surge principalmente a resistência, pela qual aquele esforço, que é a essência mais interna de cada coisa, é inibido em toda parte, empurra em vão, mas não pode deixar sua essência, tortura-se a si mesmo até que a aparência pereça; onde outros então gananciosamente tomam seu lugar e sua matéria.

Esse esforço, que constitui a essência de cada coisa, há muito reconhecemos pela mesma e idêntica coisa, que em nós, onde se manifesta mais claramente, à luz da plena consciência, é chamada de *vontade*. Sua inibição por um obstáculo que se interpõe entre ele e seu objetivo temporário, chamamos de *sofrimento*: por outro lado, a realização do *objetivo* chamamos de *satisfação*, bem-estar, felicidade. Podemos também aplicar esses nomes aos fenômenos do mundo desconhecido que, embora mais fracos em grau, são idênticos em essência à nossa vontade.

Natureza sem conhecimento

Vemos então esses fenômenos em constante sofrimento e sem felicidade duradoura. Pois todo esforço surge da falta, portanto, é sofrer enquanto não for satisfeito: mas nenhuma satisfação é permanente: ao contrário, é sempre apenas o ponto de partida de um novo esforço. Vemos o esforço em todos os lugares muitas vezes inibido, em todos os lugares lutando; por isso, sempre como sofrimento: nenhum objetivo final de esforço; daí nenhuma medida e objetivo do sofrimento.

Animal

Mas o que descobrimos na natureza sem conhecimento apenas com atenção aguçada e com esforço, encontramos claramente na natureza com conhecimento, na *vida do animal*, cujo sofrimento constante é fácil de provar. No entanto, sem nos determos neste estágio intermediário, queremos nos voltar para onde tudo emerge mais claramente porque é iluminado pelo conhecimento mais brilhante, ou seja, a vida *humana*. Pois, à medida que a aparição da vontade se torna mais perfeita, o sofrimento também se torna cada vez mais aparente. Na mesma medida em que o conhecimento alcança a clareza, à medida que a consciência aumenta, a qualidade também cresce, o que consequentemente atinge seu mais alto grau no homem, e aí novamente, quanto mais claramente o homem reconhece, mais inteligente ele é. O gênio é o que mais sofre. Nesse sentido, ou seja, em relação ao conhecimento em geral, entendo o ditado do Eclesiastes (1,18): *qui auget scientiam, auget & dolorem*.[17] Essa

---

[17] Quem aumenta o conhecimento, aumenta a dor. (N. T.)

exata relação entre o grau de consciência e o de sofrimento foi descrita por Tischbein (p.447).

Por essa razão, queremos agora considerar o destino interior e essencial da vontade na *existência humana*. Todos encontrarão facilmente a mesma coisa na vida do animal, só que mais fraca, expressa em graus diferentes, e serão capazes de convencer-se suficientemente do sofrimento do animal, como essencialmente *toda a vida é sofrimento*.

O sofrimento na existência humana

Em cada estágio que ilumina o conhecimento, a vontade aparece como um *individuum*. — O indivíduo humano encontra-se no espaço infinito e no tempo infinito como finito, consequentemente como uma quantidade que desaparece em relação a eles: e já que tempo e espaço, por serem sem limites, *não existem como um todo completo*, o indivíduo sempre tem apenas um *relativo* quando e onde de sua existência, não *absoluto*, isto é, não consistente e completo: pois seu lugar e sua duração são partes finitas de um infinito e ilimitado.

Sua existência real está apenas no *presente*, cujo voo desinibido para o *passado* é uma constante transição para a *morte*, um constante *morrer*: pois nossa vida passada (além de suas possíveis consequências para o presente, assim como do testemunho que dá sobre nossa vontade, como sua marca) já está completamente terminada, morta e nada mais. Portanto, podemos ficar razoavelmente indiferentes se o conteúdo de nossas vidas passadas foram tormentos ou prazeres. O *presente*, entretanto, está constantemente se tornando o *passado* sob nossas mãos. O *futuro* é bastante incerto, e sempre curto. Assim, a existência do indivíduo, mesmo visto puramente do lado espiritual, ou seja, apenas na medida em que existe em cognição, é uma constante queda do presente para o passado morto, um constante *morrer*. Mas se agora também olharmos para ele pelo *lado físico*, é evidente que, assim como se sabe que nosso caminhar é apenas uma queda constantemente inibida, a vida de nosso corpo é apenas uma morte constantemente inibida, uma morte que é sempre adiada. Cada respiração se afasta da invasão constante da morte, com a qual lutamos dessa forma a cada segundo, e novamente, em intervalos maiores, através de cada refeição, cada sono, cada aquecimento e assim por diante. Por fim, deve triunfar: pois já caímos nela por nascimento, e ela joga apenas um pouco com sua presa antes de devorá-la. Enquanto isso, continuamos nossas vidas com muito cuidado, o maior tempo possível, assim como se explode uma bolha de sabão dentro do maior tempo e com o maior tamanho possível, embora com a firme certeza de que ela vai estourar.

Esforço sem objetivo e sem satisfação

Já vimos que, na natureza sem conhecimento, o seu ser interior é um *esforço constante sem objetivo* e sem descanso: isto nos aparece ainda mais claramente na contemplação do animal e do homem. Todo o seu ser está querendo e se esforçando, o que é completamente comparável a uma sede insaciável. Mas a base de todo querer é a carência, a falta, isto é, a dor, da qual, consequentemente, ela é presa originária e por sua própria natureza. Se, por outro lado, lhe faltam objetos de vontade, já que a satisfação muito fácil imediatamente os leva de volta, um terrível vazio e tédio toma conta dele, porque então sua natureza não mais se expressa, ele não toma mais consciência de sua existência. Dessa forma, sua vida oscila entre a dor e o tédio. Ambos são, de fato, suas partes finais. Isso também teve que se expressar muito estranhamente no fato de que, depois que o homem transferiu todo sofrimento e tormento para o inferno, não restou nada para o céu além do tédio (Dante).

O esforço constante, no entanto, que constitui a essência de toda manifestação da vontade, recebe seu primeiro *fundamento* mais geral nos estágios superiores de sua objetivação pelo fato de que a vontade aparece aqui como um corpo vivo, com o mandamento de ferro para nutrir-se: e o que dá força a esse mandamento é precisamente que esse corpo nada mais é do que a própria vontade objetivada de viver. Ele é um querer e precisar concreto no mais alto grau, é uma concretização de mil necessidades. Com isso ele fica na terra, entregue a si mesmo, e o cuidado pela preservação dessa existência, sob exigências tão pesadas e muitas que se apresentam a cada momento, também preenche, como regra, toda a vida humana. O segundo requisito, o da *reprodução sexual*, está diretamente ligado à preocupação com sua preservação. A vida da grande maioria é apenas uma luta constante por esta própria existência, com a certeza de acabar perdendo: mas o que faz as pessoas suportarem esta luta tão árdua não é tanto o amor à vida quanto o medo da morte: a qual permanece como inevitável no fundo e pode se aproximar a qualquer momento. — A própria vida é como um mar cheio de penhascos e redemoinhos, e o homem é o barqueiro que os evita com a maior cautela e cuidado e abre caminho, mas ao mesmo tempo sabe que ainda que consiga abrir caminho com todo esforço e arte, ele, precisamente por isso, a cada passo, o maior, o total, o naufrágio inevitável e incurável se aproxima.

Sim, precisamente, ele se dirige para a morte: este é o objetivo final da penosa distância e é pior do que todos os penhascos que ele evitou. –

Agora, no entanto, é imediatamente notável que, por um lado, os sofrimentos e tormentos da vida podem facilmente aumentar a tal ponto que até a morte se torna desejável, da qual toda a vida consiste em fugir, e agora se apressa voluntariamente em direção a ela. –

Tédio

E, por outro lado, é notável que, assim que a miséria e o sofrimento dão descanso ao homem, o tédio está imediatamente tão próximo que ele precisa de um passatempo. Por isso é que vemos em quase todas as pessoas que estão a salvo da miséria e do sofrimento que, depois de terem finalmente tirado todos os outros fardos de seus ombros, eles agora são um fardo para si mesmos[;] agora estão atormentados pela preocupação de como devem passar o tempo, matar o tempo, como eles mesmos dizem[,] agora consideram cada hora que passaram como um ganho em dinheiro, ou seja, cada dedução da própria vida a que até agora dedicavam todas as suas energias a preservar pelo máximo de tempo possível! – O que ocupa todos os seres vivos e os mantém em movimento é a luta pela *existência*. Mas, quando é garantida para eles, não sabem o que fazer com a existência. Portanto, a segunda coisa que os põe em movimento é o esforço para se livrar do fardo da existência, para torná-la impalpável, para escapar do tédio por um momento. O tédio, no entanto, é nada menos que um mal a ser desprezado: no final, ele pinta o verdadeiro desespero no rosto. Precauções públicas também são tomadas contra ele, como contra outras calamidades gerais, por prudência do Estado, porque esse mal, assim como seu extremo oposto, a fome, pode levar as pessoas à maior licenciosidade.

Toda vida humana flui entre o querer e a realização. – O querer é, por sua natureza, dor: a realização dá rapidamente origem à saciedade: o objetivo era apenas aparente: a posse tira o estímulo: sob uma nova forma o querer, a necessidade, reaparece: se não, depois segue a letargia, o vazio, o tédio, contra o qual a luta é tão agonizante quanto contra a necessidade. – Que o desejo e a satisfação se sigam sem um intervalo muito curto ou muito longo, diminui o sofrimento que ambos dão na menor medida e torna a vida mais feliz. – Para aquilo que de outra forma se chamaria a parte mais bela, os mais puros prazeres da vida, precisamente porque nos tira da vida, isto é, o puro conhecimento, ao qual todos os que desejam permanecem alheios, o gozo do belo, a alegria verdadeira da arte –; isto requer dotes raros e, portanto, é concedido apenas a poucos, e até mesmo a eles apenas como um sonho passageiro. E então o poder intelectual superior torna estes poucos suscetíveis a um sofrimento muito maior do que os mais embotados podem alguma vez sentir, e além disso os coloca sozinhos entre seres que são visivelmente diferentes deles; pelo que isto também se equilibra. Mas, para a maior parte dos homens, os prazeres puramente intelectuais não são acessíveis: eles não são capazes da alegria que reside no puro conhecimento: são inteiramente referidos à vontade: portanto, para que alguma coisa seja do *seu interesse*, ela deve de alguma forma excitar sua vontade, mesmo que apenas por alguma remota e possível relação com ela: (isto já está na palavra "interessante"), mas a vontade nunca deve ficar totalmente fora de jogo, porque seu prazer está muito mais na vontade do que no conhecimento: ação e reação é seu único elemento. As expressões ingênuas dessa natureza podem ser tiradas de trivialidades e fenômenos cotidianos, por exemplo:

lugares que vale a pena conhecer;
animais estranhos;
jogo de cartas. (nota p.453.)

O mais feliz certamente seria o mais sábio, ou seja, aquele que, com grande conhecimento, teria pouca vontade, saberia muito e quereria pouco. Sócrates pode ter sido assim. Mas é a exceção mais rara; porque uma faculdade de conhecimento muito grande, viva e forte também tem uma vontade muito forte como sua base, como se fosse para sua raiz. Enquanto isso, o caminho para a existência mais feliz possível está em conhecer muito e querer pouco. Mas a vontade permanece sempre a essência radical e real do homem: e a vontade é a fonte de sofrimento sem fim. Portanto, qualquer que seja a natureza, qualquer coisa que a sorte possa ter feito a um homem, quem quer que você seja e o que quer que possua, a dor, que é essencial à vida, não pode ser eliminada. Os incessantes esforços para banir o sofrimento nada mais fazem do que mudar sua forma. Esta é originalmente a falta, a necessidade, a preocupação com a preservação da vida. Se conseguimos, o que é muito difícil, suprimir a dor sob essa forma, ela aparece imediatamente em mil outras formas, alternadamente, de acordo com a idade e as circunstâncias, como instinto sexual, amor apaixonado, ciúme, inveja, ódio, medo, ambição, ganância por dinheiro, doença e assim por diante. –

Finalmente, se não conseguir encontrar o caminho para qualquer outra forma; então ela vem com o triste manto cinza do cansaço e do tédio, contra o qual são feitas várias tentativas: se finalmente conseguirmos afugentá-los, isso dificilmente acontecerá sem deixar a dor voltar a uma das formas anteriores e assim começar a dança desde o início. Porque toda vida humana é jogada para a frente e para trás entre a dor e o tédio. Por mais deprimente que seja essa observação, quero chamar a atenção para um lado dela, do qual se pode obter consolo, talvez até obter uma indiferença estoica ao mal existente. Pois nossa impaciência a esse respeito decorre, em grande parte, de reconhecê-lo como acidental, como provocado por uma cadeia de causas que poderia facilmente ser de outra forma. Pois não temos o hábito de nos enganar sobre os males imediatamente necessários comuns a todos, por exemplo, a necessidade da velhice e da morte e muitas dificuldades diárias. Ao contrário, o que dá ao sofrimento seu aguilhão é a consideração da contingência das circunstâncias que nos trouxeram esse sofrimento. Mas se agora reconhecemos que a dor como tal é essencial e inevitável à vida, e nada mais depende do acaso do que sua mera forma, a forma em que se apresenta, que portanto nosso sofrimento atual preenche um lugar no qual, se não estivesse lá, outro tomaria imediatamente seu lugar, que agora está excluído dela, que portanto, em essência, o destino pode nos fazer pouco mal, tal reflexão, se se tornasse uma convicção viva, poderia trazer um grau significativo de *indiferença estoica* e reduzir grandemente a preocupação ansiosa pelo próprio bem-estar. Na verdade, porém, um domínio tão poderoso da razão sobre o sofrimento sentido diretamente pode raramente ou nunca ser encontrado.

Aliás, através dessa reflexão sobre a inevitabilidade da dor e sobre a substituição de uma por outra e a atração de novas, pode-se chegar à seguinte hipótese, que parece, a princípio, paradoxal.
Medida – p 455.
Através da condição física.
ευξολοσ δυσκολος.[18]
Grandes sofrimentos, tornam impalpáveis os menores.
Grande infortúnio: –
A felicidade. Dor de entrada – Antecipação. Abertura
p.456
Aprioridade.
Evidência: alegria e tristeza, através de quê?
Suicídio.
Mudança de condição física.
Vesicatório.

Alegria excessiva e dor muito violenta sempre se encontram na mesma pessoa, pois ambas são mutuamente dependentes e também mutuamente dependentes da grande vitalidade do espírito. Ambos são provocados não pelo puro presente, mas pela antecipação do futuro. Mas, como a dor é essencial à vida e seu grau é determinado pela natureza do indivíduo, portanto mudanças repentinas, sendo sempre externas, não podem realmente alterar seu grau; assim, a alegria ou a dor excessivas são sempre baseadas no erro e na ilusão: consequentemente, essas duas extensões excessivas da mente poderiam ser evitadas pelo discernimento. Todo júbilo imoderado (*exultatio, insolens*

---

18 Sentido leve ou pesado. (N. T.)

laetitia)[19] é sempre baseado na ilusão de ter encontrado algo na vida que não se encontra nela, a saber, a satisfação permanente de desejos atormentadores ou preocupações que renascem constantemente. A pessoa deve inevitavelmente ser trazida de volta de cada ilusão desse tipo mais tarde, e então, quando ela desaparecer, pagar por ela com uma dor tão amarga quanto sua ocorrência trouxe alegria. É, portanto, como uma altura da qual só se pode descer novamente caindo, portanto, deve-se evitá-la. E toda dor súbita e excessiva é apenas a queda de tal altura, o desaparecimento de tal ilusão e, portanto, condicionado por ela. Poderíamos, portanto, evitar ambos se pudéssemos ver as coisas como um todo e em contexto com absoluta clareza, e nos prevenirmos firmemente contra dar-lhes realmente a cor que gostaríamos que tivessem. A ética estoica tem como principal objetivo libertar a mente de todas essas ilusões e suas consequências, dando-lhe, em vez disso, serenidade inabalável. Na maioria das vezes, porém, fechamos nossa mente para a percepção, comparável a um remédio amargo, de que o sofrimento é essencial à vida e que, portanto, isso não flui para dentro de nós a partir de fora, mas que cada pessoa carrega a fonte inesgotável dele em seu próprio ser interior. Em vez disso, estamos sempre procurando uma causa externa, individual, um pretexto, por assim dizer, para a dor que nunca nos deixa. Pois nos esforçamos incansavelmente de desejo em desejo, e mesmo que toda satisfação que alcançamos, por mais que tenha prometido, ainda não nos satisfaça plenamente como esperávamos, mas logo fique ali como um erro, ainda não vemos que estamos enchendo a jarra das Danaides. Isso é lindamente expresso por Lucrécio (*De rerum natura*, III, 1095):

---

19 Exultação, alegria incomum. (N. T.)

Sed dum abest, quod avemus, id exsuperare videtur
Caetera: post aliud, quum contigit illud, avemus:
Et sitis aequa tenet vitai semper hiantes.[20]

Assim, apressamo-nos para desejos sempre novos, para o infinito, até que a morte nos ponha um fim, antes de estarmos satisfeitos uma só vez. É assim que acontece na maioria das vezes. Um caso muito mais raro, que pressupõe uma certa força, até mesmo grandeza de caráter, é quando nos deparamos com um desejo que não pode ser realizado de forma alguma devido às circunstâncias e nos damos conta disso, mas mesmo assim não desistimos do desejo: encontramos então, por assim dizer, o que realmente procurávamos, ou seja, algo que podemos acusar a qualquer momento como fonte de todo nosso sofrimento, em vez de reconhecer que nosso próprio ser é essa fonte: então estaremos para sempre em desacordo com nosso destino; mas reconciliados com nosso ser e nossa existência: pois assim se chega ao reconhecimento de que tanto nosso ser quanto nosso existir são consubstanciais ao padecer e que a verdadeira satisfação é impossível. A consequência deste último tipo de desenvolvimento é um estado de espírito melancólico, o constante suporte de uma grande dor e o consequente desprezo por todas as dores e alegrias menores. Este já é um fenômeno mais valioso do que a constante perseguição de novas figuras enganosas que, no entanto, é o estado habitual.

---

20 Se, no entanto, nos falta o que desejamos, parece que supera tudo o mais/ Em valor; se isso é alcançado, já desejamos outra coisa;/ Somos sempre atormentados pela mesma sede que desejamos para a vida. (N. T.)

Consideração metódica das determinações fundamentais da existência humana

Agora vamos examinar a essência de nossa condição em relação aos sofrimentos e alegrias em geral, em suas linhas essenciais fundamentais.

Negatividade de toda satisfação

Toda satisfação, ou o que é comumente chamado de *felicidade*, é na verdade e essencialmente sempre *apenas negativa*, e nunca *positiva*. Não é uma felicidade que vem a nós originalmente e por sua própria vontade; ao contrário, nunca pode ser outra coisa senão a satisfação de um desejo. Portanto, o desejo, ou seja, a falta, é a condição precedente de todo prazer. Com a satisfação o desejo cessa, mas por esta mesma razão o gozo do qual era a condição também cessa imediatamente. – Homero, que é em toda parte tão verdadeiro quanto a própria natureza, portanto, nunca diz de seus heróis depois de comerem algo assim: "depois de terem desfrutado do grande prazer de comer e beber" – mas sua fórmula permanente é: αυταρ επει ποσισ και εδητυοσ εξ ερον έντο.[21] – (*Illustratio* em todos os prazeres sensuais; fome, sede, são condições do prazer de comer e beber; desejo sexual – tédio de convivência etc.) Epicuro já tinha muito justamente que todo prazer é de natureza negativa e tem sua essência precisamente em se livrar de uma dor, de um desconforto; daí que para ele o bem maior foi precisamente a total

---

21 Homero, *Odisseia*, VIII, 485 (Nota do autor). [Depois que eles se livraram da fome e da sede. – N. T.]

ausência de dor: *indolentia* (Cícero). Cícero, portanto, tem um dizer epicurista: *augendae voluptatis finis est, omnis doloris amotio*[22] (*De finib.*, II, 3), ou seja, o prazer não pode ir mais longe do que estarmos completamente livres de toda dor ou desconforto. Toda *satisfação* ou *felicidade*, portanto, nunca pode ser mais que a *libertação de uma dor, de uma necessidade*. Pois tal não é apenas todo sofrimento real e manifesto; mas também todo desejo cuja unidade de importância perturba nosso descanso, mesmo o tédio mortal que torna a existência um fardo para nós. É tão custoso conseguir e implementar qualquer coisa: cada empreendimento é confrontado com infinitas dificuldades e esforços, e a cada passo os obstáculos se amontoam. Mas, mesmo que finalmente tudo o que se deseja seja superado e alcançado, nada mais *pode* ser ganho do que livrar-se de algum sofrimento ou desejo e, consequentemente, apenas estar na mesma posição anterior a sua ocorrência.

O que nos é *dado* original e *imediatamente* é sempre apenas a falta, ou seja, a dor. Mas a *satisfação* e o prazer só podemos reconhecer *indiretamente*, através da *memória* do sofrimento e da privação anteriores aos quais aquela ocorrência pôs um fim. Portanto, não nos damos conta dos bens e vantagens que realmente possuímos, nem os apreciamos, e não pensamos diferente de que tem que ser mesmo assim: porque na verdade eles sempre só nos fazem felizes negativamente, *evitando* o sofrimento: só depois de *perdê-los* sentimos o seu valor: porque a falta, a carência, o sofrimento é algo *positivo*, algo que se manifesta diretamente, e a partir disso muitos fenômenos da mente humana podem ser explicados. Por exemplo: 1) É precisamente da natureza negativa de toda felicidade que explicamos que só reconhecemos os me-

---

22 O clímax do prazer é a ausência de toda dor. (N. T.)

lhores dias de nossas vidas como tal depois de terem passado. Se estamos extraordinariamente satisfeitos e felizes por um tempo por causa de circunstâncias externas, nem percebemos, os belos dias passam com facilidade e suavidade, ficamos satisfeitos, mas realmente não sabemos como apreciá-los. Somente quando se acaba, a falta, a privação, se anunciam e só a privação expressa a magnitude da felicidade desaparecida, a torna compreensível para nós. (Na maioria das vezes, a privação é acompanhada pelo arrependimento por não termos a segurado com mais força.) 2) É por isso que, inversamente, a memória de dificuldades, doenças, carências e coisas semelhantes que superamos nos dá alegria: porque essa memória é o único meio de desfrutar conscientemente dos bens presentes. 3) Também não se pode negar que, a esse respeito, e desse ponto de vista do egoísmo, que é a forma da vontade de viver, a visão ou a descrição do sofrimento dos outros nos dá satisfação e gozo da mesma forma como a memória do próprio sofrimento: assim diz Lucrécio com beleza e franqueza, no início do segundo livro [*De rerum natura*, II, 1]:

> *Suave, mari magno, turbantibus aequora ventis,*
> *E terra magnum alterius spectare laborem:*
> *Non, quia vexari quemquam est jucunda voluptas;*
> *Sed quibus ipse malis careas, quia cernere suave est.*[23]

No entanto, continuaremos a descobrir que esse tipo de alegria, através do conhecimento de seu bem-estar assim trans-

---

23 É uma alegria contemplar da terra, quando as tempestades os chicoteiam. No alto-mar, a grande miséria de outro. Não porque o tormento de alguém nos dê um prazer agradável, mas para ver de que males estamos livres. (N. T.)

mitido, já é a fonte da real malícia positiva. 4) Da natureza de todos os prazeres também se explica que nos tornamos cada vez mais insensíveis aos prazeres e mais suscetíveis ao sofrimento, de modo que, à medida que nossos prazeres aumentam, nossa suscetibilidade a eles diminui, e, em relação ao que estamos acostumados, não se sente mais prazer, porque já não sabemos de sua falta. Mas, precisamente por causa disso, a suscetibilidade ao sofrimento aumenta. Pois, quando os prazeres aos quais já estamos acostumados deixam de existir, isto é imediatamente sentido como sofrimento positivo. (*Illustratio.*) Assim, pela posse, aumenta a medida do necessário, cuja ausência é imediatamente sentida como dor, e ao mesmo tempo diminui a medida dos prazeres possíveis, pois o que é familiar não oferece mais prazer. 5) Que, como já foi explicado, toda felicidade é apenas de natureza *negativa*, não positiva, que por isso mesmo não pode ser satisfação e felicidade permanentes, mas sempre apenas nos alivia de uma dor ou falta, que deve ser seguida de uma nova dor, ou *languidez*, saudade vazia, tédio – isto também encontra confirmação naquele fiel espelho da essência do mundo e da vida que é a *arte*, especialmente na poesia. Ou seja, todo poema épico ou dramático só pode representar uma luta, aspirando e batalhando pela felicidade, mas nunca a felicidade duradoura e consumada em si. Ela conduz seu herói através de mil dificuldades e perigos até o objetivo. Mas, uma vez alcançado, ela rapidamente deixa a cortina cair. Pois agora ela não teria mais nada além de mostrar que o objetivo brilhante em que o herói pensava que encontraria a felicidade apenas o provocava e zombava dele. E depois de alcançá-lo ele não está melhor do que antes. Como a felicidade *duradoura* genuína não é possível, ela não pode ser um objeto da arte. É verdade que o propósito do *idílio* é na verdade a representação de tal coisa: mas também descobrimos que o idílio como tal não pode durar. Sempre se torna épico nas mãos do poeta, e então é apenas um épico muito insignificante, composto de pequenos sofrimentos, pequenas alegrias e pequenas aspirações: este é o caso mais comum: ou torna-se também poesia descritiva, retratando a beleza da natureza, isto é, o conhecimento puro, sem vontade, que constitui, de fato, a única felicidade pura que não é precedida por sofrimento ou necessidade e não é necessariamente seguida, como em todos os outros prazeres, pelo remorso, pelo sofrimento ou, pelo menos, pelo vazio e pelo cansaço. Mas essa felicidade não pode (por razões objetivas e subjetivas) preencher toda a vida, mas apenas momentos dela. — O que vemos na poesia também encontramos na música. Sabemos que a melodia expressa o geral e o essencial da história mais íntima da vontade autoconsciente, a vida mais secreta, a saudade, a alegria e o sofrimento, o fluxo e refluxo do coração humano. Agora a melodia é sempre apenas um desvio da tônica, através de mil estranhos desvios, até a mais dolorosa dissonância, onde finalmente encontra novamente a tônica, que expressa a satisfação e a calma da vontade, com a qual a tônica, no entanto, nada mais pode fazer depois, e cuja continuação prolongada seria apenas monotonia irritante e sem sentido, inteiramente correspondente ao tédio.

Tudo o que emerge dessas considerações, ou seja, a inatingibilidade da satisfação duradoura e a negatividade de toda felicidade, encontra sua explicação no que mostrei no final da Metafísica, ou seja, como a vontade, cuja objetivação é a vida humana, como todo fenômeno, é um *esforço sem objetivo e sem fim*.

Metafísica dos costumes

Também encontramos a marca dessa eternidade impressa em todas as partes de sua aparência, desde a forma mais geral disto, tempo e espaço sem fim, até a mais completa de todas as aparências, a vida e o esforço do homem. Pode-se, teoricamente, assumir três extremos da vida humana e considerá-los como elementos da vida real dos seres humanos. 1) a poderosa vontade, as grandes paixões: aparece nos grandes personagens históricos; é retratado em epopeias e dramas: mas também pode se mostrar na pequena esfera: pois a grandeza dos objetos aqui é medida apenas de acordo com o grau em que eles movem a vontade, não de acordo com suas condições externas. Em seguida, 2) conhecimento puro, apreensão das ideias, condicionada pela liberação do conhecimento do serviço da vontade, a vida do gênio. Finalmente, 3) a maior letargia da vontade e, portanto, do conhecimento ligado a ela, saudade vazia, tédio que entorpece a vida. A vida do indivíduo geralmente está longe de permanecer em um desses extremos, raramente os toca e com frequência é apenas uma abordagem fraca e vacilante para este ou aquele lado, uma escassez de objetos mesquinhos, sempre recorrentes e assim escapando do tédio. – É realmente inacreditável o quão insignificantemente e sem sentido, vista de fora, e quão sem graça e sem sentido, vista de dentro, a vida da grande maioria das pessoas flui. É um desejo lânguido e um tormento, um cambalear sonhador através das quatro eras até a morte acompanhado por uma série de pensamentos triviais. Cada indivíduo, cada rosto humano, e o curso de sua vida é apenas mais um breve sonho do espírito infinito da natureza, da persistente vontade de viver[,] é apenas uma estrutura fugaz que ele desenha brincando em sua folha infinita, espaço e tempo, e deixa-o se colocar contra esse pequeno tempo eva-

101

nescente, então se extingue para fazer um novo espaço. Mas o lado alarmante da vida é que cada uma dessas formações aéreas fugazes (pode-se dizer, essas incursões vis do espírito da natureza) deve, no entanto, ser paga por toda a vontade de viver com muitas e profundas dores e, finalmente, com uma morte realmente sentida e amarga. É por isso que a visão de um cadáver nos torna tão sérios de repente.

Vida do indivíduo, tragédia e comédia: p.464.

Assim, grandes e pequenas pragas enchem toda vida humana e a mantêm em constante inquietude e movimento; mas são incapazes de remediar a inadequação da vida para a realização do espírito, de encobrir o vazio e a casca da existência, ou de excluir o tédio, que está sempre pronto a preencher cada pausa que o cuidado deixa. Daí aconteceu que a mente humana não se cansou dos cuidados, problemas e ocupações que o mundo real colocou sobre ela; mas criou para si um mundo imaginário na forma de mil superstições diferentes: ela então se ocupa com isso de todas as maneiras, desperdiçando tempo e energia com isso, assim que o mundo real quer lhe conceder o descanso ao qual ele não é nem um pouco receptivo. Este é, portanto, principalmente o caso dos povos para os quais a suavidade do céu e do solo facilita a vida, sobretudo os hindus, depois os gregos, romanos e depois os italianos[,] espanhóis. O homem cria demônios, deuses, santos à sua própria imagem: orações, sacrifícios, decorações de templos[,] votos e seu cumprimento, cumprimentos, saudações, decorações de quadros etc., devem então ser oferecidos a eles incessantemente. Seu ministério em toda parte se entrelaça com a realidade, ou melhor, a obscurece: cada evento da vida é então recebido como a reação desses seres: o relacionamento com eles preenche metade do tempo de vida, sustenta perpetuamente a esperança e, através do fascínio da ilusão, torna-se muitas vezes mais interessante do que aquele com seres reais. Essa interação é a expressão e o sintoma da dupla necessidade do homem, em parte de ajuda e assistência, em parte de emprego e diversão: e mesmo que muitas vezes ele trabalhe diretamente contra a primeira necessidade, gastando tempo e energia valiosos em caso de acidentes e perigos, em vez de afastá-los, orações e sacrifícios são usados inutilmente; assim ele atende melhor à segunda necessidade, por meio dessa conversa fantástica com um mundo sonhado de espíritos: e este é o ganho não desprezado de todas as superstições.

Essa consideração da vida humana nos termos mais gerais, esse exame dos seus *componentes básicos e de toda sua estrutura*, dá o resultado *a priori* de que a vida humana não é capaz de verdadeira felicidade em sua própria essência, mas pode ser considerada em sua própria essência como um sofrimento multiforme e não é de forma alguma um estado desejável, um estado cujo propósito seria o de nos fazer felizes, mas sim pode ser chamado de estado infeliz. Isso resultou da consideração do geral e essencial da vida humana, sua estrutura geral e seus componentes básicos físicos e espirituais. Mas eu poderia agora despertar em vocês a convicção disto de forma muito mais viva se quisesse proceder mais *a posteriori* e de modo puramente *empírico*: eu poderia entrar nos casos específicos, trazer imagens à vossa imaginação e descrever em exemplos a miséria sem nome que a experiência e a história apresentam, isto pode-se ver onde se quiser pesquisar da maneira que se quiser. Mas o capítulo seria interminável, e tal exposição empírica nos desviaria do *ponto de vista da generalidade*, que é essencial em toda a filosofia. Além disso, se poderia tomar tal descrição como uma mera declamação da miséria humana, o que muitas vezes tem sido o caso, também *a partir* de fatos individuais, e isto está sempre aberto à acusação de unilateralidade. É por isso que deixo a prova muito fria e filosófica dada, partindo do geral e procedendo *a priori* do sofrimento inevitável que se funda na própria essência da vida. Você pode facilmente obter a confirmação *a posteriori* para si mesmo em qualquer lugar: de fato, ela chegará sem ser procurada e sem ser convidada. Na juventude, é claro, a vida ainda é tão rica em esperanças e decepções que devem primeiro ser destruídas pela experiência amarga e logo serão suficientes: todos devem acordar um dia dos sonhos da juventude. Quanto mais você agora extrair resultados gerais da sua própria experiência e da experiência de outras pessoas, e também da história do passado e de nossa própria época, também das representações da vida dadas nas obras dos grandes poetas – tanto mais você terá que reconhecer o resultado, se um preconceito indelevelmente gravado não paralisa seu poder de julgamento, *que este mundo humano é o reino do acaso e do erro*, que o manipularam impiedosamente, grandes e pequenos. Um acaso inicia a vida humana (*illustratio*), um acaso acaba com ela: (*illustratio*) e o seu curso depende constantemente do acaso de grandes e pequenas maneiras: nesta vida assim dominada pelo acaso existe agora uma arbitrariedade que luta constantemente contra ela, o que naturalmente não pode acontecer sem sua grande dor: então o conhecimento deve iluminar a arbitrariedade para seus próprios propósitos: mas o conhecimento quase sempre está mais ou menos envolvido em erro; entre os instruídos! entre os não instruídos! E, além disso, a loucura e a malícia brandem o flagelo. Daí resulta que em um mundo assim ordenado tudo o que é *melhor* só pode se impor com dificuldade, e em todos os momentos os nobres e sábios muito raramente aparecem e encontram eficácia ou audiência; enquanto o absurdo e o perverso no reino do pensamento afirmam seu domínio duradouro, perturbados apenas por breves interrupções. Facilmente ignoramos os erros insanos dos séculos passados; mas não o de nosso próprio tempo, porque nós mesmos estamos presos nele. Mas a multidão sempre se apega ao que está errado, e vemos o quão difícil e lentamente cada verdade abriu espaço para si. Não é diferente na arte. A multidão não tem noção do que é excelente; mas sempre se inclina para o plano e insípido. O genuíno e o bom raramente são encontrados e raramente valorizados. Se finalmente se impôs e se tornou um padrão, logo é abandonado novamente e a arte afunda de novo no mal. Na arte como no conhecimento, vale a parábola divina que sustenta que a excelência é como um navio cujo rumo traça uma linha no mar, mas apenas por pouco tempo; as ondas o apagam novamente, *e.g.* Kant. Portanto, em todos os momentos e em toda arte, o *estilo* toma o lugar do espírito, que é sempre apenas propriedade de indivíduos. O estilo nada mais é do que a velha vestimenta descartada da última aparência existente do espírito: a última forma em que foi reconhecida. Portanto, o *excelente de qualquer tipo* é sempre apenas uma exceção, *um caso entre milhões*, e é por isso que, quando uma vez se manifesta em uma obra duradoura, tal obra, depois de ter sobrevivido ao ressentimento de seus contemporâneos, fica isolada, é preservada como uma pedra de meteoro, surgida de uma ordem de coisas diferente daquela que prevalece aqui. – Assim na arte e no conhecimento. Não é diferente no reino das ações: οι οι πλειστοι ανζςωποι κακοι.²⁴ – A virtude é uma estranha neste mundo. O egoísmo sem limites, a insidiosidade, a malícia estão, na verdade, sempre na ordem do dia. É errado enganar os jovens sobre isso. Isso só dá a eles a percepção depois de que seu professor foi o primeiro golpista que eles encontraram. O objetivo de melhorar o próprio aprendiz, fazendo-o acreditar que os outros são excelentes, não é alcançado. Melhor dizer: a maioria é ruim; mas seja você melhor. Assim, ele é pelo menos enviado ao mundo armado de cautela e prudência, e não precisa ser condenado pela falsidade das ilusões do professor por meio de experiências amargas. (A ser executado.) Mas no que diz respeito à vida humana, em detalhes; já será aparente para você que, em regra, é apenas uma série contínua de grandes e pequenos sofrimentos e provações. Quando uma praga é removida e superada, outra surge imediatamente e assim por diante. το μηδεποτε μηδεν ήσχιαυ αγειν των ανθρωπιπων (Platão, *Politicus*, XXXIII, p.82).²⁵

Aliás, a confissão aberta do sofrimento da vida humana não é ouvida com frequência: pois todos escondem seu sofrimento tanto quanto possível, porque sabem que os outros raramente sentirão qualquer simpatia ou pena; mas sim, sentem uma certa satisfação pela ideia das pragas das quais agora são pou-

---

24 "A maioria das pessoas é ruim." A frase está escrita em um busto de Bias no Vaticano, que Schopenhauer viu em uma viagem em abril de 1819, cf. Schopenhauer, *Der handschriftliche Nachlass*. Org. Arthur Hübscher. 5v. Frankfurt am Main: Waldemar Kramer, 1966-1975, v.III, p.9. (N. T.)

25 Que nunca nada[, por assim dizer,] mantém a calma nos assuntos humanos. (N. T.)

pados, o que lhes dá um certo conforto sobre seus próprios sofrimentos atuais. No entanto, duas expressões tão comuns na boca dos homens contêm a confissão de que nossa condição não é de forma alguma feliz: elas se referem tão prontamente a "um mundo melhor". – Portanto, este não é o melhor dos mundos, como Leibniz queria provar. Em segundo lugar, para aqueles que são sérios, o mundo atual é chamado de vale de lágrimas [*vallis lacrimarum*]. Em geral, dificilmente algum homem, se for prudente e ao mesmo tempo sincero, desejará no final de sua vida passar por isso novamente, mas, em vez disso, provavelmente preferiria o nada completo. Platão, em sua *Apologia de Sócrates*, no final dela, faz que este diga (depois de condenado) que a morte não é de forma alguma um mal: pois ou ela põe fim a toda a nossa existência, ou nos transfere para outro mundo, esperançosamente melhor: no primeiro caso, nada mais é do que um sono profundo e sem sonhos, em uma noite que nunca é seguida por outro dia: e se este for o caso, quem não preferiria uma noite como essa? Não apenas um homem comum, mas até mesmo o grande rei persa (ὁ μεγασ βασιλευσ).[26] Esta é a opinião de Sócrates sobre a bem-aventurança da vida. Até Heródoto (7, 46.80) observa que nenhum homem jamais existiu que não desejasse mais de uma vez não viver para ver o dia seguinte, e o que o pai da história encontrou não foi refutado desde então, apesar de todos os sistemas otimistas. – Shakespeare fez com que Hamlet, no famoso solilóquio, enumerasse alguns dos principais sofrimentos da vida e depois dissesse: quem não daria fim à sua vida

---

26 O grande rei. (N. T.)

para escapar de tudo isso; se não fosse pelo medo de algo após a morte; – de sonhos que viriam no longo sono.

O Kohelet diz: "O dia da morte é melhor do que o dia do nascimento." (Eclesiastes, 7:2.82). Através desta exposição do sofrimento que é essencial à vida, deve ser estabelecido que a vida é um estado do qual a *redenção* é desejável: esta última é precisamente a visão fundamental do cristianismo, e talvez sua característica mais excelente. Esta é também a opinião dos hindus. O inverso é o *otimismo*, que quer demonstrar a excelência deste mundo: para a maioria das pessoas, isso é discurso irrefletido, porque desconhecem a real seriedade e se contentam com frases em vez de pensamentos: levado a sério, o otimismo não é simplesmente absurdo, mas também se poderia chamá-lo de nefasto, porque com seu *enkomium*[27] ele permanece neste mundo como uma amarga zombaria dos sofrimentos inomináveis do povo. O otimismo pode ser apropriado para o judaísmo: mas é tão pouco apropriado para o cristianismo genuíno que nos Evangelhos o mundo e o mal são usados quase como sinônimos Leibniz, em particular, queria justificar o otimismo por meio de sua *Teodiceia*: um argumento que ele repete com frequência para justificar os males do mundo é que um mal muitas vezes se torna a causa de um bem: seu próprio livro dá um exemplo disso: pois em si é ruim: mas o maior mérito desse livro é que mais tarde levou o grande Voltaire a escrever seu romance imortal *Candide ou l'Optimisme*, no qual um otimista, que sempre demonstra, segundo Leibniz, como este mundo é *le meilleur des mondes possibles*,[28] tem que experimen-

---

27 Elogio. (N. T.)
28 O melhor dos mundos possíveis. (N. T.)

tar por ele mesmo, e também o seu aluno, o sofrimento mais horrível e às vezes como espectador, eventos terríveis em toda parte; mas não desiste de sua sentença. — De fato, se alguém está inclinado ao otimismo e não é receptivo à compreensão e ao pensamento, bem como à visão, basta trazer diante de seus olhos as terríveis dores e tormentos aos quais sua vida também está constantemente aberta; então o pavor deve apoderar-se dele. Em seguida, deixe-o ser conduzido através dos hospitais, dos hospitais militares e das câmaras de tortura cirúrgica, depois através das prisões, através das câmaras de telhado de chumbo em Veneza, dos estábulos de escravos em Argel, das câmaras de tortura da Inquisição, sobre os campos de batalha e os locais de julgamento, deixe-o ser mostrado a todas as moradas escuras da miséria onde ela se esconde do olhar da curiosidade fria; e finalmente leia para ele o trecho de Dante sobre a morte de Ugolino e seus filhos na Torre da Fome, com a implicação de que isto foi real mais de uma vez — então o otimista mais teimoso finalmente veria que tipo é este *meilleur des mondes possibles*. O quanto o sentimento humano geral se opõe a esse conceito leibniziano do melhor mundo possível é mostrado, entre outras coisas, pelo fato de que, em prosa e verso, em livros e na vida cotidiana, fala-se com tanta frequência de um "melhor mundo", no qual a suposição tácita é que nenhuma pessoa sensata consideraria o mundo atual como sendo o melhor possível. É verdade (como já disse) (na vida humana, como em toda mercadoria ruim, o exterior é coberto por um falso brilho;) o que é sofrimento está sempre escondido; a solidão é a melhor companhia dos infelizes. Por outro lado, qualquer que seja a pompa e o esplendor que alguém possa pagar, ele veste para se mostrar. Quanto mais falta o verdadeiro contentamento interior, mais ele deseja parecer feliz aos olhos dos outros: a maioria faz muito mais para parecer feliz do que para ser feliz: a tolice vai tão longe que o objetivo principal dos esforços da maioria das pessoas é a opinião dos outros; eles vivem principalmente nos pensamentos dos outros. Mas estes realmente não devem ser considerados por nada, exceto na medida em que podem ter influência sobre o destino real de cada um: daí essa tolice já expressar em quase todas as línguas a palavra que a denota, ou seja, *vaidade* [*vanitas*]; originalmente significa vazio e nada. Entretanto, com todo o engano que se finge a si mesmo e aos outros, os tormentos da vida podem facilmente aumentar a tal ponto (e isso acontece todos os dias) que a morte, que de outra forma é temida acima de todas as coisas, é agarrada com ansiedade. Recentemente, quatrocentos suicídios foram contados em Paris em *um* ano. Sim, quando o destino quer mostrar todas as suas artimanhas, mesmo esse refúgio pode ser barrado ao sofredor: ele pode permanecer, nas mãos de inimigos enfurecidos, nas mãos de tormentos cruéis e lentos, sem resgate. Então o atormentado invoca em vão a ajuda de seus deuses: sem piedade ele permanece à mercê de seu destino. Esse desamparo é, na verdade, apenas o espelho da indomabilidade de sua vontade, cuja objetidade é sua pessoa. – Tão pouco quanto um poder externo pode mudar ou abolir essa vontade, tão pouco pode qualquer poder estrangeiro libertá-lo dos tormentos que surgem do aparecimento dessa vontade, que é a própria vida. O homem está sempre voltado para si mesmo, como em tudo, assim também no principal. Sua vontade é e continua sendo aquilo de que tudo depende para ele. Continuaremos a considerar a santidade e veremos que, onde aquela mudança de vontade que aparece nela ocorreu, toda tortura é alegre e voluntariamente suportada por santos de todo nome e fé, mártires de suas atitudes: mesmo a lenta destruição daquela aparência que agora *não* é mais sua vontade é então bem-vinda a eles.

Agora completamos os dois argumentos que deveriam preceder antes que eu pudesse proceder à exposição da afirmação e negação da vontade de viver: a saber, a liberdade da vontade em si mesma, juntamente com a necessidade de sua manifestação; e sobre o destino da vontade neste mundo que reflete o seu ser, sobre cujo conhecimento ele tem que se afirmar ou negar. Agora tratarei com maior clareza da afirmação e da negação que descrevi anteriormente (no final do segundo capítulo), para o qual examinaremos a conduta em que estas encontram sua única expressão, analisando seguidamente seu significado interno.

5
Da afirmação da vontade de viver

A *afirmação da vontade* é a própria vontade constante, não perturbada por nenhum conhecimento, pois preenche a vida do homem em geral. Assim, a vida do homem do ponto de vista da natureza: o real *secundum naturam vivere*. Consideraremos a natureza dessa vontade mais de perto, embora sempre apenas em geral. Visto que *o corpo* do homem já é a objetidade da vontade tal como aparece nesse estágio e nesse indivíduo; assim, sua vontade, que se desenvolve com o tempo, é, por assim dizer, apenas a *paráfrase do corpo*, a explicação do significado do todo e de suas partes; é outro modo de representação da mesma coisa em si, cuja aparência já é o corpo. Portanto, em vez de *afirmar a vontade*, podemos dizer também a *afirmação do corpo*. O tema básico de todos os múltiplos atos da vontade é a satisfação de necessidades, que são inseparáveis da existência do corpo em sua saúde e, portanto, já têm sua expressão no próprio corpo: elas podem ser rastreadas até a preservação do indivíduo e a propagação do sexo. Mas indiretamente, os mais diversos motivos ganham poder sobre a vontade e produzem os mais diversos atos de vontade. Cada um desses atos de vontade, no entanto, é apenas uma amostra, espécime, exemplo da vontade que aparece aqui em geral. Que tipo de amostra é esta, que forma o motivo tem e se comunica com ele, não é essencial; mas o que acontece aqui é apenas que há vontade e com que grau de veemência. A vontade só pode se tornar visível nos motivos, pois o olho só pode expressar seu poder de visão na luz. O motivo em geral está diante da vontade como um Proteu multiforme: ele sempre promete satisfação completa, saciando a sede da vontade: mas, quando é alcançado, ele imediatamente volta a estar ali de outra forma, e nisto move novamente a vontade, sempre de acordo com o grau de sua veemência e sua relação com o conhecimento, ambos os quais, justamente por meio desses testes e exemplos, se evidenciam como caráter empírico.

Desde o início de sua consciência, o homem se vê *carente*, e, como regra, seu conhecimento permanece em constante relação com sua vontade. Ele primeiro procura conhecer completamente os objetos de sua vontade; depois, os meios para estes. Agora ele sabe o que tem que fazer e, como regra geral, não se esforça por outros conhecimentos. Ele age e impulsiona: a consciência de que ele está sempre trabalhando para o objetivo de sua vontade o mantém reto e ativo: seu pensamento diz respeito à escolha dos meios. Tal é a vida de quase todos os homens: eles querem, sabem *o que* querem, lutam por isso, com tanto sucesso quanto os protegerá do desespero e tanto fracasso quanto os protegerá do tédio e de suas consequências. Daí surge então uma certa serenidade, pelo menos uma compostura: a riqueza e a pobreza não mudam realmente nada nisto: para os ricos, como os pobres, eles não desfrutam do que *têm*, já que isto, como já foi demonstrado, só tem um efeito negativo; mas o que eles esperam alcançar através de sua atividade. É assim que eles avançam, com muita seriedade, mesmo com um ar importante: é também assim que as crianças brincam. — É sempre apenas uma exceção quando tal curso de vida sofre uma perturbação, na medida em que de um reconhecimento independente do serviço da vontade, que, portanto, é dirigido à essência do mundo em geral, surge ou o chamado estético à contemplação, ou mesmo o chamado ético à renúncia.

Dois caminhos que levam além da mera afirmação do corpo individual

Assim, a afirmação *do corpo*, ou da vontade de viver, é precisamente a continuação da atuação de acordo com motivos cujo tema básico são as necessidades que o próprio corpo já expressa através de sua natureza. O corpo dá as necessidades, mas também as forças para trazer sua satisfação. A *simples afirmação do corpo, no verdadeiro sentido*, consiste no fato de que o corpo é mantido pelo trabalho dos poderes desse organismo. — Mas raramente a vontade permanecerá nesses limites da mera afirmação do corpo. Existem duas maneiras de querer que levam além disso: 1) a afirmação da vontade além do próprio corpo; 2) a afirmação da própria vontade por meio da negação da vontade representada em outros indivíduos. — A primeira é a *satisfação do instinto sexual* e, portanto, a *procriação* de um novo indivíduo (*illustratio.*). Consideremos ambos em detalhes. A primeira (satisfação do instinto sexual) ainda pertence a este capítulo da afirmação da vontade de viver ou do corpo: pois é meramente a afirmação além da aparência do próprio corpo. — O segundo, *injustiça*, consideraremos então em um capítulo separado, que conterá ao mesmo tempo as principais características da *doutrina de direito*. (loco)

Arthur Schopenhauer

Afirmação da vontade além do próprio corpo (procriação)

A simples afirmação da vontade, na medida em que aparece como um corpo vivo, consiste assim na preservação desse corpo, por meio dos poderes desse mesmo corpo, ou seja, a aquisição das necessidades prementes através do trabalho. Obviamente, este é um grau muito pequeno de afirmação da vontade. O alimento do corpo sempre satisfaz a vontade e é um prazer, ou seja, uma afirmação da vontade: mas esse prazer é totalmente superado pelo esforço e labuta do trabalho. Comer o seu pão com o suor de seu rosto. O querer não vai além do que a preservação do corpo o torna necessário: consequentemente, o querer aqui só é provocado pela existência do corpo, é condicionado por ele e é limitado a ele: portanto, com a abolição da existência desse corpo, a vontade também seria abolida. Portanto, podemos supor que se em um indivíduo não é apenas a força, mas a própria vontade que não vai além da preservação do corpo por meio de seu trabalho, ou seja, o indivíduo limita voluntariamente seus propósitos à preservação do corpo por meio do trabalho dessa mesma coisa corpo, então com o corpo a vontade também cessa, então, através da morte do corpo, a vontade que apareceu nele também será extinta. Como o homem pode vir a restringir voluntariamente sua vontade a tal ponto, examinaremos mais tarde. Mas agora falarei sobre ir além deste ponto. Da afirmação da vontade para além da existência do corpo. Pois esta é a gratificação do impulso sexual. Esse impulso já é dado pela existência e natureza do corpo. Mas sua satisfação não é o mero desejo de existir, a preservação de seu próprio corpo; mas um desejo de voluptuosidade, isto é, uma afirmação da vontade de viver em grau muito superior: a satisfação se mostra como uma potência superior do conforto do sentimento de vida; luxúria. A afirmação da vontade não se limita aqui à conservação do corpo: antes afirma-se a vontade de viver em geral; ele afirma além da existência do indivíduo, que ocupa tão pouco tempo: a vida como tal afirma-se em potência acrescida, para além da morte do próprio indivíduo num período de tempo completamente indefinido. O significado interno do ato de procriação é, portanto, a afirmação da vida como tal, e não apenas a afirmação do próprio indivíduo. A natureza, sempre verdadeira e consistente, mesmo que aqui ingênua, expõe abertamente diante de nós o significado interior do ato de procriação[,] expressa-o vividamente. Nomeadamente assim: a própria consciência, a veemência do impulso, o prazer em sua satisfação, nos ensina que nesse ato a afirmação mais decisiva da vontade se expressa, puramente e sem nenhuma adição, por exemplo a da negação de outros indivíduos (injustiça). E agora a natureza apresenta vividamente a mesma coisa para a representação: o que assim acontece no ser em si mesmo, na vontade, ela mostra no mundo como representação, como a imagem daquele ser em si[:] ou seja, no tempo e na série causal, uma nova vida, um novo indivíduo aparece como consequência do ato de procriação: a repetição da aparência da vida. O ser gerado está diante do seu genitor; eles são diferentes na aparência, mas idênticos em si mesmos (como vontade) ou em ideia (como homem). Em relação ao genitor, a procriação é apenas a expressão, o sintoma, de sua decidida afirmação da vontade de viver em geral: em relação ao gerado, ela não é a razão, a causa, da vontade que aparece nele, já que a vontade em si não conhece nem causa nem consequência; mas, como todas as causas, é apenas uma causa ocasional do aparecimento desta vontade neste momento e neste lugar. A mesma vontade como coisa em si, que se afirmou tão simplesmente no genitor, reapresenta-se no ser gerado como manifestação dessa vontade. Como coisa em si, a vontade do genitor e do ser gerado não é diferente: pois apenas a aparência, e não a coisa em si, está sujeita ao *principium individuationis*. Através do ato de procriação, como a mais alta expressão da afirmação da vontade de viver, a vida é assim afirmada em geral: assim ela se apresenta como um novo indivíduo: todo o fenômeno começa de novo. A entrega do homem à natureza é assim consumada: é, por assim dizer, uma *prescrição renovada* à vida e à sua lei. Com essa afirmação para além do próprio corpo, até a apresentação de um novo, também se afirma outra vez o sofrimento e a morte, como pertencentes à aparência da vida: mas existia no genitor a possibilidade de nada disso acontecer, nomeadamente através da renúncia, através da limitação voluntária de sua vontade para a preservação de seu próprio corpo e a renúncia à luxúria. Veremos ainda que isso seria a negação da vontade de vida e redenção do mundo. Essa possibilidade de redenção existente (por meio do mais alto conhecimento, que está presente em todo ser humano) é dessa vez declarada infrutífera pelo ato de procriação: aqui está a razão profunda da vergonha sobre o ato de procriação. Essa vergonha na verdade expressa tudo o que tem sido dito até agora sobre a procriação. Por que uma vergonha profunda e, por assim dizer, uma consciência de culpa acompanham o ato de procriação? — Justamente por causa do que foi dito. É a vergonha sobre a renovada devoção à vida, sobre a afirmação dela além da própria existência. — Essa visão é apresentada miticamente no dogma da *queda de Adão* pelo pecado, apresentado pela doutrina cristã. Esse pecado original se refere obviamente à satisfação do desejo sexual. Todos nós devemos ser participantes dessa queda por meio do nascimento e, portanto, culpados de sofrimento e morte. Esse dogma cristão é profundo: vai além da maneira comum de ver as coisas segundo o princípio de razão e o *principium individuationis*: reconhece a ideia de homem, na qual todos somos compreendidos e cuja unidade se desfaz para a cognição de acordo com o princípio de razão em inumeráveis indivíduos, mas também lá é restaurado pelo vínculo da procriação, que mantém todos juntos. Todo mundo já carrega uma culpa por sua existência, ou seja, a culpa dessa própria existência, porque ele mesmo é a vontade que aparece nessa existência. De acordo com isso, o dogma cristão vê cada indivíduo, por um lado, como idêntico a Adão, o símbolo da afirmação da vida e, nessa medida, o sofrimento e a morte como vítimas do pecado (pecado original): por outro lado, porque esse dogma compreende a ideia de humanidade, ele também vê cada indivíduo como idêntico ao Redentor, o símbolo da negação da vontade de viver e, nessa medida, como participante de seu autossacrifício, redimido e salvo dos laços do pecado e da morte, isto é, do mundo, por seu mérito (Rom., 5:12-21.)

Perséfone, p.474.

A satisfação da pulsão sexual é, portanto, a afirmação mais decisiva e mais forte da vontade de viver e, como tal, também é confirmada pelo fato de ser a meta última, a meta mais elevada da vida para os animais e também para as pessoas puramente sensuais. Sua primeira aspiração é a autopreservação; mas, assim que cuida disso, ele se esforça apenas para a procriação: ele não pode fazer mais como um ser puramente sensual. Precisamente porque a essência interior da natureza é a própria vontade de viver, a natureza impele o homem, como o animal, a procriar com todas as suas forças. Tão logo o indivíduo tenha servido a isso, a natureza alcançou seu propósito com ele e agora está bastante indiferente à sua queda, já que, como vontade de vida em si, ela se preocupa apenas com a preservação da espécie, sendo o indivíduo nada para ela. – Porque no instinto sexual a essência interior da natureza, a vontade de viver, se expressa mais fortemente. Os antigos poetas e filósofos – Hesíodo, Parmênides – disseram muito significativamente que *Eros* foi o primeiro, o criativo, o princípio do qual todas as coisas emergem (Arist., *Metaph.*, I, 4.88). Como uma representação alegórica disto, vê-se, em obras antigas, Cupido, ou também Eros e Anteros, carregando o globo terrestre. Também a Maya dos hindus, cujo trabalho e tecido é todo o mundo ilusório, é um paralelo de Cupido. Os *órgãos genitais*, mais do que qualquer outro membro externo do corpo, servem apenas à vontade e não ao conhecimento (não ao arbítrio, mas à vontade cega – *illustratio.*): de fato, a vontade se mostra aqui quase tão independente do conhecimento quanto nas partes que servem apenas à vida vegetativa, à reprodução, e nas quais a vontade funciona tão cegamente quanto na natureza sem conhecimento. Porque a procriação é apenas a reprodução para um novo indivíduo: é, por assim dizer, a reprodução à segunda potência; como se a morte fosse apenas excreção à segunda potência. Assim, a luxúria é a potência superior do conforto do sentimento de vida que o mero alimento dá. De acordo com tudo isso, os órgãos genitais são o próprio *foco da vontade* e, portanto, o polo oposto do cérebro, que é o representante do conhecimento, o outro lado do mundo, o mundo como representação. A pulsão de luxúria arde constantemente em nós porque é a expressão da base da nossa vida, do elemento radical da nossa existência, da vontade: tem de ser constantemente suprimida e reprimida pela imaginação se quisermos apenas permanecer no estado de consciência clara, isto é, do estado de conhecimento oposto ao querer: mas esse impulso aproveita todas as oportunidades para emergir: como um animal selvagem sempre se esforça para sair de sua jaula. Os órgãos genitais são o princípio preservador da vida que assegura o tempo da vida sem fim: o conhecimento, por outro lado, dá a possibilidade da abolição do querer, da redenção pela liberdade, da aniquilação do mundo.

Anteriormente, no final do Capítulo 2, expliquei a afirmação da vontade de viver em geral e abstratamente, e disse: a *vontade se afirma*, isto é, em sua objetidade, isto é, se o mundo, ou a vida, é completa e claramente dada a sua própria natureza como uma representação, esse conhecimento de forma alguma impede o seu querer; mas precisamente esta vida assim reconhecida é também desejada como tal; antes, sem conhecimento, como um desejo cego, agora, com conhecimento, consciente e prudentemente.

Já lhes mostrei como se expressa a *afirmação da vontade de viver*, que modo de ação é sua expressão. Já lhes expliquei no Capítulo 2 que a morte não arrebata a vida a esta afirmação, mas que a vida tem sempre a certeza da vontade de viver. Mostrei-lhes aí que relação tem a vontade na sua afirmação para com a morte, como a morte não a desafia, porque está aí como já pertencente à vida e incluída nela: o seu oposto, a procriação, equilibra-a completamente e garante-lhe e assegura, apesar da morte do indivíduo, a vontade de viver a vida por um tempo infinito. É por isso que Shiva tem o *lingam*. Também expliquei a vocês como alguém que se posiciona com perfeita serenidade no ponto de vista da afirmação resoluta da vida espera a morte sem medo. Ele a enfrenta sem *medo*, mas também sem *esperança*. Pois sabe que a morte não lhe arrancará a vida e seus prazeres; mas também não pode arrancá-lo dos sofrimentos da vida. Portanto, aqui não há mais nada a dizer. Sem uma reflexão clara, a maioria das pessoas se posiciona sobre esse ponto de vista; sua vontade afirma continuamente a vida. O mundo está ali como um espelho ou expressão dessa afirmação, com inúmeros indivíduos, em tempo e espaço sem fim e sofrimento sem fim, entre a procriação e a morte sem fim. – No entanto, não há mais nenhuma reclamação a ser feita sobre isto de qualquer lado. Pois a vontade realiza o grande jogo da tristeza e do prazer à sua própria custa, e é também seu próprio espectador. O mundo é exatamente assim porque a vontade, cuja aparência é o mundo, é tal porque assim ela o quer. A justificativa para o sofrimento é que a vontade também se afirma em resposta a essa aparência: e essa afirmação é justificada e equilibrada pelo fato de suportar o sofrimento. Aqui já se nos abre um vislumbre da *justiça eterna* como um todo: mais adiante a reconheceremos mais de perto e mais claramente também em detalhes. Em relação com a afirmação da vontade de viver. Mostrei anteriormente como essa afirmação podia ser limitada à existência do próprio corpo, ou seja, que o possível para o homem não vai além do que a existência de seu corpo exige. – Depois disse que raramente fica nesse ponto, mas que o homem afirma a vontade de viver para além da existência do seu corpo *de duas formas*: nomeadamente, por um lado, através da satisfação da pulsão sexual, que é a afirmação da vontade de viver. A segunda maneira pela qual o homem vai além da afirmação de seu próprio corpo é que sua afirmação de sua própria vontade se torna a *negação* da vontade que aparece em outros indivíduos: esta é a *injustiça*. Pois, ao querer seu próprio objetivo e perseguir seus próprios fins, o homem é confrontado com as vontades e os fins de outros indivíduos: então ele frequentemente procura destruir a vontade e a existência desses outros indivíduos para afirmar sua própria vontade sem impedimentos: sua afirmação de sua própria vontade torna-se uma negação da própria vontade de viver na medida em que esta é representada em outros indivíduos. Esse processo é *a injustiça*, que vamos considerar agora em um capítulo separado. Da injustiça seu correlato, *o direito*, também se torna completamente compreensível: por isso o conteúdo desse capítulo será também a doutrina do direito. Por isso, agora lhes darei uma visão fácil e clara de toda a essência da *doutrina do direito*, apresentando-lhes todos os seus fundamentos e princípios essenciais. Ao tomar o caminho para esse fim, vou primeiro deixar claro para vocês a essência do *egoísmo* e deduzi-lo: pois ele é a fonte da luta dos indivíduos da qual surge a questão do justo e do injusto.

6
Da injustiça e do direito (justo), ou doutrina filosófica do direito

Dedução do egoísmo

Antes de tudo, lembremos da metafísica; como temos visto até agora, em toda a natureza, em todos os estágios da objetivação da vontade, uma luta constante entre os indivíduos de todas as espécies, através da qual se revela de fato um conflito interno da vontade de viver consigo mesmo. No mais alto nível de objetividade, tudo se mostra com maior clareza, inclusive também esse fenômeno: portanto, será possível decifrá-lo ainda mais aqui. Portanto, vamos primeiro traçar o *egoísmo* em sua fonte: pois ele é o ponto de partida de toda luta.

Chamamos o tempo e o espaço de *principium individuationis*, porque somente através deles e neles está a multiplicidade do semelhante possível. São as formas essenciais de cognição natural, ou seja, a cognição que brota da vontade. Portanto, a vontade aparecerá em toda parte na multiplicidade de indivíduos. Cada indivíduo, considerado em si mesmo, é toda a vontade de vida, que aparece aqui em certo nível de distinção e, portanto, expressa seu ser inteiro, na medida em que pode se tornar visível aqui, com toda sua energia e veemência. Para essa expressão, cada indivíduo precisa apenas de si mesmo, não de outros além de si mesmo. Além disso, no caso dos seres cognitivos, há o fato especial de que o indivíduo é ao mesmo tempo o sujeito cognitivo e, como tal, o portador de todo o mundo objetivo: ou seja, toda a natureza e todos os indivíduos fora dele existem primeira e diretamente apenas em sua representação; ele está sempre consciente deles primeiro apenas como sua representação. Cada indivíduo, portanto, está consciente disso como de algo que depende de seu ser e existência, uma vez que, com o desaparecimento de sua consciência, o mundo necessariamente também pereceria para ele, ou seja, seu ser e não-ser tornar-se--ia sinônimo e indistinguível. Cada indivíduo, portanto, está assim na verdade e se encontra como a vontade de vida, ou o eu do próprio mundo, e ao mesmo tempo também como a condição complementar do mundo como representação; consequentemente, como um microcosmo que deve ser valorizado como igual ao macrocosmo. A própria natureza, sempre e em toda parte verdadeira, dá-lhe esse conhecimento originalmente e sem nenhuma reflexão, certamente de forma simples e imediata. Das duas determinações necessárias da consciência de cada um, pode-se agora explicar algo que, se o compreendermos com clareza, não nos surpreenderá o suficiente: a saber, no mundo sem fronteiras no espaço e no tempo, na multidão inumerável de indivíduos que existem ao mesmo tempo e incessantemente vão e vêm no fluxo da procriação e aniquilação, o ego individual desaparece completa e totalmente, é completamente reduzido a nada, contra um número e tamanho infinitos. No entanto, cada indivíduo se faz o centro do mundo, ele considera sua própria existência e bem-estar acima de todos os outros, e está até preparado, do ponto de vista natural, para sacrificar tudo o mais a ele, está preparado para destruir o mundo a fim de preservar apenas seu próprio indivíduo, esta gota no mar, dar-se um pouco mais de tempo. Essa atitude é o *egoísmo* inerente a tudo na natureza. Ver comentário na p.478.[29] Mas é precisamente isso que faz que o conflito interno da vontade consigo mesma alcance uma revelação terrível. Pois esse egoísmo, que é bastante natural, tem sua base na oposição do microcosmo e do macrocosmo, ou no fato de que a objetivação da vontade tem como forma o *principium individuationis*, em virtude do qual a vontade aparece em inúmeros indivíduos da mesma forma, e de fato em cada um deles total e completamente de ambos os lados, vontade e representação. Agora, enquanto cada um é dado diretamente a si mesmo como a vontade inteira e a representação inteira, os outros são dados primeiro apenas como suas representações[,] pois só ele mesmo é o sujeito cognoscível, a condição de todo o mundo que aparece, e ele conhece a vontade diretamente apenas em si mesmo. Portanto, seu próprio ser e sua preservação têm precedência sobre todos os outros. Na consciência que foi elevada ao mais alto grau, a consciência humana, o egoísmo, como o conhecimento, a dor, a alegria, deve ter alcançado o mais alto grau, e agora o conflito de indivíduos causado por ela deve emergir da maneira mais terrível. Vemos isso diante de nossos olhos em todos os lugares, em pequena e grande escala: logo vemos isso do lado terrível, na vida de grandes tolos e vilões e em guer-

---

29 Schopenhauer se refere aqui a uma anotação feita na página 478 de seu exemplar da primeira edição de *O mundo como vontade e como representação*. (N. T.)

ras que devastam o mundo; às vezes do lado ridículo, onde é tema de comédia; é particularmente ridículo na presunção e na vaidade (Rochefoucauld; Hobbes). Vemos isso na história mundial e em nossa própria experiência. Mas ela aparece mais claramente assim que qualquer grupo de homens é libertado de toda a lei e ordem: então o *bellum omnium contra omnes*[30] que Hobbes descreveu de forma excelente no primeiro capítulo *De Cive* torna-se imediatamente aparente. Mostra como não só cada um procura tirar do outro o que ele mesmo quer ter; mas até mesmo a frequência com que um, para aumentar seu próprio bem-estar com um ganho insignificante, destrói toda a felicidade ou vida do outro. Esta é a expressão máxima do egoísmo. E, no entanto, o egoísmo ainda não é a pior coisa no homem; suas manifestações a esse respeito ainda são superadas pelas da *maldade* real, que, de forma bastante abnegada, busca a dor ou o dano dos outros sem nenhuma vantagem própria. Voltaremos sobre isso.

Acima encontramos o sofrimento essencial e inevitável a toda vida: uma das principais fontes desse sofrimento, assim que ele realmente ocorre e de forma definida, é agora precisamente essa *Éris*,[31] a luta de todos os indivíduos decorrente do egoísmo, a expressão da contradição com a qual a vontade de viver é afligida dentro de si mesma. Aqui reside uma fonte inesgotável de sofrimento, apesar de todas as precauções que foram tomadas contra ele, e que agora vamos considerar com mais detalhes (o Estado).

---

30 Guerra de todos contra todos. (N. T.)
31 Deusa da discórdia na mitologia grega. (N. T.)

A injustiça

Já expliquei como a primeira e simples afirmação da vontade de viver é apenas a afirmação do próprio corpo, ou seja, a representação através de atos no tempo da vontade na medida em que o corpo, em sua forma e intencionalidade, já é a expressão da vontade no espaço, e nada mais. Essa afirmação se mostra como a preservação do corpo pelo uso de suas próprias forças. A satisfação da pulsão sexual está diretamente ligada a ela: esta ainda lhe pertence em certa medida, na medida em que os órgãos genitais pertencem ao corpo[,] mas sabemos que, em outro sentido, é a afirmação da vida para além da existência do corpo; indefinidamente. Seja como for, porém, a satisfação do instinto sexual é em si mesma uma mera afirmação da vontade de viver em um indivíduo; não supõe ao mesmo tempo uma negação da vontade que se apresenta em outros indivíduos; injustiça: (pelo menos não essencial e diretamente; pode tornar-se assim, como qualquer outro). Portanto, a renúncia *voluntária* à satisfação desse instinto, que então não precisa ser justificado por nenhum *motivo*, já é um grau de *negação* da vontade de vida, uma autossuspensão voluntária desta, que só poderia ocorrer mediante um conhecimento atuando como um quietivo da vontade. Tal negação do próprio corpo, portanto, já aparece como uma contradição da vontade contra sua própria aparência. Pois, embora o organismo também objetive a vontade de procriar nos órgãos genitais, isto não é, contudo, desejado. Tal renúncia é, por essa mesma razão, sempre uma dolorosa autoconquista, isto é, porque é negação ou anulação da vontade: *suo loco*.

Mas como a vontade representa essa *autoafirmação* do próprio corpo em inúmeros indivíduos lado a lado, aos quais o egoísmo é peculiar, a vontade em cada um deles vai muito facilmente além dessa afirmação para a *negação* da mesma vontade que aparece no outro indivíduo. Então a vontade do primeiro indivíduo rompe o limite da afirmação da vontade da outra pessoa, na medida em que esse indivíduo destrói ou fere o corpo da outra pessoa, ou então usando os poderes do corpo dessa outra pessoa a obriga a servir a *sua* vontade em vez da vontade própria do outro, na medida em que ele mesmo aparece naquele corpo estranho. Em tal caso, portanto, um indivíduo retira os poderes desse outro corpo e vontade que aparece como um corpo estranho e assim aumenta o poder servindo *sua* vontade além do poder de seu próprio corpo: consequentemente, ele afirma sua própria vontade além de seu próprio corpo por meio da negação da vontade que aparece em um corpo estranho. – Essa intrusão na fronteira da afirmação da vontade alheia sempre foi claramente reconhecida, e seu conceito foi designado pela palavra *injustiça*. Pois ambas as partes envolvidas nele reconhecem o assunto de uma só vez; embora não, como fazemos aqui, em clara abstração; mas como um sentimento.

1) *Aquele que sofre injustiça* sente a intrusão na esfera de afirmação de seu próprio corpo através da negação dele por um indivíduo estranho, como uma dor imediata e *espiritual*, que é bastante separada e diferente do sofrimento *físico* sentido ao mesmo tempo através da ação, ou do desgosto pela perda. 2) *O malfeitor*, por outro lado, também sente uma dor que mais ou menos perturba o prazer que a satisfação de seu egoísmo lhe dá: essa dor é *chamada de remorso* ou, mais de perto para esse caso, um sentimento do *mal feito*: o que ele assim percebe apenas como um sentimento em si mesmo. O que é isso? É, se alguém o eleva à clareza de conceitos abstratos, o reconhecimento de

que ele, como uma coisa em si é a *mesma* vontade que aparece naquele corpo estranho (não do mesmo tipo, mas diretamente daquele próprio) e que esta vontade afirma-se na aparência com tal veemência que esta afirmação, transcendendo os limites de seu próprio corpo e os poderes deste torna-se a negação desta mesma vontade na outra aparência. Consequentemente, considerada como uma vontade em si mesma, ela luta contra si mesma precisamente através de sua veemência, como se estivesse se despedaçando. –

Seis rubricas de injustiça

Com isto lhes apresentei a essência da *injustiça* na abstração mais geral: a essência real do conceito de injustiça. Agora, para fundamentar a explicação em abstrato, passemos aos atos pelos quais a injustiça se apresenta na realidade, mas em geral apenas enumero certas categorias dela. Vou começar com os graus mais altos, porque são os mais claros. O maior grau possível de injustiça, o caso que, em concreto, expressa de forma mais real, mais completa e mais tangível o que estabelecemos como definição de injustiça, é o *canibalismo*: a antropofagia. Isto pode ser estabelecido primeiro, por assim dizer, como um símbolo de injustiça[,] é seu tipo mais claro e mais óbvio, a imagem terrível da maior oposição da vontade a si mesma, no estágio mais alto de sua objetivação, que é o homem (*illustratio*). Ao lado disso, aparece mais fortemente no *assassinato*: esse seria o 2º grau de injustiça (*illustratio*): as dores de consciência, cujo significado acabei de lhes dar de forma abstrata e seca ocorre com terrível clareza imediatamente após um assassinato ter sido cometido e inflige uma ferida incurável ao longo da vida na paz de espírito. (A propósito, continuarei a dissecar com mais detalhes esse sentimento que acompanha a prática da injustiça e do mal, ou seja, a *angústia da consciência*, e elevá-lo à clareza do conceito.) Essencialmente semelhante ao assassinato e apenas diferente dele em grau é a mutilação intencional ou a lesão no corpo de outra pessoa, na verdade cada golpe[,] 3º grau: embora a diferença de grau seja muito forte aqui. Então esse seria o 3º grau. – Agora mais, a injustiça se apresenta na subjugação de outro indivíduo, na compulsão deste à escravidão[,] 4º grau: e finalmente no ataque à *propriedade* do outro[,] 5º grau.

Relações sexuais

Cada injustiça pode ser enquadrada em um dessas cinco rubricas: mas muitas vezes pode ser de natureza mista e pertencer a várias ao mesmo tempo. O último grau mencionado, ataque ao patrimônio, inclui os mais variados casos: toda fraude, todo contrato rompido etc. cabem aqui. Pode-se considerar a violação das obrigações resultantes das *relações sexuais* como uma categoria especial de injustiça. A natureza tem mostrado constantemente uma grande preferência pelo sexo masculino: ela lhe deu preferência pela força mental, força física, tamanho, também pela beleza[,] duração da beleza e força. (Prova disso) (Com os animais da mesma forma.) Finalmente, a natureza também mostrou sua preferência pelo sexo masculino na medida em que, em satisfação sexual, ela colocou do lado do homem apenas o prazer, mas do lado da mulher todo o peso e desvantagem da questão: gravidez, dores de parto, amamentação da criança, que assim permanece apegada à mãe e é um fardo para ela, enquanto o homem pode ir embora. Se, então, o homem quer tirar proveito dessa parcialidade da natureza, a mulher é o ser mais infeliz do mundo: para ele, ela é o instrumento de um prazer temporário: então ela tem o fardo, a dor da gravidez e do parto, o cuidado da criança, com poderes fracos, e uma duração muito curta de sua floração. Seu domínio natural sobre o sexo masculino através do estímulo da gratificação dura cerca de dezesseis anos. Depois disso, com fracos poderes mentais e físicos, ela permaneceria impotente e ainda teria que cuidar das crianças que deu à luz. Assim, é evidente que, se o homem quisesse afirmar as vantagens que a natureza tão parcialmente lançou de seu lado e não quisesse compensá-las voluntariamente assumindo o cuidado da mulher e das crianças, ele afirma sua vontade de viver na satisfação de seu instinto sexual (e na verdade além de sua vontade individual) e ao mesmo tempo *nega* a vontade que aparece como o indivíduo feminino, exercendo assim a *injustiça*. Aqui, então, está uma categoria especial e sexta de injustiça. Se o homem não quiser cometer injustiça em sua gratificação sexual, deve prometer à mulher que se dedica à sua gratificação durante o curto período de seu encanto (do 16º ao 30º ou 35º ano, dependendo do clima), nunca deixá-la e compartilhar com ela o cuidado de sua manutenção enquanto ela viver, para que ela não fique desamparada se lhe faltar o encanto para atrair os homens. Além disso, ele deve assumir o cuidado das crianças após o período de amamentação, pois tem a maior força. Toda satisfação sexual sem assumir essa obrigação é errada, ou seja, é a afirmação da própria vontade por meio da negação da vontade do outro que aparece no indivíduo feminino. Dessa obrigação do homem decorre necessariamente a obrigação da mulher de ser *fiel* a ele, ou seja, de não satisfazer a nenhum outro homem, pois de outra forma os filhos não seriam certamente seus: mas como a mulher tem um instinto sexual como o homem, assim, novamente, da obrigação da mulher de ser fiel a ele decorre também a obrigação do homem de ser fiel a ela, ou seja, sua capacidade de satisfazer o sexo feminino. Isto é, limitar sua capacidade de satisfazer o instinto sexual feminino a *uma* mulher; assim, também, de sua parte, não quebrar o pacto matrimonial. Tudo isso é derivado da lei natural. No entanto, esta não é ainda uma declaração de monogamia[,] não pode ser derivada da lei natural; ela é apenas de origem positiva. Pois da lei natural segue apenas a obrigação do homem de ter *apenas uma* esposa; desde que ela seja capaz de satisfazer seu instinto e ela mesma tenha um instinto igual. Tudo o que resta é a obrigação de cuidar da esposa enquanto ela viver e dos filhos até que eles cresçam. O impulso e a capacidade de gratificação sexual duram mais do dobro no homem do que na mulher, de 24 a 60 anos. – Ela geralmente já é incapaz de gratificação sexual e de ter filhos aos 35 anos, certamente aos 40. Não há obrigação de derivar da lei natural que o homem deva sacrificar seu restante poder procriador e impulso procriativo para a mulher que agora é incapaz de ambos. Ele a teve dos 24 aos 40 anos; e ela não é mais adequada: então ele não lhe faz injustiça se tomar uma segunda esposa mais jovem, assim que puder manter duas esposas enquanto ambas estiverem vivas e cuidar de todos os filhos. Mostrarei a vocês o que decorre da lei natural: não me compete fazer os estatutos positivos de nossos estados cristãos, eu lhes mostro o que segue do direito natural. Esse direito natural a duas esposas sucessivas, ou a várias se elas se tornarem incapazes de satisfazer o marido, por exemplo por doença, pode ser válido em poucos casos: em parte porque, em nosso arranjo de vida, o homem raramente pode assumir uma esposa aos 24 anos de idade; em parte também porque, depois que a esposa tem 36 ou 40 anos, sua fortuna geralmente é insuficiente para assumir os cuidados de outra esposa e ainda mais filhos. Mas assim que as condições para isso, como eu as mostrei, forem encontradas, não há nenhuma injustiça no assunto. A propósito, a necessidade frequente do casamento tardio do homem é a fonte de fornicação. — Se o homem em sua relação com a mulher deve ter cuidado para não fazer mal, a mulher também deve ter cuidado para não ser *insensata*. Em vez de todas as vantagens do sexo masculino, a mulher tem apenas a atração pelo homem por alguns anos: com isso, seu único dom da natureza, ela deve administrar com sabedoria, ou seja, não se entregar a nenhum homem até encontrar alguém que cuide dela para toda a vida e cuide das crianças. A imprudência da mulher é a segunda fonte de fornicação e a miséria que dela resulta. Aquela que usa essa imprudência evidentemente comete uma grande injustiça; para seu prazer momentâneo sacrifica toda a felicidade da mulher: ninguém aceita uma mulher caída para casar, porque não pode confiar nela para ser fiel, já que ela mostrou sua fraqueza. O sedutor, portanto, a faz infeliz; afirma sua vontade negando a vontade da mulher: comete uma grande injustiça. Essa injustiça foi, portanto, a sexta rubrica: *Recapitulatio*. — A quinta rubrica foi violação de propriedade: *o que é propriedade?* (*illustratio*).

Dedução da propriedade

A *propriedade* real, isto é, aquela que, sem injustiça, não pode ser tirada do homem, mas que, *sem injustiça*, pode ser defendida por ele ao máximo, só pode, de acordo com nossa derivação da injustiça, ser aquela que *é trabalhada por suas forças*, por meio da qual, portanto, se retira os poderes de seu corpo utilizados sobre ele da vontade objetivada neste corpo, a fim de fazer tais poderes servirem à vontade objetivada em outro corpo. Pois só assim o autor da injustiça, através de um ataque que não é dirigido ao corpo do outro, mas a uma coisa sem vida que é bem distinta dele, penetra na esfera da afirmação da vontade do outro, porque os poderes, o trabalho do corpo do outro estão, por assim dizer, entrelaçados e identificados com essa coisa. Decorre disso que todos os direitos de propriedade genuínos, ou seja, éticos (não assumidos arbitrariamente), são originalmente fundados apenas no *direito de propriedade*: antes de Kant, isso também era geralmente assumido. Mesmo o mais antigo de todos os códigos de lei, o de Manu, diz de forma bela e clara: "Os sábios que conhecem o passado declaram que um campo cultivado é propriedade daquele que cortou a madeira, limpou-a e passou o arado; assim como um antílope pertence ao primeiro caçador que o feriu mortalmente" — Kant deslocou esse conceito natural e simples do direito de propriedade, e quer estabelecê-lo através da *apreensão da posse* e da *declaração* desta. Como a mera declaração da minha *vontade* de excluir outrem do uso de uma coisa também me dá imediatamente o direito de fazê-lo? Obviamente, tal declaração *requer* primeiro uma *fundamentação jurídica* para sua validade; em vez do que fez Kant assumindo que já é válida. E como age injustamente, ou seja, eticamente, quem não respeita essas alegações de posse exclusiva de uma coisa que não se baseia em nada além de sua própria declaração? Pelo contrário, é bastante claro e fácil ver que não pode *haver nenhuma posse legal de propriedade*, mas apenas uma *apropriação* legal, uma *aquisição* de propriedade de uma coisa, originalmente, pela *aplicação da força própria* sobre ela. Pois onde uma coisa é trabalhada, melhorada, protegida de acidentes por algum esforço estrangeiro, o invasor de tal coisa evidentemente priva o outro do sucesso da força que gastou com ela, e assim faz que o corpo daquele outro, em vez de *sua* própria vontade, sirva sua vontade; ele *nega* assim a vontade que aparece no corpo do outro, *afirmando* sua própria vontade *além* de sua aparência, seu corpo e suas forças: ou seja, comete *injustiça*. Isto é verdade, por *menor* que seja o esforço que o trabalhador despendeu com o assunto, mesmo que seja o mero arrancar ou colher um fruto silvestre do chão. Este último foi chamado de *detenção*, mas o cultivo foi chamado de *formação*, e ambos foram estabelecidos como dois fundamentos legais originais diferentes. Isso é supérfluo. Surgiu principalmente porque o nome *formação* havia sido escolhido, mas não se encaixa: pois, para cada esforço que foi gasto em uma coisa, seja ela de processamento ou de fixação, nem sempre há uma modelagem. Assim, o *direito ético de propriedade* é sempre estabelecido originalmente pelo *trabalho* ou *esforço despendido* com a coisa. — Entretanto, o *simples gozo* de uma coisa, sem qualquer trabalho ou proteção contra sua destruição, dá tão pouco *direito* a ela quanto a mera *declaração de sua intenção* de possuí-la sozinha. Portanto, se, por exemplo, uma família caçou sozinha em um território durante um século sem, no entanto, ter feito nada para melhorá-lo, ela não pode de forma alguma negá-lo a um estrangeiro que agora quer caçar ali sem *injustiça ética*. Portanto, o chamado *direito de pré-ocupação*, segundo o qual se exige uma recompensa além do mero gozo de uma coisa, ou seja, o direito exclusivo ao gozo posterior, é eticamente bastante infundado[,] não é direito algum. Àquele que confia apenas nesse direito, o recém-

-chegado poderia responder com muito melhor direito: "precisamente porque você já desfrutou por tanto tempo, é justo que agora *outro também desfrute*". Para tudo que seja incapaz de ser trabalhado, por melhoria ou proteção contra acidentes, não há posse exclusiva eticamente justificada: a caça na floresta, o peixe no mar, no riacho, no lago: o âmbar na margem; o lápis-lazúli no Tibete; topázio na rocha do Vogtland,[32] e afins. Teria que ser por *cessão voluntária* por parte de todos os outros, por exemplo, como recompensa por outros serviços[,] por exemplo, como recompensa do rei: mas isto já pressupõe uma comunidade regulada por convenção, o Estado. O direito de propriedade eticamente fundamentado, como eu o derivei, por sua natureza dá ao proprietário um *poder* tão *irrestrito* sobre a coisa quanto o que ele tem sobre seu próprio corpo: daí decorre que ele pode, por *troca* ou *presente*, *transferir* sua propriedade para outros, que então possuem a coisa com o mesmo direito ético que ele possui. (Direito de herança?) E, evidentemente, uma vez que ele tenha um título tão perfeito sobre uma coisa considerada como fruto de seu trabalho, pode dá-la a outro sob qualquer condição, mesmo com a condição de que ele próprio não viva mais; precisamente porque o seu direito é ilimitado[,] do qual decorre o *direito do legado*. O fato de os filhos herdarem acontece porque tal dádiva é tacitamente assumida.

Desse modo, mostrei o que é *propriedade*: esta discussão pertenceu à explicação da quinta categoria de injustiças, que consiste na violação de propriedade. Assim, já vimos o que é injustiça. Agora perguntamos: *como é exercida a injustiça?*

---

32 Região que abrange os estados alemães da Baviera, Saxônia e Turíngia e o noroeste da Boêmia na República Tcheca. (N. T.)

Duas maneiras de exercer a injustiça

No que diz respeito ao *exercício da injustiça* em geral, ele se dá de duas maneiras: ou por *violência* ou por *astúcia*: no que diz respeito ao eticamente essencial, tudo isso é igual. Assassinatos e ferimentos destroem ou mutilam o indivíduo alheio; seja por morte violenta ou por envenenamento astuto. Em todos os outros casos, ou seja, onde quer que eu faça mal sem destruir ou ferir o corpo do indivíduo alheio, a essência da injustiça consiste sempre nisso, que eu, como praticante da injustiça, obrigo o indivíduo alheio a servir *minha* vontade em vez da *sua*, a agir de acordo com *minha* vontade em vez da *sua* própria. Em outras palavras, eu o obrigo, através de suas ações, seu trabalho, a servir *meus* fins em vez *dos dele*. Isto eu consigo por meio da *força*, fisicamente, através da *causalidade* (*illustratio*). –

A mentira

Eu a realizo pela *astúcia*, pela *motivação*, que é a causalidade que passou pela cognição: consequentemente, pelo fato de eu colocar *motivos ilusórios* ante a vontade de outrem, em virtude da qual ele, pensando que está fazendo o que *ele* quer, faz o que *eu* quero. Visto que o meio dos motivos é o conhecimento; então só posso provocar esse falso motivo falsificando seu conhecimento: e isto é a *mentira*. Ela visa sempre influenciar a *vontade* do outro, não apenas em seu conhecimento, para si e como tal; mas somente como um meio, ou seja, na medida em que ela determina sua *vontade*. Eu nunca distorço seu conhecimento por si mesmo; mas sempre apenas para dirigir sua vontade de forma diferente, de acordo com meus fins. Pois *minha própria mentira*, já que procede de minha vontade, requer um *motivo*: e tal motivo só pode ser a *vontade* alheia, não o *conhecimento* alheio *em si e para si mesmo*: pois isto, como tal, nunca pode ter influência sobre mim, nunca pode mover minha vontade, nunca pode ser um motivo de seus fins: mas isto só pode ser *a vontade e a ação* alheias; portanto, só indiretamente, o conhecimento do outro. Isso se aplica não só a todas as mentiras que brotam de evidente *interesse* próprio, mas também àquelas que brotam de pura malícia, que quer se vangloriar das dolorosas consequências do erro alheio que causou. Mesmo as meras *fanfarronices*, que a princípio visam apenas obter uma opinião mais elevada e maior respeito dos outros, acabam por ter uma influência maior ou mais leve em suas vontades e ações. Assim, cada mentira é uma influência sobre a vontade do outro por meio do conhecimento do outro; sempre tem a intenção de dirigir a vontade do outro de acordo com meus propósitos. A simples negação de uma verdade, ou seja, de uma declaração em geral, não é em si uma injustiça, mas o uso de toda mentira é. Aquele que se recusa a mostrar a um viajante perdido o caminho certo, não comete injustiça, mas aquele que aponta para o caminho errado sim. – Do que foi dito, decorre que toda *mentira* é tão *errada* quanto todo ato de violência: ambos diferem apenas na escolha dos meios: a mentira, como a violência, tem o propósito de estender o domínio da minha vontade a outros indivíduos, afirmando assim a minha vontade, negando a deles. Daí resulta claro que a fonte da mentira é sempre a intenção de estender o domínio da vontade de alguém sobre outros indivíduos, de negar a vontade destes para afirmar a sua própria vontade, consequentemente, a mentira como tal procede da injustiça, da má vontade, da malícia. Daí que a veracidade, sinceridade, abertura, franqueza são imediatamente reconhecidas e valorizadas como qualidades louváveis e nobres da mente, porque assumimos que a pessoa que revela essas qualidades não abriga nenhuma injustiça, nenhuma malícia de disposição e, portanto, não tem necessidade de dissimulação. Aquele que é franco não abriga nenhum mal. – A mentira mais formal e, portanto, mais perfeita é o *contrato rompido*: pois aqui todas as disposições da mentira são completas, claras e explícitas. Especificamente, ao firmar um contrato, o desempenho prometido por outro é direta e confessadamente o motivo do meu desempenho. As promessas são trocadas com deliberação e formalmente. Tornar a afirmação feita verdadeira está, segundo a suposição, no poder de cada um dos dois oponentes. Se outra pessoa quebra o contrato e não cumpre o que prometeu, então ela me enganou e, ao insinuar meros motivos ilusórios em meu conhecimento, dirigiu minha vontade de acordo com sua intenção: assim, por meio de uma mentira bastante sistemática, estendeu o domínio de sua vontade sobre o indivíduo alheio (outro), e assim cometeu uma injustiça completa. Esta é a base da legitimidade ética e validade dos contratos.[33] A injustiça pela violência não é tão vergonhosa para o perpetrador quanto a injustiça pela astúcia: porque o primeiro pelo menos testemunha a força física, o segundo, pelo uso dos desvios, de fraqueza e assim ao mesmo tempo degrada o perpetrador como um ser físico e moral: além disso, porque o engano e a fraude só podem ser bem-sucedidos

---

33 Segundo o exposto, toda mentira supõe uma injustiça, assim como um ato de violência; no entanto, a quebra de contrato representa a expressão mais perfeita e planejada da mentira, constituindo uma mentira solene." (Nota do autor).

pelo fato de que aquele que os pratica deve ao mesmo tempo expressar ele mesmo repugnância e desprezo contra eles para ganhar confiança.

Conceito de direito

O *conteúdo do conceito de injustiça* é, portanto, que é a qualidade da ação de um indivíduo na qual ele estende a afirmação da vontade que aparece em sua pessoa a tal ponto que se torna a negação da vontade que aparece em outras pessoas. Também tenho demonstrado, por meio de exemplos bastante gerais, o limite onde começa a área de injustiça, ao mesmo tempo que determinei suas gradações do mais alto grau para o mais baixo por meio de alguns conceitos principais. De acordo com isto, o conceito de injustiça é o *original* e o *positivo*: o conceito de direito, que se opõe a ele, é o *derivado* e o *negativo*. Pois não devemos aderir às palavras, mas aos conceitos. De fato, nunca se teria falado do direito se não houvesse o injusto. Pois o conceito de direito contém apenas a negação do injusto, e por ele é concebida toda ação que *não* seja uma transgressão do limite mencionado, ou seja, que *não* seja a negação da vontade alheia para a afirmação mais forte da própria vontade. Esse limite divide, portanto, em relação a uma determinação puramente *ética*, toda a área de possíveis ações naquelas que são justas ou injustas. Assim que uma ação, da maneira discutida anteriormente, não invade a esfera da afirmação da vontade de outrem, negando tal afirmação, não é injusta. Portanto, por exemplo, *a falta de ajuda* em uma necessidade urgente de terceiros, como *não* intervir quando alguém em perigo mortal pede ajuda, que poderíamos fornecer sem colocar em risco nossa própria vida, a observação silenciosa de outra pessoa morrendo de fome tendo nossa própria abundância, é de fato cruel e diabólico, mas não injusto. Mas pode-se dizer com absoluta certeza que aquele que é capaz de levar a tal ponto o desamor e a dureza, certamente também cometerá qualquer injustiça assim que seus desejos o exigirem e nenhuma compulsão o impedir. — Assim, certo é a mera negação do errado: uma ação é certa significa apenas que não é errada, ou seja, por ela o agente afirma sua vontade sem ao mesmo tempo negar a vontade de outro, na medida em que esta vontade já é expressa pela existência e constituição do corpo. Assim, o justo é a mera negação do injusto: dizer que uma ação *é justa* significa apenas que não é injusta, ou seja, por ela o agente afirma sua vontade sem ao mesmo tempo negar a vontade de outro, na medida em que esta vontade já é expressa pela existência e natureza do corpo.

Direito de coerção

O *conceito do direito* como negação da injustiça, entretanto, encontrou sua *aplicação* principal, e sem dúvida sua primeira *origem*, nos casos em que a *tentativa injusta* de uma parte é *repelida* pela força da outra, que a *repulsão* em si não pode ser injusta e, portanto, é *justa*. Tal ação, vista fora do contexto, pareceria injusta, mas é justa através de sua relação com uma ação de outro indivíduo que é realmente injusta. O *ato de violência perpetrado no processo, considerado meramente em si mesmo* e isoladamente, seria errado: mas aqui se *justifica* pela ocasião, pelo motivo, ou seja, *se tornou um direito*. Se um indivíduo vai tão longe na afirmação de sua vontade que, assim, ele *se intromete* na esfera da afirmação da vontade essencial para minha pessoa como tal e, portanto, a nega;

então meu *repúdio* a essa intrusão é apenas a *negação dessa negação*, e, até onde me toca, nada mais é do que a *afirmação* da vontade que parece essencial e original em meu corpo e que, portanto, já é *implicitamente* expressa pela existência de meu corpo. Consequentemente, essa repulsão não é injusta, portanto é chamada de justa. Isto significa: tenho então o *direito* de negar essa negação alheia a mim com a força necessária para sua anulação: isto pode, como é fácil de ver, ir até a morte do outro indivíduo: pois a interferência, uma vez que é uma força externa intrusa, deve ser afastada com um *contraefeito* que de certa forma a supera, e isto acontece sem qualquer injustiça, consequentemente com o direito: pois tudo o que acontece do meu lado no processo está sempre apenas na *esfera* da afirmação da vontade essencial *para minha pessoa* como tal e já expressa através dela: esta continua sendo a *cena* da luta: e o que eu faço dessa forma não penetra na esfera da afirmação da vontade alheia, é consequentemente apenas a *negação da negação*, portanto a *afirmação*, não a negação em si mesma. Se, portanto, minha vontade, como aparece em meu corpo e no uso dos poderes deste corpo para sua preservação, for negada por uma vontade alheia, posso, sem injustiça, obrigar essa vontade alheia a renunciar a tal negação: ou seja, tenho o *direito coercitivo* nesta medida. A mesma ação de minha parte, que também seria injusta, agora é justa.

Direito de mentir

Em todos os casos em que tenho esse *direito coercitivo*, ou seja, em que tenho o direito de usar a violência contra o outro, também posso usar a astúcia para o mesmo fim. Também posso, se não tiver força suficiente, usar a astúcia para o mesmo fim, posso distrair a vontade alheia, que se esforça para negar minha vontade, de seu objetivo, mesmo por motivos ilusórios que trago ao seu conhecimento, assim como poderia opor-me a ela com força sem injustiça se eu a tivesse. Por conseguinte, posso, sem injustiça, opor-me à violência estrangeira com astúcia e engano: consequentemente, *tenho o direito real de mentir, tanto quanto tenho à violência e à coerção.* Exemplo: Um assaltante de rua. – Ladrões de casaca. – Bárbaros.[34]

Uma *violência forçada* por força física direta *não é obrigatória*, porque a pessoa que sofre tal violência tem o direito de se libertar *matando* os perpetradores, e muito mais por *evasão*. Aquele que não pode retomar seus *bens roubados* à força não comete nenhum erro se os *obtém com astúcia*. *Falso dado*: astúcia da guerra p.490. Tão nitidamente a *fronteira* do certo toca a do errado. Até agora, no entanto, ninguém ousou desenhá-la com tanta nitidez. – Você verá facilmente que isto *não contradiz o que eu disse* sobre a ilegitimidade *original* da mentira e da violência. Ambas, originalmente injustas, tornam-se corretas por serem mera defesa contra a injustiça. Isto se opõe a tese da mentira necessária!

A dimensão ética do significado de justo e injusto

De acordo com tudo o que foi dito até agora, injusto e justo são, portanto, determinações meramente *éticas*, ou seja, deter-

---

34 Se alguém me obrigar a emitir uma letra de câmbio para ele com uma pistola no peito; eu estaria certo se pudesse tornar possível escrever a letra de câmbio com uma tinta que desaparecesse completamente e logo não deixasse nenhum rastro. (Nota do autor.)

minações que são válidas para a consideração da *ação* como tal e em relação ao *significado intrínseco dessa ação*. Esse significado se anuncia diretamente na consciência, na medida em que, por um lado, o *erro* é acompanhado de uma *dor* interior, por mais agradável que seja seu sucesso: essa dor expressa duas coisas: 1) é a mera consciência sentida do malfeitor da *força excessiva* da afirmação da vontade em si mesmo que atinge o grau em que ela se torna a negação da manifestação da vontade do outro; 2) é também a consciência interior, íntima, do malfeitor de que ele é, de fato, *enquanto manifestação*, *diferente* do outro, mas é *idêntico* a este último no "*em si*". Uma explicação desse significado interior de *toda angústia da consciência* terá ainda o seu lugar posteriormente. Por outro lado, o *sofredor da injustiça* tem dolorosa consciência da negação de sua vontade, pois esta já *se expressa através de seu corpo* e de suas necessidades naturais, para cuja satisfação a natureza o remete aos poderes desse corpo: e, ao mesmo tempo, ele está ciente de que, sem fazer mal, *poderia* de alguma forma *afastar* essa negação, se não lhe faltasse o *poder*. Esse *sentimento de sofrer injustiça* é uma dor puramente espiritual, que é bem diferente da dor física causada pelo mal que se suporta ou do aborrecimento da perda que se sofre. Esse *significado puramente ético* é o único que tem o homem do justo e do injusto enquanto ser humano, não como cidadão. Esse significado de justo e injusto também subsistiria no *estado de natureza*, sem qualquer lei positiva. É o fundamento e o conteúdo de tudo o que se chamou, portanto, de *direito natural*: seria melhor chamá-lo de *direito ético*, pois sua validade não se estende ao *sofrimento*, à realidade externa, mas apenas à *ação* e à resultante dessa ação, o conhecimento de sua vontade individual que emerge do próprio homem, cujo conhecimento é chamado de *consciência moral*.

No *estado de natureza*, porém, essa determinação puramente ética da ação nem sempre pode *se impor* externamente, sobre outros indivíduos, e impedir que a violência governe em vez do direito. Pois no estado de natureza depende apenas de cada um não *fazer* o mal em todos os casos, mas nem sempre não *sofrer* o mal: isso depende de seu poder externo acidental. Portanto, os conceitos de justo e injusto valem também para o estado de natureza e nada têm de convencional: mas aí valem apenas como determinações *éticas* para o *autoconhecimento* da própria vontade. A saber, na *escala* dos graus extremamente diversos de força com que a vontade de viver se revela nos indivíduos humanos, os conceitos de justo e injusto são um *ponto fixo* (como o ponto do gelo no termômetro), ou seja, o ponto em que a afirmação da própria vontade se torna a negação da do outro: isto é, nesse ponto, a vontade indica o grau de sua veemência, e ao mesmo tempo o grau da parcialidade do conhecimento no *principio individuationis*, através de ações injustas. Pois, em virtude dos *principii individuationis* (tempo e espaço), os indivíduos de uma espécie são diferentes. O *principium individuationis*, no entanto, é precisamente a forma de conhecimento que está inteiramente a serviço da vontade. Mas, se alguém *quiser pôr de lado ou negar* completamente a consideração puramente ética da ação e considerar a ação meramente de acordo com sua eficácia externa e seu sucesso, ele pode, como Hobbes fez, declarar o justo e o injusto como sendo determinações totalmente convencionais e arbitrariamente assumidas, que, portanto, não existem de forma alguma além da lei positiva: pois nunca poderemos ensinar através da experiência externa o que não pertence à experiência externa. O mesmo Hobbes caracteriza sua forma perfeitamente empírica de pensar de maneira notável ao afirmar em seu livro *De principiis Geometrarum*, que nega toda a matemática realmente pura e afirma obstinadamente que o ponto tem extensão e a linha largura: agora nunca podemos mostrar-lhe um ponto sem extensão e uma linha sem largura, assim podemos ensinar-lhe tão pouco a aprioridade da matemática como a aprioridade do direito, porque ele está fechado a todo conhecimento não empírico. Há, entretanto, evidências empíricas para o conhecimento *a priori* do justo e do injusto e para a independência desse conhecimento de todos os estatutos positivos. Todos os *selvagens* sabem o certo e o errado; em abstrato podem saber pouco sobre isso, mas diretamente, em seu sentimento, como se fala, eles distinguem muito bem o certo do errado, às vezes até mesmo muito fina e precisamente. Isto é demonstrado diariamente em suas negociações com as tripulações dos navios europeus, em suas trocas com eles, nos contratos que são celebrados com eles, nas visitas que fazem aos navios. São ousados e confiantes quando estão certos, mas temerosos quando a lei não está do seu lado. Se surgir uma controvérsia, aceitarão um acordo legal, mas são provocados à guerra por procedimentos arbitrários e injustos.

 A *doutrina pura do direito* é, portanto, um capítulo da *ética* e se refere diretamente apenas à *ação* e não ao *sofrimento*. Pois só a ação é uma expressão da vontade, e só a vontade é considerada pela ética. O sofrimento é uma mera ocorrência: a ética pode considerar o sofrimento só indiretamente, ou seja, apenas para provar que o que se faz para não sofrer injustiça não é injustiça. — O cumprimento da doutrina do direito, como capítulo da ética, teria como conteúdo a *determinação exata do limite* ao qual um indivíduo pode ir na afirmação de sua vontade já objetivada em seu corpo, sem que essa afirmação se torne a negação dessa mesma vontade na medida em que ela aparece em outro indivíduo; então, a determinação das ações que *excedem* esse limite são, consequentemente, injustas, e podem, portanto, ser repelidas sem erro. Aqui, então, o foco de consideração permaneceria sempre sendo as próprias *ações*.

O Estado

Na experiência externa, porém, o *sofrimento da injustiça* aparece como um evento, e nela se manifesta, mais claramente que em qualquer outro lugar, a aparência do conflito da vontade de viver contra si mesma, cuja aparência surge da multiplicidade dos indivíduos e de seu egoísmo, ambos condicionados pelo *principium individuationis*, que é a forma do mundo como um conceito para o conhecimento do indivíduo. É precisamente nesse *conflito*, nessa Éris, que grande parte do *sofrimento essencial* à vida humana tem sua *fonte* sempre fluida.

Porque a *razão* é comum a todos os indivíduos humanos e, portanto, como os animais, eles não apenas reconhecem o caso individual, mas também examinam o todo em conexão; então logo reconheceram a fonte desse sofrimento e *inventaram meios de diminuí-lo* ou, se possível, acabar com ele, por um sacrifício comum, que, no entanto, é superado pelo benefício comum daí decorrente. Em certos casos, agir injustamente é muito agradável ao egoísmo de cada indivíduo: mas sempre tem um correlato necessário no sofrimento de outro indivíduo, para quem isso é uma grande dor. Agora que a razão está considerando o todo, ela sai do ponto de vista unilateral do indivíduo ao qual pertence e se liberta, por um momento, do apego a ele. Depois, a razão vê o prazer da ação injusta em *um* indivíduo sempre compensado pela dor proporcionalmente maior no sofrimento injusto de *outro*: além disso, descobre que, como aqui tudo é deixado ao acaso, todos têm que temer que o prazer da ação injusta ocasional seja muito menos provável que lhe seja concedido do que a dor do sofrimento injusto. Por essa razão, agora, reconhece que tanto para reduzir o sofrimento espalhado por todos como para distribuí-lo da maneira mais uniforme possível, o melhor e único meio é que todos renunciem ao prazer de cometer injustiças, de modo que todos sejam também poupados da dor de sofrer injustiça. Isto significa, então, que o egoísmo, procedendo metodicamente através do uso da razão e abandonando assim seu ponto de vista unilateral, facilmente inventou e gradualmente aperfeiçoou o *Pacto Social* ou a *lei*. Platão descreveu essa procedência, na *República*, na forma como eu a apresento aqui. Na verdade, essa origem é a única que se adéqua substancialmente à natureza dessa matéria. O Estado não pode, em nenhum país, jamais ter tido outra origem: pois ele tem somente esse modo de origem, esse propósito, que é o que faz dele um Estado. Não faz diferença, entretanto, se a condição que precedeu a vinda à existência do Estado em qualquer povo em particular era a condição de uma multidão de selvagens mutuamente independentes, anarquia, ou a de uma multidão de escravos, a quem o mais forte governava à vontade, o despotismo. Em ambos os casos, ainda não havia um Estado: isto só acontece através daquele acordo comum: e dependendo se esse acordo é mais ou menos misturado com anarquia ou despotismo, o Estado é mais perfeito ou menos perfeito.

A *ética* consistia exclusivamente em *fazer* o que era certo ou errado: portanto, ela podia indicar com precisão os limites das ações de alguém que estava determinado a não cometer injustiça.

Ela pergunta: o que um homem deve *fazer* para ser *justo*? Inversamente, a *teoria do Estado*, a teoria da legislação, centra-se exclusivamente no *padecimento* de injustiças, ela pergunta: "o que alguém necessita evitar para *não sofrer injustiça?*" e nunca se preocuparia com a injustiça se não fosse por seu correlativo sempre necessário, o *sofrimento* da injustiça, que é *seu* foco, como o inimigo contra o qual trabalha. Sim, se fosse possível conceber uma injustiça com a qual nenhuma injustiça sofrida de outro lado estaria ligada; assim, consequentemente, o Estado não a proibiria de forma alguma. — Além disso, na ética, o objeto de consideração e a única coisa real é *a vontade*, a disposição: portanto, a firme vontade da injustiça a ser cometida, que só o poder externo retém e torna ineficaz, conta para ela da mesma forma como a injustiça realmente cometida, e aquele que deseja tal coisa é imediatamente condenado como injusto perante seu tribunal. Da mesma forma, a resolução firme e a tentativa malsucedida de fazer uma boa ação, cujo efeito é dificultado por uma força externa, é bastante igual à boa ação realizada. O que importa à ética é apenas o que *se quer*, não o que *acontece*: o acaso e o erro podem posteriormente desempenhar um papel no sucesso da ação, em cujo reino reside a mera ocorrência como tal: isto nada muda no valor ético da ação. Para a ética, o mundo externo e seus eventos só têm realidade na medida em que são sinais da vontade que os determinou: além disso, eles são nulos para ela, e essa nulidade deles, no que diz respeito ao ponto de vista do que é realmente essencial, é confirmada precisamente pelo fato de que os eventos como tais se encontram no reino do acaso e do erro: isto mostra precisamente que, do ponto de vista mais elevado, o que importa não é o que *acontece*, mas o que *se quer*. Por outro lado, o Estado não está nada preocupado com a vontade e a intenção, apenas como tais, mas apenas com o evento real, o *ato*; seja ele meramente tentado ou realizado: o ato injusto lhe diz respeito por causa de sua correlação de injustiça do outro lado. Para o Estado, portanto, a ação, o evento, são as únicas coisas reais: a atitude, a intenção, só pode ser investigada por ele porque ele quer reconhecer o significado do ato a partir dela, isto é, quer ver *a ação real* sob a luz da verdade. (*illustratio*.) Portanto, o Estado não proibirá ninguém de pensar constantemente em assassinato e envenenamento contra outro assim que souber com certeza que o medo da punição e da espada impedirá constantemente os efeitos dessa vontade. O Estado não tem de forma alguma o plano tolo de erradicar *a inclinação* para fazer o mal, *a má disposição*. Em vez disso, apenas quer contra-atacar antecipadamente todos os motivos possíveis para fazer mal com um motivo predominante para se abster de fazê-lo, o castigo inevitável. Para esse fim, a doutrina do Estado, ou a legislação, vai agora emprestar da ética aquele capítulo que é a doutrina do direito, e que, além do significado interno de justo e injusto, determina o limite exato entre os dois: mas o toma emprestado somente para usar seu avesso e para considerar todos os limites que a ética indica como intransponíveis se não se quer fazer injustiça, considerando como limites cuja transgressão por parte dos outros não cabe permitir, se não se quer sofrer injustiça e que se tem, portanto, o direito de repelir: esses limites são, portanto, agora *impostos* do lado potencialmente passivo, através de leis. O *jurista* e o *moralista* têm o mesmo assunto, a ação dos homens um contra o outro: mas têm um ponto de vista oposto: o *moralista* procede do *fazer*, do lado *ativo*; o *jurista* do *sofrer*, do lado *passivo*. Por exemplo, um devedor e um credor discutem, o primeiro negando a dívida. Presentemente, existe um moralista e um jurista. Ambos terão um vivo interesse no assunto, e ambos desejarão o mesmo resultado, embora ambos tenham um ponto de vista oposto e cada um tenha uma intenção bem diferente. O jurista dirá: "Eu quero que este homem recupere o que é dele". O moralista dirá: "Eu quero que aquele homem faça o que é justo". – A mesma linha é traçada a partir de direções opostas. Daí decorre que o professor de direito é na verdade o moralista inverso, como o historiador tem sido espirituosamente chamado de profeta invertido. A doutrina do direito no sentido próprio, ou seja, a doutrina dos *direitos* que se podem *afirmar*, é a moral ao contrário, no capítulo em que se trata dos direitos que *não* se podem *violar*. O conceito de injusto e sua negação do justo é originalmente *ético*, mas se torna *jurídico* ao deslocar o ponto de partida do lado ativo para o lado passivo, ou seja, *invertendo-o*. Isto, enquanto não foi claramente compreendido, e com a doutrina de direito de Kant, que deriva o estabelecimento do Estado como um dever moral de seu imperativo categórico, tem, nos tempos modernos, muitas vezes, dado *origem ao erro* muito estranho segundo o qual o Estado é uma instituição para a *promoção da moralidade*, que ele surge da luta pela moralidade e, portanto, é dirigido contra o egoísmo. Como se a disposição interior, à qual só a moralidade ou imoralidade pertence, a eterna vontade livre, pudesse ser modificada a partir do nada e mudado pela influência! Ainda mais perverso é o teorema segundo o qual o Estado é a condição da liberdade no sentido ético e, portanto, da moralidade: pois a liberdade está além da aparência e muito menos das instituições humanas. O Estado, como já foi mencionado, é tão pouco dirigido contra o egoísmo em geral e como tal, que, pelo contrário, surgiu precisamente da autocompreensão e do egoísmo metodicamente procedente, na medida em que este saiu do ponto de vista unilateral e passou para o geral e assim, resumindo, se coloca como o egoísmo comum de todos: o Estado existe para servir a isso e é estabelecido na suposição correta de que a moralidade pura, isto é, a ação correta não deve ser esperada por razões éticas: o que, além disso, seria supérfluo. O Estado não é, portanto, de forma alguma dirigido contra o *egoísmo*, mas apenas *contra as consequências prejudiciais do egoísmo*, que surgem da *multiplicidade* de indivíduos egoístas que perturbam mutuamente seu *bem-estar*: este bem-estar, portanto, é precisamente o objetivo do Estado. Essa origem e propósito do Estado já foi explicada de forma bastante correta e excelente por Hobbes. Se o Estado atingisse seu propósito perfeitamente, ele produziria a mesma aparência provocada se a perfeita justiça de espírito prevalecesse universalmente. A essência interior e a origem de ambos os fenômenos, entretanto, será o contrário. No último caso, (a perfeita justiça de espírito) seria que ninguém queria fazer mal; no primeiro, (o Estado atingisse seu propósito perfeitamente), porém, seria que ninguém queria sofrer injustiça e que os meios adequados para este fim foram perfeitamente aplicados. Assim, a mesma linha pode ser traçada em direções opostas, e um animal predador amordaçado é tão inofensivo quanto um animal herbívoro. – Mas o Estado não pode ir além desse ponto: não pode, portanto, mostrar um fenômeno como aquele que teria surgido da benevolência e do amor mútuo em geral. Pois, como vimos antes, o Estado, por sua natureza, não proibiria ou não poderia proibir uma injustiça a qual não correspondesse a nenhum padecimento de injustiça do outro lado, e simplesmente porque isso é impossível, ele nega qualquer injustiça; Por outro lado, em consequência de sua tendência para o bem-estar de todos, ele cuidaria de bom grado para que todos *recebessem* benevolência e obras de filantropia de todos os tipos; estas não teriam também uma correlação inevitável na *realização* de obras de caridade e obras de amor, onde, no entanto, cada cidadão do Estado desejaria assumir o papel passivo e ninguém se encontraria no ativo, o que não se pode esperar nem de um nem de outro, por qualquer razão. Assim, somente o negativo pode *ser aplicado*, que é precisamente o direito, não o positivo, que foi entendido sob o nome de deveres de amor ou deveres imperfeitos.

Vimos, então, que a legislação *toma emprestada a doutrina do direito*, ou a doutrina da natureza e os limites do justo e do injusto, da ética para utilizá-la para fins alheios à ética, o que se dá pelo avesso, e depois disso a *legislação positiva* e os meios de mantê-la, para estabelecer o Estado. Essa aplicação da doutrina do direito pode ser feita em relação às circunstâncias peculiares de um determinado povo. Mas somente se a legislação positiva for essencialmente determinada ao longo de todo o processo de acordo com a orientação da *doutrina pura do direito* e para cada um de seus estatutos uma razão pode ser provada na *doutrina pura do direito*, somente então a legislação que surgiu de fato é uma *lei positiva* e o Estado uma associação legal, no verdadeiro sentido da palavra, uma instituição ética, não imoral. Caso contrário, a legislação positiva é a justificativa de uma *injustiça positiva*, é ela mesma uma injustiça admitida publicamente e imposta. Desta classe é todo despotismo, a constituição de quase todos os impérios maometanos: mesmo muitas partes de muitas constituições pertencem a ela, por exemplo, servidão, privilégios inatos a sujeitos individuais etc. – A doutrina pura do direito, ou direito natural, que poderia ser denominada direito ético, está, embora sempre por inversão, na base de toda legislação legalmente positiva, assim como a matemática pura está na base de todas as áreas da matemática aplicada. Os pontos mais importantes da doutrina pura do direito, que a filosofia tem que entregar à legislação, são cinco: 1) A explicação do significado intrínseco e específico, assim como da origem dos termos justo e injusto, e sua aplicação e lugar na ética. – 2) A dedução do direito de propriedade. – 3) A dedução da validade ética dos contratos, uma vez que esta é a base ética do contrato social. – 4) A explicação da origem e propósito do Estado, da relação desse propósito com a ética, e da adequada transferência da doutrina ética do direito, por inversão, à legislação, como consequência dessa relação. – 5) A dedução do direito penal. O conteúdo restante da doutrina do direito é a mera aplicação desses princípios, a determinação mais próxima dos limites do justo e do injusto para todas as relações possíveis na vida, que são, portanto, unidas e divididas sob certos aspectos e títulos. (Por exemplo, a lei entre governo e sujeitos, entre comprador e vendedor, inquilino e proprietário, entre cônjuges, pais e filhos, senhores e servos, funcionários e governo, direito societário entre associados, direito tutelar, direito editorial, reimpressão de livros etc.) Nessas doutrinas especiais, os manuais de direito puro estão todos bastante de acordo: eles soam muito diferentes apenas nos princípios mais elevados, porque estão sempre conectados a algum sistema filosófico. Até agora discuti (de acordo com o nosso próprio sistema filosófico) os quatro primeiros desses pontos principais, de forma breve e em geral, mas com firmeza e clareza, de modo que só falta falar do *direito penal* da mesma forma.

Sobre a *Doutrina do direito* de Kant

Antes de tudo, uma observação: a *Doutrina do direito* de Kant é um livro muito ruim: ela pertence a seus últimos escritos e só pode ser explicada por sua senilidade, que logo depois passou a ser sua segunda infância. Sua doutrina de direito é um estranho entrelaçamento de erros mutuamente aliciantes. Ele quer separar claramente a doutrina do direito da ética, mas não deixar a doutrina do direito depender de mera convenção, de legislação positiva, ou seja, de coerção arbitrária; ao contrário, o *conceito de direito deve existir puramente e a priori*. Mas isto não é possível: pois a ação só pode ser considerada de acordo com dois significados: isto é, de acordo com seu significado ético e de acordo com sua relação física com o outro e, portanto, com a coerção externa. Uma terceira visão da ação não é de modo algum possível. Consequentemente, quando Kant diz: obrigação legal é aquela que *pode* ser imposta; então este *"pode"* deve ser entendido fisicamente: então toda lei é positiva e arbitrária, e novamente toda arbitrariedade que pode ser aplicada é lei: — ou isso deve ser entendido *eticamente*, e estamos novamente no campo da ética. Com Kant, portanto, o conceito de direito paira entre o céu e a terra, e não tem chão sobre o qual descansar: em meu sistema ele pertence à ética. — Em segundo lugar, a definição de direito de Kant é totalmente negativa e, portanto, insuficiente. Se eu digo que o conceito de direito é negativo, em contraste com o conceito de injusto, que é o ponto de partida positivo, então a explicação desses conceitos não deve ser completamente negativa. Mas este é o caso de Kant, uma vez que ele diz: "Direito é o que é compatível com a coexistência das liberdades dos indivíduos próximos uns dos outros, segundo uma lei geral". – Liberdade aqui significa liberdade empírica, isto é, liberdade física, não a liberdade da vontade no sentido ético. Mas essa liberdade empírica ou física significa meramente não-ser-impedido de algo, portanto é uma mera negação: a coexistência tem o mesmo significado: assim ficamos sem nada além de negações e não recebemos nenhum conceito positivo: de fato, nem mesmo aprendemos o que está sendo falado, se ainda não o conhecemos em outro lugar. Estes são os dois principais erros de Kant. Agora, na execução, desenvolvem-se as visões mais errôneas, como a de que no estado natural, ou seja, fora do Estado, não há qualquer direito de propriedade, o que, na verdade significa que toda lei é positiva, de modo que agora a lei natural se baseia na lei positiva, em vez de ser o contrário: então a aquisição legal deve ser fundada pela apreensão da propriedade; deve haver, portanto, uma obrigação ética para o estabelecimento do Estado, de acordo com o imperativo categórico: o fundamento do direito penal (qualquer que seja) deve ser a retribuição, a fim de retaliar. – Mas o que eu digo aqui da doutrina de direito de Kant aplica-se à maioria dos inúmeros livros de direito natural que surgiram desde Kant: seus erros tiveram a influência mais prejudicial: verdades há muito reconhecidas e proclamadas foram novamente confundidas e obscurecidas; teorias estranhas foram elaboradas, e deram origem a muita discussão e escrita. É claro, isto não pode durar: a verdade e a razão sadia sempre fazem o seu caminho: a Lei Natural[35] de J. C. F. Meister, em particular, tem a marca desta última, ao contrário de muita teoria extravagante: de todos os

---

35 Johann Christian Friedrich Meister: Lehrbuch des Natur-Rechtes. Frankfurt a. d. Oder: Akad. Buchhandlung 1809.

livros didáticos conhecidos por mim, ele é o melhor, embora ainda não possa ser considerado como um modelo de perfeição.

Do direito penal

Abordemos, portanto, o *direito penal*. Entre as afirmações fundamentalmente falsas de Kant está, como já disse, a ideia segundo a qual não existe um *direito de propriedade* perfeito fora do Estado. Deduzi para vocês como a propriedade perfeita também existe no estado de natureza, isto é, a propriedade que é possuída com direito natural perfeito, isto é, ético, e, portanto, não pode ser violada sem injustiça, mas pode ser defendida ao máximo sem injustiça. O *direito penal*, por outro lado, não existe realmente fora do Estado. NB: Mas isto talvez deva ser limitado. Em estado de natureza, posso ameaçar um homem que uma vez comeu um fruto de meu jardim afirmando que se ele o fizer novamente eu o espancarei e, então, o farei sem cometer injustiça. Mas esse caso especial é apenas uma exceção, que é melhor estabelecer como tal do que não estabelecer a regra por causa dele. Pois o conceito de *punição* é: a imposição de um mal como resultado de um ato para o qual *uma* lei ameaçou esse mal. A punição, portanto, pressupõe a *lei*. Todo direito de punir se baseia unicamente na lei positiva: isto também se aplica à exceção mencionada, que ocorre simplesmente porque, nesse caso, uma lei positiva é estabelecida por um lado sem ser aceita pelo outro, ou seja, sem, nesse caso terem se unido para formar um Estado: mas aqui já está o começo do Estado, por assim dizer: pois aquele que ameaça estará pronto em tal caso para também aceitar a mesma ameaça do outro. Isto determina uma punição para o delito antes que ele aconteça, a fim de dar um *contramotivo* ameaçando-o, e que deve superar todos os motivos possíveis para esse delito. Esse direito positivo deve ser considerado como sancionado e reconhecido por todos os cidadãos do Estado. Baseia-se, portanto, em um contrato comum, a cujo cumprimento os membros do Estado são obrigados em todas as circunstâncias, ou seja, por um lado, aplicar a punição e, por outro, tolerá-la: essa tolerância, todavia, é isenta de injustiça, ou seja, ela existe por direito. Consequentemente, o *objetivo imediato da punição*, no caso particular, *é o cumprimento da lei como um contrato*. A única finalidade da lei, no entanto, é *dissuadir* a violação dos direitos de outras pessoas. Pois é justamente para que todos possam ser protegidos de sofrer injustiças que as pessoas se uniram ao Estado, renunciaram às injustiças e assumiram o ônus de preservar o Estado. A lei, portanto, e a execução dela, a punição, são essencialmente dirigidas ao *futuro*, não ao *passado*. É precisamente isto que distingue a *punição* da *vingança*, que não só é muito baixa, mas também totalmente *injusta*: esta última só é motivada pelo que aconteceu, ou seja, pelo passado como tal. Toda retribuição de injustiça que inflija dor, sem nenhum propósito para o futuro, é *vingança* e não pode ter outro propósito senão o de se consolar com o sofrimento que se sofreu ao ver o sofrimento que se causa com a retribuição. Isso é maldade e crueldade e não é eticamente justificável. A injustiça que alguém me fez de forma alguma me dá o direito de infligir injustiça a ele[;] o mal que eu faço a ele continua sendo injustiça. A retribuição do mal com o mal, sem intenção posterior, não é ética nem justificável por qualquer fundamento racional, e o *jus talionis*,[36]

---

36 O direito de retaliação. (N. T.)

estabelecido como um princípio independente e final do direito penal, não tem sentido. Portanto, a teoria da punição de Kant como mera retaliação em nome da retribuição é uma visão completamente infundada e errada. O que distingue a punição da vingança é seu propósito para o futuro: mas a punição só tem esse propósito quando é executada para o *cumprimento de uma lei*: pois somente através dessa execução a cada vez a punição permanece anunciada como inevitável para cada caso futuro, e assim dá à lei o poder de dissuasão, que é precisamente seu propósito. – Aqui um kantiano objetaria infalivelmente que sim, de acordo com esse ponto de vista, o criminoso punido seria usado apenas *como um meio*. Kant também formulou essa frase como uma declaração de seu imperativo categórico: "O homem deve sempre ser tratado apenas como um fim e nunca como um meio". Os kantianos nunca se cansam de repetir tais proposições que substituem de todo qualquer pensamento posterior. A frase parece muito importante e tomada como um todo é verdadeira e boa. Mas, considerada mais de perto, ela apenas expressa a regra de nosso comportamento para com os outros de forma muito *indireta*, é muito *vaga* e *indefinida*, e, se você quiser aplicá-la, ainda tem que adicionar explicações especiais, modificações e provisões para o caso em questão: tomada de forma tão geral, ela é insuficiente e, além disso, exposta a dúvidas. Pois é precisamente aqui, em nosso caso, que o assassino, que, segundo a lei está sujeito à pena de morte, deve agora ser utilizado *como um mero meio*, e com toda justificação. Pois, através dele, a segurança pública, o objetivo principal do Estado, é perturbado e, de fato, é abolido, se a lei continuar descumprida. Portanto, ele, sua vida, sua pessoa deve servir como *um meio* para o cumprimento da lei e para a restauração da segurança pública: ele é, portanto, tratado como *meio* por todo o direito, para a execução do contrato do Estado, que também foi celebrado por ele, na medida em que era um cidadão: ele tinha assim, a fim de desfrutar de *segurança* para sua *vida, liberdade e propriedade*, também afiançado com sua vida, sua liberdade e propriedade à segurança de todos os outros: e essa fiança é agora confiscada. Pode se pensar no criminoso que é passível de pena de morte como um membro que foi tomado pelo câncer ou pela gangrena e deve, portanto, ser removido, para que o mal não se estenda sobre todo o corpo: pois como o câncer e a gangrena que, por *contágio*, tornam cada parte seguinte semelhante a si mesmos, assim, um crime, se ficar impune, produz infalivelmente novos crimes por seu exemplo. Esse efeito só pode ser anulado pelo cumprimento da lei, ou seja, pela pena de morte; assim como a propagação da gangrena ou do câncer só se detém com a amputação do membro.

Essa teoria de punição é, em essência, a mesma que era geralmente válida antes de Kant e só foi deslocada por novos erros. Você pode encontrar o essencial dela em Puffendorf.[37] O que Hobbes ensina no *Leviatã*, cap.15 e 28, também concorda com ela. Em nossos dias, ela foi recentemente estabelecida, claramente exposta e defendida por Feuerbach em seu *Anti-Hobbes* (p.201-26). – Sim, já se encontra nos dizeres dos filósofos da Antiguidade: Platão a expõe claramente em *Protágoras* (p.114); *Górgias* (p.168) e *De Legibus* (Lv.11, p.165). – Sêneca expressa perfeitamente a opinião de Platão e a teoria de toda punição nas breves palavras: *Nemo prudens punit, quia peccatum est, sed ne peccetur*

---

37 *De officiis hominis et civis* (1673), Lv.2, cap.13.

(*De Ira*, I, 16).[38] *Entre punições e ofensas* deve evidentemente haver uma certa *relação*. A medida dessa relação, no entanto, não é o *grau de imoralidade* da ofensa: pois, para o Estado isto não tem finalidade ética, não procede da justificação da *moralidade*, mas da *segurança*. A medida dessa proporção é a *quantidade de dano* que a ofensa causa à parte lesada. Se, para evitar um pequeno dano, se ameaça com uma pena muito severa, por exemplo, a morte por perturbar o descanso noturno. Se o Estado assegura nosso sono ameaçando a vida dos outros: então isto é uma instituição imoral, um erro sancionado: esta é, com certeza, uma consideração ética; mas uma consideração negativa. O Estado não é um meio para a moralidade: mas ele mesmo não deve ser um erro ético, se pretende ser constituído de pessoas justas. Portanto, a referência é *o tamanho do dano a ser evitado*. É por isso que o assassinato é justamente punível com a morte: porque podemos legalmente exigir segurança para nossas vidas e para as vidas dos outros como segurança. O mero roubo não pode, por isso mesmo, ser punido com a morte de maneira justa. (*illustratio*.) A facilidade do delito e a dificuldade de sua descoberta devem ser, também, levadas em conta: quanto maiores forem ambas, mais severa será a punição: pois, se o criminoso pode esperar não ser descoberto, ele deve ter motivos para temer ainda mais em caso de descoberta. Portanto, a morte pode justificadamente ser atribuída à produção de moedas ou notas falsas, ou notas de câmbio falsas, devido à sua facilidade. É por isso que existe uma pesada penalidade por danificar as árvores, porque o culpado é tão difícil de detectar. O simples

---

38 Nenhum homem sábio pune porque houve um erro, mas para que não haja erro. (N. T.)

ato de fumar na floresta perto de Potsdam é punido com uma pena de trabalhos forçados [*Karrenstrafe*], e com razão, não por imoralidade, que não é o critério, mas por causa da extensão dos danos causados pelo incêndio na floresta. A violação da obrigação de quarentena é justificadamente punida com penas muito severas, devido à enormidade dos danos e à facilidade do delito. A menor violação é punida com vários anos de prisão nas galeras, tanto para estrangeiros quanto para nativos: uma violação aberta da quarentena é geralmente punida com a morte, segundo o que me contam sobre a quarentena em Marselha. Na França pesa uma pena de morte por defender-se de um gendarme [*Gens D'Armes*], supondo-se ser isso algo totalmente injusto: o objetivo era, em caso de necessidade, poder prender toda uma gangue de encrenqueiros ou ladrões por um único gendarme; assim, toda resistência se deveria, nesse caso, pagar com a morte. O Estado queria alcançar pela motivação o que realmente deveria ser alcançado pela causalidade física e queria economizar o número de gendarmes à custa de colocar em perigo a vida dos súditos. Algo injusto. Beccaria, *Degli dellitti & delle pene*.

Eu disse: o sofrimento é essencial à vida, e uma das principais fontes do sofrimento é a Éris. O Estado é, portanto, o meio pelo qual o egoísmo dotado de razão tenta evitar suas próprias más consequências, que se voltam contra si mesmo, especialmente a Éris, e agora todos promovem o bem-estar de todos, porque cada um vê o seu próprio bem incluído nele. Visto que no Estado não só todos estão protegidos contra a violação de seus direitos pelos outros, mas também por causa da distribuição dos ofícios, as forças humanas agora reunidas no Estado tornam o resto da natureza cada vez mais subserviente e as potências unidas promovem para todos os benefícios que cada indivíduo não poderia obter para si mesmo, então, se o Estado alcançasse seu propósito perfeitamente, todos os males seriam gradualmente abolidos, e assim um bem-estar comum viria gradualmente, o que de certa forma se aproximaria da terra de leite e mel [*Schlaraffenlande*]. Mas, em parte, o Estado ainda está muito aquém desse propósito; em parte, também, ainda existem inúmeros males que são absolutamente essenciais à vida e que sempre a mantêm em sofrimento; e se eles fossem realmente abolidos, o tédio ainda estaria lá, que sempre está imediatamente pronto para ocupar todo lugar abandonado por todos os outros males. Por fim, o Estado não é capaz de fazer desaparecer a discórdia entre os indivíduos, mesmo que ela seja desaprovada em grande escala; ela ainda continua ocorrendo em pequena escala. E agora, finalmente, mesmo que Éris seja felizmente expulsa de dentro, ela volta de fora: proibida como disputa entre indivíduos pelas instituições estatais, ela retorna de fora como guerra entre os povos e agora, em grande escala e como uma culpa acumulada, exige os sacrifícios sangrentos que, por prudentes precauções, dela haviam sido minuciosamente retirados. – A doutrina do direito.

7
Da justiça eterna

Recordemos o que foi exposto anteriormente para manter o fio de ligação de toda a exposição da metafísica dos costumes. – Eu havia mostrado o que é a afirmação da vontade de viver: disse que a mera afirmação da existência do próprio corpo é uma afirmação tão fraca da vontade de viver que, assim como ela é condicionada pelo corpo, com a morte do corpo a vontade deve ser assumida como expirada. Essa simples afirmação do próprio corpo, entretanto, é transcendida de duas maneiras: primeiro, afirmando a vontade de viver além da existência individual, satisfazendo o instinto sexual; segundo, cometendo injustiça, que consiste em o indivíduo ir tão longe na afirmação de sua própria vontade que, ao mesmo tempo, nega a vontade manifestada em outros indivíduos. A doutrina da essência da injustiça e do direito, ou a doutrina filosófica do direito, está ligada a isto, e a esta a doutrina do Estado.

Agora chegamos à exposição da importância ética intrínseca da ação humana; ela é transcendental, ou seja, vai além da experiência e de suas leis. O caminho para isso é aberto pela consideração da *justiça eterna*, que eu já mencionei. Somente aqueles que compreendem a essência dessa justiça eterna podem posteriormente compreender e reconhecer o significado ético das ações, ou seja, a essência da virtude e do vício. — A saber, quando discutimos o conceito e a natureza do Estado, aprendemos sobre *a justiça temporal* pretendida por ele, da qual a *justiça eterna* é muito diferente. A primeira tinha seu assento no Estado e era retributiva ou punitiva. Essa retribuição e punição tornou-se justiça somente através da consideração do futuro: pois sem tal consideração toda punição e retribuição de um ultraje permaneceria mera vingança e, portanto, sem justificativa: seria um mero acréscimo de um segundo mal ao já existente, sem sentido e significado. Mas é bem diferente com a *justiça eterna*: esta não governa o Estado, e sim o mundo: não depende das instituições humanas, não está sujeita ao acaso e ao engano, não é incerta, vacilante e errante, mas é infalível, firme e segura. — *O conceito de retribuição já inclui o tempo em si mesmo*: portanto, a justiça eterna não pode ser retributiva, não pode, como a justiça temporal, permitir o adiamento e a trégua. Esta, como age somente através *do tempo*, compensando a má ação com a má consequência, demora para existir. Onde prevalece a justiça eterna, a punição deve estar ligada à ofensa de tal forma que ambas sejam uma só. — Que tal *justiça eterna* de fato está na essência do mundo, posso com facilidade tornar perfeitamente inteligível para aquele que compreendeu a exposição anterior. Mas somente para ele: pois nesta consideração deixamos o domínio da mera aparência, ou da experiência: a justiça eterna não pode ser objeto de experiência, pois, como acaba de ser demonstrado, ela não pode existir no tempo e toda experiência reside no tempo. Sua consideração é, portanto, *transcendental*: isto é, não que ela sobrevoe todo o mundo existente e se refugie em outro mundo de alguma forma revelado, fictício ou postulado: mas significa que ela não se detém na mera aparência, que é precisamente a experiência; mas considera o que aparece nesse fenômeno, a coisa em si, que conhecemos na metafísica da natureza, e extrai a justiça eterna da essência dessa coisa em si. A essência interior do mundo, a coisa em si, é a vontade, a vontade de vida: como tal tem três propriedades metafísicas: unidade, infundamentalidade, incognoscibilidade.

A aparência, a objetidade da vontade de viver é *o mundo*, em toda multiplicidade de indivíduos e multiplicidade de formas. Portanto, a própria *existência* e o *modo* de existência, na totalidade e em cada parte, é apenas *da vontade*. Ela é livre, é onipotente. Em cada coisa a vontade aparece exatamente como ela se determina em si mesma e fora de todo tempo[;] como ela é, sem exigir uma explicação dela, porque o princípio de razão não se aplica às coisas em si. O mundo é apenas o espelho dessa vontade, dessa autodeterminação da vontade: e toda finitude da existência, todos os sofrimentos, todos os tormentos da vida, procedem precisamente da objetivação da vontade, da manifestação de sua essência[,] pertencem à expressão dessa essência, são assim porque ela o quer. Portanto, é evidente, antes de tudo, que o mundo inteiro não sofre nenhuma injustiça devido à sua natureza: o mundo não pode ser melhor do que é, porque a vontade da qual ele é a aparência não é melhor. O que a vontade quer é precisamente este mundo: pelo conhecimento ela reflete sua própria essência, espelha-a, não é nada além de sua aparência. Ela afirma seu ser nessa aparência, e o mundo continua sendo: o mundo não pode ser outro enquanto a vontade não for outra. O destino da vontade como um todo, neste mundo próprio, é perfeitamente justo. Em segundo lugar, isso também se estende aos seres individuais nos quais a vontade aparece por meio da individuação: todo ser carrega a existência em geral com o mais estrito direito, a existência de sua espécie e sua individualidade peculiar, assim como ela está, sob as circunstâncias concorrentes, em um mundo governado pelo acaso e pelo erro. Um mundo temporal, transitório, sempre sofrendo: pois tudo isso é apenas a aparência de seu próprio querer, que em si é apenas a vontade. Portanto, em tudo que acontece a um ser, de fato só pode acontecer a ele neste mundo e acontece a ele sempre justamente. Pois a vontade é dele; e assim como a vontade é, o mundo também o é. Este é o nosso resultado. O próprio mundo é o julgamento do mundo.

Mas é claro que o conhecimento, como brota da vontade e é determinado por seu serviço, torna-se imediatamente disponível para o indivíduo como tal, ou seja, precisamente para o conhecimento natural[,] o mundo não se apresenta da maneira como nossa pesquisa finalmente revela, como a objetidade da vontade de viver una, que nós mesmos somos. Ao contrário, o indivíduo bruto tem uma compreensão muito imperfeita. Entretanto, para conhecer plenamente e em detalhes a justiça eterna inerente à natureza do mundo, devemos ter constantemente em mente a diferença entre aparência e coisa em si. Pois, se permanecermos com a mera aparência, isto é, com a experiência, então o mundo vai parecer-nos, em vez de uma justiça eterna, o cenário da maior *injustiça*. O curso do mundo (no tempo) não traz nenhum vestígio de justiça. O sofrimento é distribuído de forma muito desigual e os prazeres também: ao mesmo tempo, os personagens são extremamente diferentes: sob esta forma humana circulam os mais diversos seres: um cheio de egoísmo, malícia, até crueldade; o outro justo, de boa índole, cheio de amor humano, fazendo um esforço para o bem-estar dos outros como se fosse para o seu próprio. Um exemplo bem conhecido disso, que ao mesmo tempo mostra a questão em grande escala e, portanto, com clareza, é dado pela história dos imperadores romanos: lá estavam demônios como Tibério, Calígula, Nero, Domiciano, Cômodo, Caracala no mesmo trono em uma fileira colorida e entre meio santos, como Tito, *deliciae generis humani*, Adriano, Antonino Pio e Marco Aurélio: a mesma imensa diversidade de personagens está em toda parte entre os homens, cada um a encontrará mais ou menos em sua própria experiência. Pouco a pouco e logo encontrará maldade e logo encontrará bondade acima de toda fé, exceto que na estreita esfera da vida privada não se poderá vê-las com traços tão amplos como se viu com o ilimitado poder do trono imperial romano. O destino dos homens é tão diferente quanto os personagens: um tem saúde, beleza, juventude, riqueza, poder e honra; o outro arrasta uma vida miserável sob dores constantes, doença, pobreza, se vê aleijado, velho e abandonado ao mesmo tempo: um se diverte em abundância e em escolha voluptuosa, enquanto à sua porta outro morre de carência e frio. – Há diferenças tanto no destino de ambos como no temperamento dos homens. Mas estaríamos muito enganados se esperássemos encontrar algum paralelismo ou proporção entre os dois; de modo que, quanto melhor a pessoa fosse, também mais feliz seria, e quanto pior ela fosse, mais infeliz seria: nenhum vestígio disso! Na maioria dos casos, o destino exterior de um homem e também sua saúde já estão determinados ao nascer (*illustratio*); dificuldades são colocadas no caminho dos mais capazes já no nascimento, contra as quais toda a sua força, mais tarde, luta em vão ao longo de sua vida. E assim, também no decorrer da vida, a mais cega imprecisão determina a felicidade e a infelicidade, a saúde e a doença. Em geral, a vida humana e o curso do mundo são regidos pelo acaso e pelo erro: como deve a justiça encontrar espaço aí? As melhores pessoas são, muitas vezes, infelizes durante toda a sua vida por causa de um corpo doente; os mais nobres, que estariam dispostos a ajudar a todos e fazer o máximo pelos outros, nascem em posição tão baixa, vivem em circunstâncias tão desfavoráveis que têm que lutar toda a vida com extrema pobreza, sem poder e sem prestígio. Em contraste, os maiores vilões muitas vezes têm poder e prestígio, saúde e riqueza. Não há equilíbrio, mediação ou retribuição entre o valor das pessoas e seu destino. Um vilão comete atrocidades e crueldades de todo tipo com impunidade, vive na alegria e na honra e sai do mundo sem ser desafiado. O oprimido arrasta uma vida cheia de sofrimento e miséria até seu fim, e nenhum vingador ou retribuidor aparece para ele. — Portanto, a justiça eterna não se encontra na experiência. Para reconhecê-la, é preciso tomar o ponto de vista transcendental e elevar-se além da experiência, ou seja, da mera aparência, até o ser em si que se manifesta nela. Assim que o fazemos, o tempo, o espaço, a causalidade e, portanto, também toda a multiplicidade e diversidade de indivíduos, desaparecem para nós, e toda a proximidade e distância no espaço e no tempo coincidem. Reconhecemos em todas as coisas apenas uma e a mesma essência, a vontade de viver, que é a essência de todas as aparências, uma e a mesma em todas as inumeráveis e mais diversas formas. Como espaço e tempo, o *principium individuationis*, são apenas a forma da aparência, assim também a diversidade dos indivíduos pertence à mera aparência: o em si é um e o mesmo ser que vive em todos eles e aparece a si mesmo nessa forma de individuação, de justaposição e sucessão. Nessa forma, ele não se reconhece: faz a distinção entre microcosmo e macrocosmo e assim gera o egoísmo, como explicado anteriormente. Cada indivíduo, tão pouco familiarizado com seu próprio ser interior quanto com o ser do outro, considera o indivíduo estranho como totalmente separado de si mesmo. A fim de aumentar o bem-estar de sua própria pessoa, ele impõe sofrimento a outra pessoa. Então, para escapar de algo ruim para si, ele recorre ao mal. Mas esse *principium individuationis*, que é a base de todo egoísmo, é uma mera forma de aparência, em relação à essência do mundo, é um mero engano, por cuja intervenção a vontade de viver volta sua intensidade contra si mesma, e em todo o mal que ela perpetra só fere a si mesma, sem sabê-lo, por assim dizer, crava os dentes em sua própria carne, como um frenético na fúria e insensibilidade de seu ataque. Quando a intensidade da vontade se eleva tanto em um indivíduo que, para satisfazê-la, ele impõe infortúnio e tormento a outro, isto ocorre apenas porque sua consciência está completamente presa na forma de mera aparência, e ele está longe de reconhecer que o ser desconhecido que vive e se move dentro dele é o mesmo, não em espécie, mas diretamente o mesmo com o ser desconhecido que está diante dele como um indivíduo estranho. Da mesma forma, o outro, que deve suportar impotente o que a maldade e a crueldade do primeiro lhe infligem, ergue as mãos ao céu em vão diante do sofrimento que lhe é lançado sem sua culpa: ele não sabe que isso que causou seu sofrimento é a sua própria essência, a vontade de viver, da qual ele também é uma manifestação e que que se apresenta a ele em toda a sua intensidade no indivíduo estranho a quem o acaso deu poder sobre ele. Somente na aparência são diferentes a maldade e o mal infligido, o atormentador e o atormentado; somente através da forma de individuação existe uma diferença entre aquele que inflige o sofrimento e aquele que deve suportá-lo. A essência em ambos é uma só, imediatamente a mesma, é a vontade de viver, que aparece nessa forma para assim se reconhecer e experimentar o conflito que ela carrega dentro de si mesma. O conhecimento está enraizado no indivíduo e também surgiu apenas para o serviço do indivíduo: ele mostra meros fenômenos, aparências, não coisas em si mesmas: e em relação à vontade como uma coisa em si, o que ele mostra é um mero engano: mas somente através desse engano torna-se possível para a vontade dirigir sua intensidade contra si mesmo, para um homem buscar seu bem-estar à custa de outro, e para que um se torne o algoz e torturador, ou se torne o assassino do outro a sangue-frio. Se essa forma de conhecimento, o *principium individuationis*, pudesse desaparecer deles, ou, como dizem os hindus, se o véu de Maya pudesse ser levantado; então aquele que, para satisfação de sua vontade, faz outro indivíduo infeliz, veria que está ferindo a si mesmo[,] seu próprio ser: (um pressentimento sombrio disto fala precisamente na angústia da consciência) mas, ainda mais, ele veria que, enquanto aqui busca alívio para sua individualidade através do sofrimento do outro, é ele mesmo, seu verdadeiro eu, que vive em tudo o que sofre ou já sofreu no vasto mundo, e que, se dotado de razão, pondera em vão porque foi chamado à existência a tão grande sofrimento, sem nenhuma culpa: e, por outro lado, se o engano do princípio de individuação desaparecesse, a pessoa atormentada por isso veria que, mesmo que sua pessoa seja inocente, sua natureza não deixa de ser parte da culpa, ou seja, que todo mal que é ou já foi cometido no vasto mundo procede da vontade, que também constitui *sua* essência, de seu verdadeiro eu, que não se apresenta em *uma* aparência, mas em inúmeras e se expressa de acordo com as circunstâncias: ele reconheceria, portanto, que todo sofrimento que lhe sucede é justificado: pois ele mesmo é a vontade de vida da qual todas as coisas procedem e cuja aparência traz consigo essas coisas: já através de sua existência e da afirmação dessa vontade com conhecimento acrescido, ele tomou sobre si os sofrimentos que surgem da aparência da vontade. E, da mesma forma, todo aquele que seja submetido a sofrimentos severos pela própria natureza ou pelo acaso, e que em vão pondera por que é chamado a existir para um tormento constante, sem estar consciente de qualquer culpa, reconheceria que por ser a vontade de viver tomou sobre si todo o sofrimento que surge da aparência dessa vontade e é culpado de todo o mal que surge dessa vontade, onde as circunstâncias o provocam: portanto, a justiça é feita a ele também. Esse conhecimento é o verdadeiro significado do dogma do pecado original, segundo o qual o homem já é culpado pelo nascimento e, portanto, justamente sujeito à labuta, ao sofrimento e à morte: por isso Calderón diz neste sentido:

> *Pues el delito mayor*
> *Del hombre es haber nacido.*[39]

Portanto, somente se o engano que surge da forma de conhecimento natural, tempo e espaço, *principium individuationis*, que separa os indivíduos e os coloca distantes no tempo e no

---

39 Pois o maior pecado do homem é ter nascido. (N. T.)

espaço, fosse removido, a justiça eterna seria revelada a todo ser humano. Mas isto só pode ser assim apreendido por quem, com a ajuda da especulação, se elevou a esse ponto de vista, que é o transcendental, onde se reconhece a experiência como mera aparência e, partindo dela para a essência em si que aparece nela, se informa sobre os enigmas que a experiência coloca, mas nunca pode resolver, nem mesmo se quisesse tecer seu fio até o infinito. Somente aqueles que penetraram no significado completo de minha exposição poderão apreendê-la e compreender a justiça eterna, e somente assim poderão continuar a compreender o real significado ético da ação, a essência da virtude e do vício. Por outro lado, qualquer um que queira levantar sofismas contra essa exposição pode fazê-lo facilmente: por exemplo, assim: "se ninguém é realmente injustiçado no mundo, então ninguém comete injustiça". Isto seria uma anfibolia do conceito de injustiça, na medida em que seria tomado uma vez no sentido transcendental e uma vez no sentido empírico. – Além disso, coloca-se a questão de como, dado que todas as pessoas compartilham a culpa, a grande diversidade ética de personagens mantém o seu significado por toda a eternidade e não engana a consciência, que acusa um e dá descanso ao outro? Isto se tornará mais claro quando virmos como o maldoso está tão firmemente ligado ao mundo e o virtuoso se aproxima do passo final que leva à redenção do mundo e de seu mal. (A propósito, noto que nem sempre pretendo resolver todos os problemas possíveis e responder a todas as perguntas possíveis: devemos seguir o rastro da verdade tanto quanto pudermos: e mesmo que pela resolução de muitos problemas surjam alguns novos que permanecem sem solução, isto não anula a vantagem que adquirimos através de uma visão mais profunda. Outros um dia penetrarão ainda mais fundo: *multi pertransibunt et augebitur scientia*).[40]

Assim, a incapacidade de reconhecer a justiça eterna, o egoísmo e a injustiça, a indelicadeza e a malícia que daí advêm, baseiam-se em ser apanhados na forma da aparência, o *principium individuationis*. O cuidado com seu próprio destino e a indiferença com o destino dos outros e os inúmeros sofrimentos de um mundo inteiro repousam na mesma consciência tendenciosa. Cada um está ansioso somente para tornar sua própria pessoa segura, e então olha indiferente para o sofrimento de todo o resto: precisamente porque ele é apanhado pela ilusão, provocada pelo *principium individuationis*, de que existe uma divisão absoluta entre sua pessoa e todas as outras: porque ele considera a individuação como uma propriedade da coisa em si mesma, e a mera aparência em geral como sendo coisas em si mesmas. Por essa razão, desde que se sinta confortável, ele se apega cada vez mais firmemente à vida, através da constante afirmação dela, em atos sempre renovados da vontade e cada vez mais intensos. Se ele não fosse enganado por seu preconceito causado pelo *principium individuationis*, teria que perceber que, aproveitando-se dos prazeres da vida e da luxúria tão intensamente, por esse mesmo ato de sua vontade, ele também experimenta as dores e os tormentos da vida, dos quais ele tanto foge e cuja visão ele estremece para evitar, e, por assim dizer, os pressiona firmemente contra si mesmo; unindo-se cada vez mais à vida através de intensos atos de vontade: mas se alguém pudesse remover o *principium individuationis* de seu olhar, ele veria que a luxúria e o tormento pertencem da mesma forma à aparência da von-

---

40 Muitos passarão e o conhecimento aumentará. (N. T.)

tade de vida, e que, na verdade, eles se apresentarem como duas coisas muito diferentes é apenas um fenômeno, causado pela forma da aparência. Mesmo que ele veja o sofrimento de inúmeros outros ao seu redor, isto não lhe diz respeito, é-lhe completamente alheio: ele não pensa no fato de ser um ser humano, mas apenas em que é este ou aquele ser humano: para ele, a realidade só tem a sua própria pessoa: ele considera apenas seu bem-estar e, portanto, também quer preservá-lo à custa dos outros. Tudo isso se baseia no *principium individuationis* e no fato de que a consciência está presa a ele. Se nos elevamos ao ponto de vista transcendental, vemos apenas um Ser que aparece em todos os indivíduos: todos os sofrimentos, como todas as alegrias, por mais que sejam distribuídos entre os indivíduos, sempre encontram esse mesmo Ser[,] que não se reconhece no indivíduo alheio, mas também não se conhece em seu próprio indivíduo e é, de fato, estranho a si mesmo. O mal procede desse Ser, mas o mal também só pode afetar esse ser: na aparência, é claro, suportar o mal e fazer o mal são duas coisas muito diferentes, e é por isso que muitas vezes o indivíduo se agarra à segunda para escapar da primeira: por outro lado, vista em si mesma, ou do ponto de vista transcendental, ambas são iguais: pois o próprio Ser que faz o mal também suporta o mal. A vontade de viver está sempre preocupada apenas consigo mesma: a justiça eterna se baseia nisto. Quem compreende isso deve ver que, como a diferença entre os indivíduos é mera aparência, é mera ilusão quando, em meio aos sofrimentos de um mundo inteiro que preenche um tempo sem fim e um espaço sem fim, alguém se consola com o estado feliz de sua pessoa, por acaso ou prudência. Ele deve compreender que isto também é mera ilusão, como quando um mendigo sonha que é um rei: de acordo com a verdadeira natureza das coisas, o destino da humanidade é diretamente o seu: e ele tem que considerar todos os sofrimentos que outro suporta, ou suportou, ou suportará, como seus próprios; isto é, enquanto ele for a firme vontade de viver, isto é, afirmar e desejar a vida com todo o seu coração: a diversidade do indivíduo e sua situação pertence à mera aparência, como também ocorre no tempo, onde tudo está em constante fluxo. Assim, então, toda a felicidade temporal e toda prudência repousam e caminham sobre terreno minado. Elas trazem boa sorte para a pessoa; mas a pessoa e a inteira separação de outros indivíduos e dos sofrimentos que suportam é uma mera aparência provocada pelo *principium individuationis*.

Mas, por mais que a consciência seja afetada pela forma da aparência e, portanto, cada um consente com o destino de sua própria pessoa, sem se preocupar com o sofrimento dos outros, há, no entanto, na consciência de cada um, uma percepção sombria da mera aparência de toda esta ordem de coisas: essa percepção emerge na consciência, como ficará claro mais adiante. Como outro fenômeno dessa percepção sombria, vejo o *horror*, o pavor do não natural. Todo ser humano, e mesmo os animais mais inteligentes, está sujeito a esse horror, esse estranho medo. Surge sempre com a aparência de uma interrupção da regularidade nas leis formais da natureza. Baseia-se na percepção de que a divisão entre nós e todos os outros seres, que é o suporte de nosso egoísmo e sua tranquilidade, pode afinal não ser absoluta, que os outros seres podem não ser realmente tão estranhos a nós como sua aparência indica, mas podem ter uma conexão conosco da qual o *principium individuationis* não nos protege. Pois o horror aparece assim que, por algum acidente, *nos enganamos* sobre o *principium individuationis* e as outras formas do fenômeno, na medida em que o *princípio de razão parece sofrer de uma exceção* em uma de suas formas: assim, por exemplo, quando alguma mudança parece estar ocorrendo sem causa; um corpo inanimado se move sozinho ou uma causa óbvia permanece sem efeito, por exemplo, não se projeta sombra estando ao sol; ou não se vê sua imagem no espelho: ou se o mesmo indivíduo estivesse em dois lugares ao mesmo tempo; se alguém vê outro de si mesmo; ou se o passado voltasse a ser presente novamente com o retrocesso do tempo, se alguém que tivesse morrido aparecesse novamente e assim por diante. O imenso horror que todo ser humano sente nessas coisas se baseia, em última análise, no fato de que, de repente, *ficamos confusos sobre o principium individuationis*[,] sobre as formas de conhecimento da aparência, que por si só mantêm nosso próprio indivíduo *separado* do resto do mundo. Da mesma forma, as manifestações do sonambulismo hipnótico provocam horror quando o sonâmbulo diz ao hipnotizador algo que só o hipnotizador poderia saber. Por exemplo: o sr. Von Strombeck, um hipnotizador, anotou certas prescrições para seu sonâmbulo. Em uma crise posterior, ele pergunta ao sonâmbulo sobre as mesmas prescrições, assim o sonâmbulo diz: "Você já os anotou: o relatório está no seu quarto". O hipnotizador pergunta: "Onde?". – "Em sua escrivaninha." – Ele pergunta, então: quantas linhas tem a escrita: – Ele diz: "Dezesseis linhas." – Quando depois chega ao seu quarto, abre a escrivaninha, conta as linhas e encontra exatamente dezesseis, é tomado por aquele horror particular: justamente porque está confuso sobre o *principium individuationis*.

Expliquei-lhes a natureza da justiça eterna. Como podem ver, o conhecimento real e vivo dessa natureza da justiça eterna requer uma visão completamente transcendental das coisas, uma elevação completa acima da aparência e de suas formas. Na mesma visão repousa também o conhecimento puro e claro, relacionado a ela, da verdadeira importância ética da ação, ou a verdadeira natureza da virtude e do vício; ao qual iremos agora chegar. É óbvio que um conhecimento tão metafísico, tão profundo, tão difícil de apreender não é de forma alguma adequado para a compreensão e formação da grande multidão: pelo contrário, deve permanecer sempre inacessível à maioria das pessoas. A distinção entre *doutrina esotérica e exotérica* deve, portanto, aplicar-se também a nós; como se aplicava a todos os povos antigos: egípcios; – gregos[,] religião popular e de Mistérios e entre os hindus. Pois, como diz Platão: φιλοςοφον πληθοσ αδυνατον ειναι (*República*, VI, p.89).[41] Mas, como a multidão necessita de uma estrela-guia para sua conduta ética para com o outro, já que o que fala na consciência como um sentimento obscuro deve de alguma forma ser interpretado em conceitos e elevado a uma certa clareza, assim, as religiões positivas são necessárias como um substituto para o conhecimento filosófico, que é acessível apenas a alguns; como um padrão público de direito e virtude. Toda religião positiva, portanto, fornece um mito que é a vestimenta dessas verdades filosóficas, ou melhor, seu substituto, fazendo exatamente a mesma coisa em termos práticos e adequado à compreensão comum. Esse mito não se baseia em provas, mas em revelação, como um dogma a ser absolutamente aceito e acreditado sob pena da perda da bem-aventurança eterna. Mas nenhum mito desse tipo está, em minha opinião, tão intimamente relacionado à verdade filosófica como aquele que é o mais antigo, e que teve o maior

---

41 É impossível que a multidão seja filosófica. (N. T.)

número de adeptos, sem comparação: o *mito hindu*. Era somente para o povo, as três castas inferiores. Por mais de 4 mil anos, os brâmanes tiveram uma sabedoria esotérica, os Vedas: neles, as verdades filosóficas são expressas diretamente, de acordo com nosso ponto de vista, mas de uma forma oriental, ainda pictórica e rapsódica de representação. Mas os Vedas só podem ser lidos pelos brâmanes. Para o povo, era uma doutrina exotérica e mítica da fé. Os Vedas, fruto do mais alto conhecimento e sabedoria humanos, cuja essência finalmente chegou até nós nos *Upanishads*, agora dão conta direta de várias maneiras: (especialmente *Oupnek'hat*, v.I, p.60 *ss.*) que todos os seres do mundo, vivos e inanimados, são conduzidos diante do aprendiz um após o outro, e a palavra que se tornou uma fórmula é pronunciada sobre cada um deles: *Tatoumes o Tutwa* (*tat twam asi*), "este ser vivo é você". — Para o povo, no entanto, essa verdade, que é pura e em si e que não pode ser incorporada ao modo de cognição que segue o princípio de razão, e na verdade o contradiz, teve que ser traduzida nesse modo de cognição que segue o princípio de razão, ou seja, teve que ser representada miticamente, para que tivesse um substituto dessa verdade no mito. Na linguagem de Kant, esse substituto deve servi-lo como um regulador da ação, e seria suficiente para esse fim, pois torna compreensível o significado ético da ação em uma representação dela adaptada ao princípio de razão, isto é, figurativamente, porque o modo de conhecimento que segue o princípio de razão permanece eternamente estranho a essa verdade. Na linguagem de Kant, pode-se chamar tal mito de postulado da razão prática: e, como tal, esse postulado oferece que ele não contém outros elementos além daqueles que estão diante de nossos olhos no reino da realidade e pode, por isso, provar todos os

seus conceitos com intuições. Esse substituto da verdade para o povo é o *mito da transmutação* da alma: ele ensina que todos os sofrimentos que alguém inflige a outros seres na vida devem ser expiados em uma vida subsequente neste mesmo mundo, exatamente pelos mesmos sofrimentos. (*Illustratio.*) Isto vai longe a ponto de que quem matar apenas um animal deve um dia, em um tempo infinito, também nascer como aquele mesmo animal e sofrer a mesma morte. A má conduta implica uma vida futura neste mesmo mundo, em seres sofredores e desprezados: assim, renasce-se em castas inferiores, ou como mulher, ou como animal, como pária ou chandala, como leproso, como crocodilo e assim por diante. Todos os tormentos com que esse mito ameaça, ele comprova com visões do mundo real, através de seres sofredores, que também não sabem como causaram seu tormento: e ele não precisa recorrer a nenhum outro inferno para obter ajuda. Por outro lado, ele promete como recompensa renascer em formas melhores e mais nobres, como um brâmane, como um sábio, como um santo. Como se vê, a forma do tempo é adicionada para tornar compreensível a justiça eterna, mas sua verdadeira natureza deve ser compreendida fora do tempo. A maior recompensa, porém, só pode ser expressa negativamente pelo mito na linguagem deste mundo, por meio da promessa, que ocorre com tanta frequência, de não renascer de forma alguma: *non adsumes iterum existsiam aparentem*.[42] Essa recompensa só pode ser obtida através das mais nobres ações e da mais completa resignação, a vida de um eremita penitente:
também mulher
e homem.

---

42 Não assuma a existência aparente novamente. (N. T.)

Os budistas, que não têm Veda, tampouco possuem castas, expressam essa recompensa de forma mais sensível: "Chegarás ao Nirvana", isto é, um estado em que não existem quatro coisas[:] peso, velhice, doença e morte.

A verdade filosófica é acessível a poucos. Mas nenhum mito pode estar mais ligado a ela do que esses antigos ensinamentos do povo mais nobre, mais velho e mais maduro: por mais degenerado que esse povo seja em muitos aspectos agora, esse mito ainda prevalece como uma crença popular geral e tem uma influência decisiva na vida, tanto hoje como há 4 mil anos. É por isso que Pitágoras e Platão já compreendiam com admiração aquela representação tendo-a como o *non plus ultra* dos mitos, herdaram-na da Índia, honraram-na, aplicaram-na e, não sabemos até que ponto, eles próprios acreditaram nela.

Quando tiveres compreendido, não a exposição mítica, mas a exposição filosófica da *justiça eterna*, então, por meio dela, assim como das discussões éticas que a precedem, se tornará muito fácil para você a investigação seguinte sobre o *significado ético real da ação e da consciência moral*, que é o conhecimento experimentado da justiça eterna. Pois estas investigações, que são éticas no sentido mais restrito, estão muito relacionadas com a exposição dada da justiça eterna, e seus resultados fluem diretamente dela.

(Aqui caberia ser inserido algo sobre duas peculiaridades humanas: desejo de expiação compensatória e vingança.)

8
Do significado ético da ação, ou: da natureza da virtude e do vício

Por *significado ético da ação* compreendo o significado daquela qualidade de nossas ações que é denotada pelas palavras *bem* e *mal*, e que por isso é perfeitamente compreendida na vida. Mas o que importa para nós é elevar o que se pensa nisto à clareza abstrata e filosófica, compreendê-lo até a última e real razão, compreendê-lo no contexto de todo nosso pensamento anterior e até mesmo configurá-lo como seu resultado prático, pois para o homem o prático é sempre considerado como o resultado em tudo, porque ele mesmo é um ser prático.

Sobre os conceitos de "bem" e "mal"

Em primeiro lugar, quero reconduzir *os conceitos de bem e mal* ao seu *significado real, essencial e claro*; para que não fiquemos presos a uma *vaga ilusão* de que esses conceitos abarcam mais do que realmente contêm; ou que eles já dizem tudo o que é necessário e não precisem de explicação; ou que o conteúdo desses conceitos é algo bastante inexprimível que nenhuma explicação pode alcançar. Até mesmo *alguns estudiosos da ética* fazem isso, usando as palavras "bem" e "mal" quase como fórmulas mágicas que podem fazer qualquer coisa. Na verdade, eles procuram um esconderijo para sua superficialidade por trás das palavras "bem" e "mal" e baseiam suas derivações éticas no que é o próprio problema. Ao *bem* acrescentam o *belo* e o *verdadeiro* e depois jogam um jogo com esses três termos, que chamam de ideias para que soe mais distinto, fazendo que eles mesmos e os outros acreditem que já produziram a mais profunda sabedoria apenas falando "o bem[,] o belo e o verdadeiro" com a expressão de uma ovelha entusiasta. Mas estes não passam de três termos muito amplos e abstratos, consequentemente nada ricos em conteúdo, que têm origens e significados muito diferentes.

A explicação do conceito de *verdade* é dada pela lógica. (*repetitio.*) Examinamos o que é o *belo* na estética. Agora queremos atribuir ao termo *bem* o seu verdadeiro significado, o que será feito com muito pouco. Esse conceito é essencialmente relativo e *denota a adequação de um objeto a algum esforço particular da vontade*. Assim, pelo conceito de bem pensamos em tudo o que agrada à vontade e que, em qualquer de suas expressões, cumpre seu objetivo; além disso, pode ser tão diferente quanto ela quiser. Portanto, dizemos "boa comida, boas maneiras, bom tempo, boas armas, boa previdência etc.", em suma, chamamos de bom tudo o que está como queremos que seja: daí que, o que é *bom* para um pode ser exatamente o oposto para outro. O conceito de bom está dividido em dois subtipos: o *agradável* e o *útil*, ou seja, a satisfação imediata da vontade presente ou a satisfação indireta, futura, da vontade. O *conceito de oposto* de bem é expresso [em alemão] pela palavra "ruim" [*schlecht*], desde que se fale de seres desconhecidos; mais raramente e abstratamente pela palavra "mal": ambos, portanto, designam aquilo que não é agradável a toda a vontade. Assim como *todos os seres* que podem entrar em uma relação com a vontade foram chamados de *bons* ou *maus*, isto também foi feito da mesma forma com os *seres humanos*: de modo que as pessoas que são favoráveis, propícias, amigáveis aos fins que queremos serão chamadas de *boas*, sempre com respeito à *relatividade*: isto fica especialmente evidente em afirmações como: "Esta é boa *para mim*, mas não para você". Aqueles, porém, cujo caráter é tal que não impede, mas promove a vontade dos outros, e que por isso sempre são úteis, altruístas, amistosos e benevolentes, serão chamados de *bons* homens por causa dessa relação de sua conduta com a vontade dos outros em geral. Em alemão, o conceito oposto (ao conceito de bom) é designado por uma palavra diferente para seres conscientes (animais, humanos) do que para aqueles sem consciência, ou seja, por *maldoso/ruim*: o mesmo é feito em francês, *méchant*; mas apenas por cerca de cem anos. — Em quase todas as outras línguas, essa diferença não ocorre: o oposto de bom é denotado nos seres humanos pela mesma palavra que em coisas inanimadas, κακοσ, *malus, cattivo, bad*; e assim denota tudo o que é contrário aos propósitos individuais de uma determinada vontade individual. Os termos "bom" e "mal" ou "mau" foram assim formados procedendo da parte *passiva*: algo é bom para *alguém*: que endossa esses nomes aos entes, de acordo com sua relação com ele. Só mais tarde foi possível passar à vertente *ativa* e examinar o que é *bom* para outro, mostrar-se bom para outro, ou seja, de tal forma que se começou a considerar a *conduta* da pessoa chamada *boa* não mais em *relação somente ao outro*, mas *em si mesmo*. Então chegou-se logo à questão por que a própria conduta que é chamada de *boa* em relação a outro produz uma emoção especial no espectador, depois desperta um *respeito* puro e objetivo por aquele que assim age; porque mesmo a narração de alguma ação muito boa (o que é chamado de ação nobre) move a todos de uma maneira bastante especial, até mesmo o inspira a querer agir de tal maneira: o que, no entanto, ele muitas vezes não pode fazer depois, porque outros motivos acabam tendo muito poder sobre ele: mas o desejo de poder agir dessa forma é sentido por todos quando um ato nobre é narrado. Além disso, porque, naquele que agiu muito bem em relação a outro, isto produz uma *satisfação* peculiar, que deve ser considerável, já que muitas vezes ele até a compra com grandes *sacrifícios* de outro tipo; além disso, porque, ao contrário, a *conduta maligna*, para aquele de quem ela procede, embora lhe traga muitas vantagens, ainda assim excita uma dor interior[,] e nas testemunhas ou nos ouvintes um desgosto e desprezo especiais: embora muitas vezes eles devam esconder isto. Essas questões têm sido, na verdade, o motivo de todos os *sistemas éticos*, tanto filosóficos quanto aqueles baseados em doutrinas religiosas. De fato, ambos os tipos sempre procuraram unir virtude com *felicidade* de alguma forma: a ética filosófica, ora pelo teorema da contradição, ora pelo teorema da razão: apresentando a virtude ou como idêntica à felicidade, ou como a razão cuja consequência é a felicidade; ambas sempre sofísticas. A ética baseada nas *doutrinas da fé* também fez da felicidade a consequência da virtude, mas somente por meio da afirmação de outros mundos além daqueles que podem ser conhecidos pela *experiência* possível ou pelo *conhecimento* real.

Nossa consideração, por outro lado, mostrará que a essência interior da virtude é, em certa medida, bastante oposta à luta pela felicidade, ou seja, pelo bem-estar e pela vida.

Ao mencionar a ética baseada em doutrinas de fé, observo de passagem que o que dá a toda doutrina positiva da fé sua grande força, o ponto de referência pelo qual se apodera firmemente das mentes, é certamente seu lado ético, não, porém, diretamente, mas no sentido de que suas proposições éticas estão firmemente entrelaçadas e ligadas ao dogma moral peculiar a toda doutrina de fé, e parecem explicáveis apenas através dela: este é tanto o caso que, embora o significado ético das ações não possa ser explicado de forma alguma de acordo com o princípio de razão, mas todo mito segue essa proposição, os crentes, no entanto, consideram o significado ético da ação e seu mito como algo totalmente inseparável, por isso, consideram então todo ataque ao seu mito como um ataque à justiça e à virtude. Só através dessa associação de conceitos poderia surgir esta terrível atrocidade que é o fanatismo, que não se limita a dominar indivíduos perversos ou maldosos, mas que acaba por arrebatar a povos inteiros.

De acordo com nossa explicação do conceito de *bem*, todo bem é essencialmente relativo: pois ele tem sua essência apenas em relação a uma vontade desejante. De acordo com isso, o *bem absoluto* é uma contradição: o bem supremo, *summum bonum*, significa a mesma coisa, ou seja, uma satisfação final da vontade, após a qual não ocorreria nenhum novo querer, um motivo final, cuja obtenção daria uma satisfação indestrutível da vontade. De acordo com todas as nossas considerações anteriores sobre a natureza da vontade, tal coisa é impossível e impensável. A vontade não pode parar de querer repetidamente através de qualquer satisfação, assim como o tempo não pode terminar ou começar: não há realização para ela que satisfaça para sempre seu esforço. Ela é o barril das Danaides: portanto, não há para ela um bem supremo, nenhum bem absoluto, mas sempre apenas um bem provisório e relativo. No entanto, porque o sumo bem, *summum bonum*, é uma expressão antiga e tradicional da qual não se gostaria de abandonar completamente e sobre a qual ainda se gostaria de pensar, pode-se atribuir-lhe um título emérito, por assim dizer: caberia designar, apenas de modo figurado, a completa autoabolição e negação da vontade, a verdadeira falta de vontade, pelo sumo bem, sobre o qual falarei em breve: pois só ela (a resignação) é o que aquieta e apazigua a vontade; só ela pode dar essa satisfação, esse contentamento, que nada pode arrancar ou perturbar: essa resignação pode ser chamada de *summum bonum*, na medida em que é considerada como o único *remédio radical* da doença, contra o qual todos os outros bens, ou seja, todos os desejos realizados e toda a felicidade alcançada, são *apenas paliativos*[,] apenas anódinos. Uma vez analisados os conceitos e as palavras "bem" e "mal", chego, agora, à *explicação do real significado ético da ação*.

O caráter maligno

Quando um homem, sempre que surge a ocasião e nenhuma força externa o impede, está sempre inclinado a cometer uma *injustiça*, nós o chamamos de *mau*. De acordo com nossa explicação da injustiça, isto significa que tal pessoa não só afirma a vontade de viver como ela aparece em seu corpo, mas essa afirmação vai a ponto de negar a vontade que aparece em outros indivíduos: isto é, então, demonstrado pelo fato de que ele exige os poderes dos outros para o serviço de sua vontade, procura forçá-los a tal serviço com astúcia ou violência, ataca seus bens, o que é a mesma coisa, e também onde os esforços dos outros se opõem à sua vontade, procura aniquilá-los. A fonte última disso é um alto grau de egoísmo, cuja natureza já expliquei a vocês. Duas coisas são imediatamente evidentes aqui: 1) que tal pessoa expressa uma vontade de viver extremamente forte, que vai muito além da mera afirmação de seu próprio corpo; e 2) que seu conhecimento é completamente determinado pelo princípio de razão, está completamente preso ao *principium individuationis* e, portanto, permanece firmemente ligado à diferença provocada por este *principium individuationis* entre sua própria pessoa e todos os outros. É por isso que ele busca unicamente seu próprio bem-estar e é completamente indiferente ao de todos os outros: a natureza dos outros é completamente estranha a ele, separada de sua própria natureza por um grande abismo, na verdade ele olha os outros como simples larvas, sem qualquer realidade – essas duas qualidades são os elementos básicos do caráter maligno.

Desses dois elementos básicos surgem dois tipos de tormentos que acompanham o caráter maligno. Essa grande veemência da vontade é em si mesma e diretamente uma fonte constante de sofrimento. Isto por duas razões. Em primeiro porque todo querer, já como tal, brota da carência, consequentemente do sofrimento. Portanto, como podemos lembrar da estética, o silêncio momentâneo de todo querer, que ocorre assim que nós, como puros sujeitos do conhecimento (correlato da ideia), isentos de vontade, nos dedicamos à observação estética, já é um componente principal da alegria da beleza. – Em segundo lugar, a volição intensa está necessariamente ligada ao sofrimento porque, através da conexão causal das coisas, a *maioria dos desejos deve permanecer insatisfeita* e, portanto, a vontade é muito mais frequentemente frustrada do que satisfeita; consequentemente, também por essa razão, um desejo muito intenso sempre traz um sofrimento muito intenso com ele. Pois todo sofrimento nada mais é do que um desejo insatisfeito e frustrado: até mesmo a dor do corpo, quando se é ferido ou desolado, é possível como tal somente pelo fato de que o corpo não é nada além da vontade em si, a vontade *in concreto*. – Porque muito e intenso sofrimento é inseparável de muito e intenso desejo, a expressão facial de pessoas muito más traz a marca do sofrimento interior: mesmo que tenham alcançado toda a felicidade externa, sempre parecem infelizes assim que não estão no momento de júbilo, ou estão fingindo. E como um sofrimento muito intenso é inseparável de uma volição muito intensa, a *expressão facial* de pessoas perversas traz a marca do sofrimento interior: mesmo quando alcançam toda a felicidade exterior, sempre parecem infelizes, a menos que estejam em júbilo momentâneo ou fingindo.

Crueldade

Desse tormento interior, que lhes é imediatamente essencial, emerge finalmente algo que o mero egoísmo não pode produzir por si mesmo, a saber, a *alegria* totalmente *desinteressada* no sofrimento alheio, a que se chama crueldade. Ao contrário do egoísmo, o sofrimento dos outros não é mais um mero meio de obtenção dos fins da própria vontade; mas a crueldade constitui um fim em si mesmo. A explicação mais detalhada desse fenômeno de crueldade é a seguinte. Pelo fato de o homem ser a manifestação da vontade iluminada pelo conhecimento que chega até o discernimento da reflexão, ele mede constantemente a satisfação efetiva e sentida de sua vontade contra a satisfação meramente possível que o conhecimento lhe apresenta. Daí vem a *inveja*: qualquer privação é aumentada infinitamente pelo gozo alheio; e é aliviada por saber que outros sofrem a mesma privação. Portanto, não lamentamos particularmente os males que são comuns a todos e inseparáveis da vida humana: nem aqueles que pertencem ao clima nem aqueles que atingem o país inteiro. A memória e a imaginação de sofrimentos maiores que os nossos acalmam a dor: a visão dos sofrimentos dos outros acalma a dor própria. Agora, quando um homem está cheio de um impulso de vontade excessivamente violento e quer, com a ganância ardente, reunir tudo para arrefecer a sede do egoísmo, e ao fazê-lo, como é necessário, deve aprender que toda a satisfação é apenas aparente, que o que é obtido nunca alcança o que é prometido pelo desejo, ou seja, o apagamento final do ardente impulso de vontade; mas que através da consumação o desejo apenas muda de forma e agora volta a atormentar sob uma forma diferente, sim, quando agora finalmente todos os objetos de desejo estão esgotados, o impulso da própria vontade permanece e é sentido mesmo sem um motivo reconhecido, manifesta-se como um sentimento da mais terrível miséria e do vazio com uma agonia sem esperança. Assim, de tudo isto, que nos graus ordinários da vontade só é sentido em menor grau e depois também produz apenas o grau ordinário de humor sombrio, naquele homem cuja vontade tem uma veemência invulgar e por isso produz o aparecimento da maldade, surgirá necessariamente dela uma excessiva agonia interior, uma inquietação eterna, uma dor incurável. Impulsionado por isso, ele agora busca indiretamente o alívio do qual não é capaz diretamente: ele busca aliviar seu próprio sofrimento através da *visão do sofrimento de outra pessoa*, que ele também reconhece como uma expressão de seu poder. O sofrimento dos outros agora se torna um fim em si mesmo para ele, é uma visão que o deleita. Assim surge o fenômeno da verdadeira *crueldade*, da *sede de sangue*, que a história tantas vezes mostra, nos Neros e Domicianos, nos Deis africanos [*Afrikanischen Deis*], em Robespierre e assim por diante.

A vingança está relacionada com a crueldade: ela retribui o mal com o mal, não por consideração ao futuro, que é o caráter da punição, mas apenas pelo que aconteceu, pelo que é passado, como tal, isto é, desinteressadamente, não como meio, mas como fim, a fim de se regozijar com o tormento do ofensor, que ele mesmo causa. O que distingue a vingança da crueldade real, e, de alguma forma, tenta desculpar a vingança, é uma aparência de direito: ou seja, na medida em que o mesmo ato que agora é vingança é promulgado por lei, isto é, de acordo com uma regra previamente determinada e conhecida adotada por uma sociedade, a punição seria, portanto, lei, e a punição seria, portanto, correta.

Eu disse que o caráter maligno é acompanhado de *duas* aflições. A saber, além do sofrimento descrito, que *brota de uma raiz* com a maldade, isto é, da própria vontade violenta, e portanto procede diretamente dela e dela é totalmente inseparável – além desse sofrimento imediato, a maldade é acompanhada por outra dor bem diferente, que é de um tipo especial e diferente dela: torna-se perceptível a cada ato mau, seja este mera injustiça por egoísmo ou pura crueldade, é chamada de dor de consciência e, dependendo de sua duração, mais curta ou mais longa, *mordidas de consciência ou peso de consciência (ou dor na consciência)*.

Peso de consciência

Explicarei a vocês, *in abstracto*, o significado desse *peso de consciência* e o dividirei em suas partes constituintes; em outras palavras, direi claramente o que no próprio peso de consciência se anuncia como um mero sentimento. Dessa forma, o verdadeiro significado ético da ação torna-se aparente: pois só o sabemos através da consciência; portanto, se isto for explicado, também será explicado o significado ético. Presumo que tenham compreendido e estejam conscientes do que consideramos no início da ética, ou seja, como a própria vida é a mera imagem e espelho da vontade de viver, que, portanto, a vida é sempre certa para ela; e então, também, a representação da justiça eterna. O conteúdo e o significado do remorso surgem a partir dessas considerações. Devemos distinguir nela duas partes, que, no entanto, coincidem novamente completamente e devem ser consideradas como completamente unidas.

Portanto, a primeira parte do conhecimento que se expressa na angústia da consciência é a seguinte. – (A mente do homem mau está envolta no véu de Maya:), isto é, seu conhecimento está inteiramente preso ao *principium individuationis*: de acordo com isto, ele considera sua própria pessoa como inteiramente diferente de todos, e coloca um grande abismo entre sua pessoa e todas as outras. Esse modo de conhecer só está de acordo com seu *egoísmo*, pois é o *suporte* dele: portanto, esse homem *se agarra a ele* com todas as forças; assim como o conhecimento é quase sempre subornado pela vontade. No entanto, apesar de tudo isso, *no mais íntimo de sua consciência*, existe uma *apreensão secreta* de que tal ordem de coisas é uma mera aparência, e que, em si mesma, ela se comporta de maneira bem diferente. Ou seja, o pressentimento de que, por mais que o tempo e o espaço o separem de todos os outros indivíduos e dos inúmeros tormentos que sofrem, sim, que sofrem através dele, e por mais estranho que tudo isso possa ser para sua pessoa; em si mesma e além da representação e de suas formas, é a única e mesma vontade de vida que aparece em todos os indivíduos, e que, ao aparecer como egoísmo através da parcialidade do conhecimento no *principium individuationis*, julga-se equivocadamente e volta suas armas contra si mesma, e agora, ao buscar maior bem-estar em uma de suas aparências, impõe o maior sofrimento a si mesma na outra aparência: Consequentemente, esse conhecimento que está no interior da consciência contém isto, que ele, o indivíduo mau, é toda a vontade de viver e, consequentemente, ao se tornar o algoz dos outros, ele é ao mesmo tempo, na verdade, o *atormentado*, enquanto a diferença dos indivíduos, que o mantém separado dos sofrimentos dos atormentados por ele, é mera aparência, um sonho enganoso, cuja forma é o espaço e o tempo, mas cuja aparência enganosa deve desaparecer, e ele, na verdade, em qualquer sofrimento que inflija, é sempre o *próprio sofredor*; e ele deve, portanto, sempre pagar o prazer com sofrimento, pois ele mesmo, que busca aproveitar a vida, é também aquele que vive em tudo e que sofre tormento na vida, sim, que mesmo todo sofrimento, que ele só reconhece como possível, já o afeta na verdade, porque é a própria vontade de viver e o *principium individuationis* que separa os indivíduos também só existe na cognição dos indivíduos e, portanto, *possibilidade e realidade (efetividade)*, proximidade e distância de tempo e espaço apenas na aparência são diferentes, não tanto em si mesmos. – É precisamente essa verdade que, sob a roupagem do mito, ou seja, adaptada ao princípio de razão e assim traduzida na forma da aparência, expressa o dogma da transmigração das almas[,] que, nomeadamente, usa o recurso do tempo como ajuda e representa aquilo que já é agora, ou que na realidade é independente do tempo, a saber, a presença da vontade de vida em todas as suas manifestações, como algo futuro, como a transição do indivíduo para outro, como aquele que agora é *atormentado* por ele. Mas a expressão mais pura dessa verdade, sem aditivos estranhos, e antes de sua transição para os conceitos da razão, é precisamente a angústia da própria consciência, aquele tormento sombrio e desconsolado. – Esta, portanto, foi a primeira metade do que se expressa no peso da consciência. – A segunda metade é a seguinte, que, no entanto, está exatamente ligada à primeira. É o reconhecimento direto de quão firmemente o indivíduo mau está *ligado* à vontade de viver e, portanto, à vida como sua aparência, o quanto ele pertence à vida. Você deve ver imediatamente o que isto realmente é e o que envolve. – Quando se comete uma ação muito má, essa ação é uma indicação do *alto grau de força* com que o perpetrador quer a vida, ou com que no perpetrador a vontade de viver se afirma; pois a vontade é tão forte nele que essa afirmação *vai muito além* de sua aparência individual, ou seja, vai até a completa *negação* da mesma vontade, na medida em que ela aparece em outros indivíduos. Assim, o horror interior que um vilão sente por seu próprio ato e em vão tenta esconder para si mesmo não surge apenas daquele reconhecimento ou apreensão imediata da nulidade e mera vestimenta da individuação dos princípios e da diferença estabelecida entre ele e os outros, onde, além da aparência, seu eu interior, o ser em si mesmo, é tanto do torturado quanto do torturador, mesmo que, como indivíduo, ele se reconheça apenas como este último; mas ao mesmo tempo a angústia da consciência surge, em segundo lugar, do reconhecimento da veemência de sua própria vontade, da violência com a qual ele tomou a vida, agarrou-se, por assim dizer, a ela. Vejamos do que se trata. Seus próprios atos mostram a ele que lado terrível a vida tem, um lado no qual ele faz um outro infeliz, o tortura, o assassina: esse evento horrível em si, emana dele, o criminoso, e é apenas um meio usado para a completa e desenfreada afirmação da vida: o crime é um sintoma da força da vontade de viver nele, ou seja, do grau em que ele está ligado à vida e, ao mesmo tempo, sua ação mostra externamente o quão horrível é essa mesma vida. Assim, ele se reconhece como uma *manifestação concentrada* da vontade de viver, sente até que ponto *sucumbiu* à vida e, portanto, também aos inúmeros sofrimentos que são essenciais a ela. Pois mesmo que sua pessoa esteja agora num estado feliz, a vida, ou a aparência da vontade em geral, tem por sua forma tempo e espaço infinitos, a fim de *abolir a diferença* entre *possibilidade* e *realidade*, e transformar todos os sofrimentos que agora são meramente reconhecidos pelo indivíduo perverso em sofrimentos *sentidos*. Só podemos representar isto pensando nele como uma alma individual que vagueia por vários corpos e, portanto, sempre renasce. Mas devemos fazer isto somente porque todo nosso conhecimento é somente conhecimento das aparências e não da coisa em si[,] mas a forma mais geral de aparência é o tempo, do qual não podemos nos desprender assim que consideramos um caso individual. Somente do ponto de vista da metafísica vemos a questão em geral e entendemos que é bem diferente, ou seja, que os milhões de anos de *renascimento* constante que devemos pensar existem apenas em nosso conceito, pois em geral todo o passado e o futuro existem apenas no conceito: real é apenas o *presente*: o *tempo* cumprido, a forma do aparecimento da vontade é na verdade apenas o presente, como mostra a metafísica: portanto, o tempo é sempre novo para o indivíduo: ele sempre se encontra como recém-surgido. Porque a vida é indissociável da vontade de viver e a sua única forma é o *agora*. Anteriormente, consideramos em detalhes a relação da morte com a vontade de viver: ela se torna mais compreensível por meio de um símile que já usei. A morte, eu disse, está relacionada à coisa em si[,] ao nosso verdadeiro eu, a vontade, como o pôr do sol, ao próprio Sol[;] é apenas aparente que o Sol é engolido pela noite, mas na realidade ele é a fonte de toda a luz, queima o meio-dia eterno sem cessar, sempre traz novos dias para novos mundos, e está sempre nascendo e sempre se pondo. Da mesma forma, a vontade vive sempre em sua aparência e, portanto, sempre no presente, nunca no futuro ou no passado: somente o indivíduo, a única aparência, encontra começo e fim, por meio do tempo, que é a forma dessa aparência, a forma da representação. Fora do tempo, somente a vontade, a coisa em si de Kant. – Quem compreende bem isso deve ao mesmo tempo perceber que o *suicídio* não oferece salvação contra o sofrimento que acompanha a vida: pois atinge um único fenômeno, enquanto sua essência se manifesta em milhões de fenômenos nas mesmas condições e nunca pode deixar de estar lá. O que cada um *quer* em seu íntimo é o que deve ser: e o que cada um é, o é apenas porque o quer. Assim, a segunda metade do conhecimento que se expressa como dor/angústia da consciência também é exposta. Ou seja, além do conhecimento meramente sentido da aparência e da nulidade das formas da representação, que mantêm os indivíduos separados uns dos outros, é o *autoconhecimento* da própria vontade e de seu grau que dá à consciência seu aguilhão. Mais algumas explicações sobre isto. O *curso da vida* forja a imagem do *caráter empírico*, e nisto novamente se apresenta o *caráter inteligível*: o malvado se assusta com essa imagem: não importa se ela é trabalhada com grandes recursos, para que o mundo compartilhe seu desgosto, ou com tão pequenos que só ele vê: não importa, pois só a ele concernem diretamente. É somente porque a vontade não está sujeita ao tempo que as feridas da consciência são incuráveis, e não são, como outras aflições, gradualmente esquecidas: ao contrário, a má ação pressiona a consciência depois de muitos anos com tanta força como quando ela era recente. O *passado* em si não é nada, é uma aparência desaparecida: portanto, seria indiferente e não poderia assustar a consciência, se o caráter não se sentisse como sendo em si mesmo o inteligível, a própria vontade, e, portanto, livre de todo tempo e imutável através do tempo, desde que não se negue a si mesmo. É por isso que as coisas que aconteceram há muito tempo ainda pesam na consciência. O pedido "não me deixe cair em tentação["], na verdade diz "não me deixe ver quem eu sou". — A *violência* com que o homem mau *afirma a vida* é-lhe mostrada pelos *sofrimentos* que, justamente por causa dessa afirmação, ele impõe *a outro*: e através disso novamente ele percebe *a que distância* se encontra da renúncia e da negação de sua vontade, o que é, afinal, a única redenção possível do mundo e seu tormento. Ele percebe *até que ponto pertence ao mundo* e quão firmemente está ligado a ele: o *reconhecimento* do sofrimento dos outros não foi capaz de levá-lo a abandonar sua vontade: ele, portanto, cai preso à vida e ao sofrimento *que sente*. Resta saber se isto será capaz de quebrar e superar a veemência de sua vontade.

Já lhes expliquei a natureza do *mal* em abstrato: o que não é abstrato, o que não é claro, mas que é meramente o conhecimento *sentido* dessa natureza é precisamente a *angústia da consciência*. Mas vocês entenderão tudo isso ainda mais clara e completamente se agora considerarmos o *bem* como uma característica da vontade humana e levarmos a consideração dele aos mais altos graus, onde essa bondade de disposição passa para a completa resignação e santidade. Pois os opostos sempre se explicam uns aos outros. *Lux se ipsa et tenebras manifestat*,[43] diz Spinoza.

O bom caráter e a virtude

A virtude, de fato, surge do *conhecimento*, mas não de um conhecimento abstrato expresso por palavras. Se assim fosse, ela poderia ser ensinada, e ao expressar aqui sua essência e o conhecimento em que se baseia no abstrato, eu teria melhorado eticamente a todos que a compreendem. Mas não é de forma alguma assim. Ao contrário, não se pode fazer um homem virtuoso por meio de palestras sobre ética ou mesmo por meio de sermões, assim como toda estética, desde Aristóteles, jamais fez um poeta. Pois o conceito que já consideramos infrutífero para a arte é também infrutífero para a essência real e interior da virtude: aqui também só pode servir como uma ferramenta

---

43 "A luz revela a si mesma e as trevas." A citação completa é: *Sane sicut lux seipsam et tenebras manifestat, sic veritas norma sui, et falsi est.* (Verdadeiramente como a luz revela a si mesma e as trevas, assim a verdade é o padrão de si mesma e do que é falso.) Baruch de Spinoza, *Ethica Ordine Geometrico demonstrata*, Parte II: De natura et origine mentis. (N. T.)

subordinada, ou seja, preservando para o momento da execução aquilo que já foi reconhecido e decidido em outro lugar, ou mantendo o conhecimento abstrato duradouro contra as mudanças de humor e os afetos. — Sêneca, *Velle non discitur*. — Sobre a virtude, ou seja, sobre a *bondade do ânimo*, os *dogmas abstratos* são na verdade sem influência: eles não perturbam os *falsos* e dificilmente promovem os *verdadeiros*: seria de fato muito ruim se o principal da vida humana, seu valor ético, eterno, dependesse de algo cuja realização está tão sujeita ao acaso como é o caso dos dogmas, doutrinas de fé, filosofemas. O único valor dos dogmas para a moral é que o homem virtuoso (graças a outros conhecimentos a serem discutidos em breve) tem neles um esquema, uma forma, segundo a qual ele pode distinguir sua própria razão de suas ações não egoístas, cuja essência ele mesmo, sem *entender*, dá um motivo que normalmente é apenas fictício, mas com o qual ele acostumou sua razão a se dar por satisfeita. Esta é a base do valor e da necessidade de uma religião positiva.

É verdade que os dogmas podem ter uma forte influência na ação, na *conduta* externa, assim como o hábito e o exemplo têm tal influência, na medida em que o homem comum não confia em seu próprio julgamento, cuja fraqueza ele conhece, mas sempre segue apenas sua própria experiência ou a de outras pessoas. Mas a influência dos dogmas sobre a *ação* não mudou a *atitude*. A Igreja chama de *opera operata* toda ação realizada meramente em consequência de um dogma aceito e diz que tal ação não serve de nada se a graça não conceder a fé, da qual vem o nascer de novo. Ela diz que só o efeito da graça do Espírito Santo dá a fé que conduz à bem-aventurança. *Suo loco*. Diremos: só o conhecimento que surge imediatamente no homem, que não pode ser comunicado porque não é *in abstracto*, pode conduzir à virtude genuína e, por conseguinte, à salvação. — A questão é esta: todo conhecimento *in abstracto* só pode dar *motivos* em relação à vontade; mas os motivos, como foi mostrado anteriormente, só podem mudar *a direção* da vontade, nunca a própria vontade. (*Illustratio.*) Todo conhecimento comunicável é abstrato e, portanto, só pode ter um efeito sobre a vontade na medida em que se torna seu *motivo*: portanto, por mais que os dogmas possam *direcionar* a vontade, eles não mudam a *própria vontade* como fundamento, e o que o homem realmente e geralmente *quer* permanece o mesmo: ele apenas obtém pensamentos diferentes sobre as maneiras pelas quais o que ele realmente quer pode ser alcançado, e então motivos imaginários o guiam como os verdadeiros. Por exemplo, eu posso ser induzido pelos dogmas a fazer grandes doações aos desamparados, estando firmemente persuadido de que numa vida subsequente receberei tudo de volta dez vezes mais. Mas, no que diz respeito ao valor ético do que faço, é como se eu gastasse a mesma soma no melhoramento de um pedaço de terra que, embora a longo prazo, reconhecidamente será lucrativo. O mesmo se aplica ao inquisidor ortodoxo que entrega um herege às chamas para ganhar para si um lugar no céu no futuro; ele é um assassino tão bom quanto o bandido que comete o assassinato contratado por uma soma de dinheiro. Também, de acordo com as circunstâncias internas, aquele que vai à terra prometida para estrangular os turcos que não lhe fizeram mal, a fim de assim ganhar seu lugar no céu, é um assassino, como o bandido por salário. – Pois o que move esses crentes, ambos, é apenas seu egoísmo: devido ao absurdo dos meios que tomam para esse fim, eles são apenas mais estúpidos que o bandido, mas não melhores. A vontade (como já foi mostrado) só pode ser ajudada de fora, pelo conhecimento comunicável, na medida em que tal conhecimento é um *motivo* para ela: mas os motivos determinam e mudam apenas a maneira pela qual ela se expressa; a direção que ela toma, nunca a vontade ela mesma. *Velle non discitur.*

Entretanto, é preciso fazer uma grande distinção se um *dogma* é realmente o *motivo* de uma ação ou apenas a *satisfação da razão*: para que não se negue o valor das boas ações. Refiro-me a isto: se alguém fez uma boa ação e dá um dogma como motivo para ela; esse dogma muitas vezes não é a fonte real de sua boa ação, mas nada mais é do que o *motivo aparente* que ele dá a sua razão de sua ação *não egoísta* a fim de satisfazê-la, enquanto a própria ação flui de uma fonte bem diferente, é realizada por ele apenas porque seu caráter é *bom*, mas ele não sabe como dar uma explicação abstrata adequada sobre a *fonte real de sua ação não egoísta*, porque ele não é um filósofo e, ainda que gostasse de pensar algo sobre isso, acaba satisfazendo sua própria razão pelo dogma. – Mas é muito difícil encontrar tal diferença, pois seria preciso explorar a parte mais íntima da mente. Portanto, quase nunca podemos julgar com certeza as ações dos outros, e raramente as nossas próprias. Isto é certo: todo *conhecimento comunicável*, portanto também todos os *dogmas*, só podem agir como *motivos* sobre a vontade: e os motivos determinam apenas a *direção* do querer, os atos nos quais ele se torna *visível*, nunca o *próprio querer*, o que já é pressuposto em seu efeito. – As *ações* e a *conduta* de um indivíduo e de um povo podem ser grandemente modificadas por *dogmas, exemplos* e *costumes*. Mas, em si, todas as ações [*opera operata*] são *apenas imagens vazias* que só adquirem significado através da interpretação: o significado ético reside apenas na atitude que leva a essas ações. Mas essa atitude pode ser exatamente a mesma, com *aparências* externas muito diferentes. De dois homens que têm o mesmo grau de maldade, um pode morrer na roda, o outro tranquilamente no seio dos seus. Não devemos, portanto, determinar o valor ético das ações *diretamente de acordo com sua aparência exterior*. Dogmas, hábitos e exemplos determinam a aparência exterior; mas deixam intocada a *disposição interna*, o próprio querer. O mesmo grau de maldade pode existir e se expressar, em *um* povo, como características grosseiras, em assassinato e canibalismo; e em outro em intrigas judiciais, opressões e intrigas sutis de todos os tipos: em um grosseiramente, em outro sutis e *em miniatura*, mas são a mesma coisa. — Poder-se-ia pensar que um Estado perfeito, ou talvez também um dogma sobre recompensas e punições além da morte, em que se acredite firmemente, impediria todo crime. Isto seria um ganho politicamente, mas eticamente seria nada: ao contrário, somente a imagem de uma vontade inibida através da vida.

Eu disse anteriormente, porém, que *a virtude procede do conhecimento*, mas não do conhecimento abstrato que pode ser comunicado através das palavras. A genuína disposição boa, a virtude altruísta e a generosidade pura procedem do *conhecimento imediato e intuitivo* que não pode ser explicado ou racionalizado, procedem do conhecimento que, precisamente porque não é abstrato, não *pode ser comunicado*; *mas deve ser imediatamente óbvio para todos*: portanto, tal conhecimento não tem sua *expressão real e adequada* em palavras, mas inteiramente apenas em *atos*, em *ações*, no *decorrer da vida* do ser humano. Entretanto, procuramos aqui a teoria da virtude: por esta razão devemos também expressar *in abstracto* a essência do conhecimento, do qual procede toda virtude: mas nessa expressão não poderei fornecer esse *conhecimento em si*, pois ele é, precisamente, incomunicável; mas apenas o *conceito* desse conhecimento, a imagem dele em abstração: só na *ação* ele tem sua *expressão adequada*, sua visibilidade real: por essa razão devo sempre proceder da ação e me referir a ela, não fazendo mais do que interpretá-la, ou seja, expressar *in abstracto* o que está realmente acontecendo. Isto é precisamente o que tenho que fazer, pois, em contraste com a essência interior da conduta maligna já exposta, agora exponho da mesma forma a essência interior da verdadeira disposição de *bondade* e de ação.

Justiça espontânea

Antes de tudo devo tocar em uma *etapa intermediária*, a mera negação do mal: isto *é justiça*. Seu conhecimento já nos conduz ao da *bondade* real. – O que é justo e o que é injusto, já discuti em detalhes. (*Recapitulatio.*) Portanto, posso dizer aqui com pouco que aquele que *voluntariamente reconhece* esse *limite puramente ético* entre o injusto e o justo e permite que ele se aplique, mesmo onde nenhum Estado ou outro *poder* o garanta, é *justo*: isto é, de acordo com a explicação anterior: aquele que na afirmação de sua própria vontade *nunca vai tão longe* que essa afirmação se torne a negação da mesma vontade na medida em que ela se apresenta em outro indivíduo; este *é justo*. Tal pessoa, portanto, não infligirá sofrimento aos outros para aumentar seu próprio bem-estar: isto é, ele não cometerá nenhum crime, respeitará a pessoa dos outros, seus direitos e suas propriedades. – Busquemos agora a natureza interna desse fenômeno; assim vemos que, para uma pessoa tão justa, o *principium individuationis* não é mais uma *parede divisória absoluta* que separa completamente sua pessoa de todas as outras; como acontecia com os perversos: o homem mau, portanto, apenas afirmava sua própria manifestação de vontade e negava todas as outras, sim, considerava-as como meras larvas, cuja essência era algo completamente diferente da sua. O homem justo não faz isso, pois o *principium individuationis* não coloca um *abismo incomensurável* entre sua pessoa e todas as outras. Pelo contrário, o homem justo mostra por sua conduta que *reconhece* seu próprio ser, isto é, a vontade de viver como uma coisa em si, também na *aparência do outro* que lhe é dada como uma mera representação; ele se encontra nela: isto acontece nele até certo ponto, isto é, até o ponto de *não cometer injustiças*. É somente nesse grau que ele *vê através* do *principium individuationis*: (o véu de Maya), é nesse grau que *ele iguala* os seres externos *a si mesmo*: ele não os fere. (*Illustratio*) por exemplos.

Olhando para a essência mais íntima dessa justiça espontânea, descobrimos que nela já está a intenção de não afirmar a própria vontade além da aparência do próprio corpo. Não se quer forçar a vontade de outras pessoas a servir sua vontade. Portanto, o homem justo vai querer *fazer* pelos outros *o mesmo* que gosta de *receber deles*. Quando essa disposição de justiça atinge o mais alto grau, onde sempre está associada à bondade real, cujo caráter não é mais meramente negativo, vai-se tão longe que se duvida dos próprios *direitos* de *propriedade herdados*, só se quer manter o próprio corpo com as próprias forças, mentais ou físicas. Esse indivíduo sente uma reprovação por todo serviço proporcionado por outros a ele, por todo luxo, e finalmente recorre à pobreza voluntária. Um fenômeno deste tipo é exibido por muitos hindus, mesmo rajás, que possuem muita riqueza, mas a utilizam apenas para o entretenimento próprio, de sua corte, de seus servos e dos pobres, mas ao mesmo tempo seguem com escrupulosidade estrita a máxima de que não devem comer nada além do que eles mesmos semearam e colheram. É sempre um estranho fenômeno ético. No entanto, há um certo mal-entendido na sua raiz: pois o indivíduo, precisamente por ser rico e poderoso, pode prestar serviços tão consideráveis a toda a sociedade humana que eles superam a riqueza herdada, cuja segurança ele deve à sociedade. Na verdade, aquela justiça excessiva de tais hindus já é mais do que justiça, ou seja, é uma renúncia real, ascetismo, negação da vontade de viver, da qual *suo loco*. Por outro lado, o puro *não fazer nada* e viver por meio dos poderes dos outros, com riqueza herdada, sem fazer nada, pode ser considerado eticamente *errado*, mesmo que deva permanecer correto de acordo com leis positivas.

Da etapa intermediária da justiça voluntária passo agora à apresentação da verdadeira *bondade da disposição*, para além da qual se encontra outra etapa, que consideraremos por último.

A bondade

Como a essência mais íntima e a verdadeira origem da justiça voluntária, encontramos um certo grau de discernimento sobre os *principii individuationis*; enquanto o mau, por outro lado, ainda permaneceria inteiramente preso aos *principii individuationis*. — Agora, porém, essa percepção do *principio individuationis*, que abole total ou parcialmente a diferença entre a própria pessoa e a de outrem, não acontece apenas na medida em que se abstém de fazer injustiça aos outros, de ferir; mas pode atingir um grau de clareza ainda maior, em que a diferença entre a própria pessoa e a outra pessoa desaparece ainda mais. Isso se mostra nos fenômenos de *benevolência positiva, beneficência, amor,* αγαπη, *caritas*. O egoísmo é então abolido, porque o alto grau de clareza desse conhecimento imediato remove a divisão entre a própria pessoa e a outra. E isto pode acontecer, por mais forte e enérgica que seja a vontade do indivíduo a quem tal conhecimento surge. O conhecimento já antes mencionado pode sempre contrabalançar a vontade, pode ensinar a resistir à tentação de fazer o mal, e pode por si só trazer todo grau de bondade, até mesmo de resignação. Portanto, o homem bom não deve, de forma alguma, ser considerado uma manifestação originalmente mais fraca da vontade do que o homem mau; ao contrário, é o conhecimento que domina o impulso cego da vontade que há nele. De fato, há indivíduos que parecem ser meramente de boa índole devido à fraqueza da vontade que surge neles; eles não querem nada com grande veemência, portanto não têm paixões, nem afeições, nem grandes tentações para o mal: no entanto, seu egoísmo se mostrará em pequenos traços, e se uma vez que uma autoconquista considerável for exigida deles para realizar uma boa ou justa ação – então eles não são capazes de tal.

Consideremos agora a verdadeira *bondade da disposição* mais de perto e em detalhes. Porque o conhecimento do qual ela procede não é abstrato e, portanto, tem sua expressão adequada não em palavras, mas somente na ação em si, nos atos; por isso devemos sempre manter a ação, como um esquema, diante de nossos olhos. Portanto, temos que pensar em um único exemplo. Suponhamos, como exceção rara, um homem que possui uma renda considerável, mas usa apenas um pouco dela para si mesmo e dá todo o resto aos necessitados, enquanto ele mesmo, para fazer isso, se priva de muitos prazeres e confortos, e agora queremos tornar clara a ação desse homem de acordo com sua natureza real: desconsideramos os dogmas pelos quais ele mesmo quer tornar suas ações compreensíveis à sua razão: então encontraremos, como a expressão mais simples e geral de seu modo de agir e como o caráter essencial do mesmo, *que ele faz menos distinção entre ele mesmo e os outros do que fazem as outras pessoas*. Mas há muito nisto: pois esta mesma *diferença*, que se encontra entre a própria pessoa e a de outra, é *tão grande* aos olhos de muitos outros que o sofrimento de outro é a alegria imediata dos *cruéis* – para os *maus* é um meio agradável para o próprio bem-estar: – o *meramente justo* não causa sofrimento a outro, exceto pela necessidade de afirmar seu próprio direito: nisto ele permanece. A *maioria das pessoas* em geral conhece e está ciente de inúmeros grandes sofrimentos dos outros em sua vizinhança, mas não decide aliviá-los porque eles mesmos teriam que aceitar alguma privação: assim, para cada um deles parece *haver uma grande diferença* entre o próprio ego e o dos outros: mas agora, por outro lado, esse caráter nobre que imaginamos não acha essa diferença tão significativa: vemos, portanto, que a sua cognição *não capta* tão *firmemente* o *principium individuationis*, a forma da aparência. Pois o sofrimento que ele vê nos outros lhe diz respeito quase *tanto quanto* o seu: ele procura estabelecer um *equilíbrio* entre os dois: nega a si mesmo os prazeres, assume privações a fim de aliviar o sofrimento dos outros. Percebe assim que a *diferença* entre ele e os outros, que é *um abismo tão grande* para o homem mau, pertence apenas a uma aparência transitória e enganosa: ele reconhece (mas diretamente, sem conclusões, intuitivamente) que a essência de sua *própria aparência* é também a essência do outro, ou seja, aquela vontade de vida que constitui a essência de cada coisa e que vive em tudo.

Ele se vê a si mesmo, seu verdadeiro ser interior diretamente no indivíduo estranho.

Esse conhecimento se estende, antes de tudo, à aparência que é bastante igual à sua, ou seja, aos outros indivíduos humanos: mas em menor grau se estende também aos *animais*. Aquele que é bom e não atormenta nenhum animal.

(Todos os povos, com exceção dos hindus, sempre reconheceram que o homem pode usar injustamente os animais para seus próprios fins, pode tornar seus poderes úteis para si mesmo, pode matá-los a fim de se alimentar deles. Os hindus o negam, por causa de seu dogma da transmigração das almas (*illustratio*), que, no entanto, possui uma verdade meramente mítica, e nesse caso mostra sua falsidade quando diretamente aceita. No entanto, esse direito do homem nunca foi reconhecido corretamente; na maioria das vezes, como em Descartes, os animais foram declarados como meras máquinas, ou então lhes foi negada a alma que foi atribuída ao homem.) – *O direito do homem* à vida e à força dos *animais* é baseado no seguinte. É a mesma vontade de vida que aparece em nós e nos animais. Mas, como foi mostrado, com o *aumento da clareza da consciência*, o *sofrimento* também aumenta igualmente. Portanto, sob as mesmas circunstâncias, o homem sofre muito mais do que o animal. A dor que o animal sofre através do trabalho que é obrigado a fazer ou mesmo através da morte (da qual ele nunca sabe a coisa mais terrível, a presciência) ainda não é tão grande quanto a dor que o homem sofreria através da mera privação do trabalho ou da carne do animal. Portanto, animal e homem *não* têm *direitos iguais*, e o homem, na afirmação de sua vontade, pode ir tão longe quanto a negação do desejo do animal, porque assim a vontade de vida como um todo suporta menos sofrimento do que se, *ao contrário, o próprio homem quisesse fazer todo o trabalho* e se privar de alimento animal para poupar o animal. Obviamente, porém, essa razão deixa de existir assim que um animal é atormentado de forma gratuita e sem propósito, ou assim que é exercido excessivamente (exceto em casos individuais de necessidade excessiva por parte do homem, por exemplo, quando um cavalo é forçado a galopar até a morte a fim de salvar a vida de um ser humano). Aqui reside a *norma do uso* que o homem pode fazer dos poderes dos animais sem injustiça. Essa norma é frequentemente transgredida no caso de animais de carga, e, no caso de cães de caça, que são treinados com torturas desumanas para próprio prazer dos treinadores [caçadas de montaria]. É por isso que na Inglaterra e na América do Norte existem leis contra a tortura de animais e porque mesmo agora são impostas punições muito significativas assim que aparece um queixoso que cuida dos animais torturados. – O *inseto* não sofre tanto com sua morte quanto o homem sofre com sua picada ou com a insônia que ela lhe causa.

 Quando, portanto, no *caráter nobre e benevolente* que imaginamos, o conhecimento alcançou o grau de clareza a partir do qual se vê através do *principium individuationis*, a diferença entre a própria pessoa e a pessoa do outro e, com ela, o egoísmo, desaparecem. Portanto, uma pessoa assim é tão pouco capaz de deixar um outro viver em carência enquanto ele mesmo tem coisas supérfluas e dispensáveis como qualquer um de sofrer fome num dia para ter mais do que pode desfrutar no dia seguinte. Pois, para aquele homem que pratica as obras do amor, o véu de Maya se tornou transparente e o engano do *principii individuationis* o deixou. Nesse ser que sofre ele reconhece a si mesmo, reconhece a sua vontade em cada ser. A perversidade se afastou dele, com a qual a vontade de viver, julgando mal a si mesma, desfruta de volúpia fugaz e espalhafatosa aqui em um indivíduo e sofre e lamenta por ela lá em outro, impondo assim tormento e, ao mesmo tempo, tolerando o tormento, porque não percebe que está se enfurecendo contra si mesma. Então, em uma manifestação ele lamenta o sofrimento sem culpa própria e na outra ele ultraja a *Nêmesis*[44] sem timidez, estas são as manifestações do egoísmo. Sua fonte é sempre esta, que a vontade é enganada pelo *principium individuationis* e, portanto, todos se julgam erroneamente na aparência estranha: é por isso que ele não percebe a justiça eterna, na medida em que sua cognição está presa no *principium individuationis*, portanto, em geral, naquele tipo de cognição que é regido pelo princípio da razão. — Sair desse tipo de conhecimento, deixar de ser enganado pela ilusão dos *principii individuationis* e praticar obras de amor são uma coisa só: tais obras são o sintoma inevitável desse conhecimento. Virtude, filantropia e generosidade procedem assim do reconhecimento direto e vívido do próprio ser na aparência dos outros. Este é o conhecimento do qual brota a virtude, e que não pode ser ensinado, porque não basta tê-lo conceituado em abstrato; pelo contrário, tem que acontecer intuitiva e diretamente. Agora se poderia descrever em detalhes como, em consequência desse conhecimento, quando ele estiver presente, o homem se comportará em relação *aos outros* nos casos e circunstâncias que ocorrem na vida: isso seria a ética propriamente dita: aqui buscamos apenas a metafísica dos costumes. A partir desses princípios, no entanto, cada um pode muito facilmente construir a ética para si mesmo. O princípio orientador seria

---

44 Deusa da vingança e da justiça distributiva. (N. T.)

sempre a frase: o indivíduo estranho (o outro) que está diante de você é *você mesmo*, realmente e em verdade, é uma ilusão que o faz julgar mal isto.

Todos os filósofos estabeleceram *princípios morais* supremos e universais, ou seja, uma regra geral de conduta, da qual todas as regras para os vários casos devem ser derivadas, e da observância da qual resultaria perfeita virtude. Por exemplo: Platão disse: devemos nos tornar como Deus ὁμοιωσις τῳ θεῳ[45] –; Aristóteles[:] devemos sempre tomar o caminho do meio entre dois extremos –; estoicos[:] *secundum naturam vivere* –; Epicuro[:] desfrutar a vida sabiamente –; Wolf: lutar pela perfeição; Kant: agir sempre de tal forma que a máxima de nossas ações se encaixe na lei geral para as ações de todos. Tal regra geral que eles então deram como *lei* a ser necessariamente obedecida, e as regras particulares derivadas dela como mandamentos individuais; o todo, seja de acordo com uma derivação de razões, seja como um pronunciamento de um imperativo categórico como um dever incondicional: e o que deveria ser feito de acordo com isso foi chamado de *dever*; onde, de fato, a relação entre mestre e servo é significada; pois somente nessa relação, em que um se *comprometeu* com o outro, a palavra "dever" tem um significado certo e comprovável; aliás, sempre apenas *metafórica*. Eu, por outro lado, como se pode ver, trato a filosofia moral de forma bastante teórica. Ou seja, na minha teoria da justiça, da virtude, do vício, mostro o que cada um tem em sua essência interior: mas não falo nem de *mandamentos* nem de *deveres*[;] não tenho dever nem lei para sustentar o eterno livre-arbítrio e, portanto, não estabeleço um princípio moral supremo e geral, como se

---

[45] Semelhança com Deus. (N. T.)

fosse uma receita universal para a produção de todas as virtudes. Entretanto, no contexto da filosofia apresentada a você, em certa medida uma *verdade puramente teórica* deve ser considerada como *análoga* ou *substituta* desse empreendimento de estabelecer um princípio moral, como a mera realização do qual você também pode considerar toda a minha exposição, ou seja, a verdade de que a vontade é a essência de toda aparência, mas ela mesma, precisamente como uma coisa em si mesma, é livre de todas as formas de aparência. Se, em relação à *ação* e para *uso prático*, essa verdade fosse expressa em *uma frase curta*, não conheço nenhuma mais digna do que aquela antiga fórmula dos Vedas já mencionada: *"Tatoumes"* (*tat twam asi*): "Este ser vivo és tu! ["]. — O princípio moral da ética cristã é: ["]Ama teu próximo como a ti mesmo". *Tatoumes*. Aquele que compreende isto e se apega à percepção para que ela permaneça viva nele [...] não pode jamais ser injusto ou desamoroso: é completamente impossível. Quem for capaz de pronunciar este *Tatoumes* com conhecimento claro e convicção firme e íntima sobre cada ser com o qual ele entra em contato, está assim certo de toda virtude e bem-aventurança e está no caminho reto da salvação.

A magnanimidade

Vimos assim como, a partir da visão através dos *principii individuationis*, primeiro vem a *justiça espontânea*; depois, com maior clareza desse conhecimento, a verdadeira *bondade de disposição*, que se mostra como pura, ou seja, o amor altruísta para com o outro, o amor universal pela humanidade. Agora, onde isto está perfeitamente presente, em consequência da visão completa do *principii individuationis*, ele iguala completamente o *indivíduo estra-*

nho e seu *destino com o seu próprio*: ele nunca pode ir mais longe; pois não há razão para preferir o indivíduo estranho ao próprio indivíduo. Mas a *maioria* dos outros indivíduos, cuja vida inteira ou bem-estar está em perigo, pode superar a consideração do próprio bem-estar do indivíduo. Nesse caso, o personagem que alcançou a *maior bondade* e a *nobreza perfeita* sacrificará seu bem-estar e sua vida inteiramente pelo bem-estar de muitos outros: assim morreu Kodros, assim morreu Decius Mus, assim morreu Arnold von Winkelried, assim todos que voluntária e conscientemente vão à morte certa pela pátria. Sim, dois indivíduos, que juntos sofrem mais do que sofreria quem se sacrificasse por eles, são suficientes para que os nobres façam este sacrifício: por exemplo, o bispo Paulinus (*Müller's Weltgesch.*, v.I). – Ele vê mãe e filho juntos sofrendo mais do que ele sofreria na escravidão: a diferença entre seu próprio indivíduo e os dos outros, na qual se baseia o egoísmo, não está presente em seus olhos: ele se sacrifica, justamente em consequência de seu conhecimento, que lhe mostra sua própria natureza também no outro indivíduo.

Todo amor é compaixão

Conhecemos agora a essência do amor humano, o amor puro, αγαπε, *caritas*. Listar as suas expressões individualmente e classificá-las de acordo com as circunstâncias da vida seria uma questão da ética propriamente dita, que o faz no capítulo sobre deveres imperfeitos: os perfeitos são aqueles aos quais correspondem o *direito* dos outros. Há apenas uma coisa que tenho a dizer sobre a natureza desse amor puro, é que a essência do amor puro é idêntica à *compaixão*, o que, reconhecidamente, soa algo paradoxal. Mas isso pode ser comprovado. Lembre-se de que descobrimos anteriormente que o *sofrimento* é essencial e inseparável da vida como um todo. Vimos como todo desejo surge de uma necessidade, de uma carência, de uma aflição: por isso toda satisfação é apenas uma *dor que foi retirada*, ou seja, apenas de natureza *negativa*, mas não uma felicidade positiva que foi trazida: as alegrias de fato espelham o desejo, seriam um bem positivo, mas na verdade são apenas o *fim de um mal* e, portanto, apenas de natureza *negativa*. Se, portanto, por todos os prazeres que obtemos para *nós mesmos*, não podemos fazer nada além de nos livrar de uma *aflição*; portanto, obviamente também não podemos fazer mais nada pelos *outros*: *apenas aliviamos seu sofrimento*: o que nos move a fazê-lo só pode ser o *conhecimento de seu sofrimento*. — Portanto, qualquer que seja a bondade, o amor e a nobreza que façamos por outro, isso é apenas o *alívio de seu sofrimento*; e, consequentemente, o que nos move para boas ações e obras de amor é apenas o *conhecimento do sofrimento dos outros*, que se torna diretamente compreensível para nós a partir de nosso próprio sofrimento e é equiparado a ele por nós, ou seja, nos move tanto quanto nosso próprio sofrimento, na medida em que nos reconhecemos na outra pessoa. A partir disto, fica claro que o *amor puro* (αγαπε, *caritas*) é por sua natureza *compaixão*; o sofrimento que alivia pode ser grande ou pequeno, ao qual também pertence todo desejo insatisfeito: o que nos move é sempre a participação direta nesse sofrimento, ou seja, a compaixão.

Um dos erros de Kant é que ele exige que tudo o que é verdadeiramente bom e toda virtude surja da reflexão abstrata, ou seja, do conceito de dever e do imperativo categórico, de uma máxima consciente para a razão em abstração; nenhuma inclinação e benevolência sentida deve fluir para dentro dela; sentir pena é fraqueza, não virtude[;] esse coração mole, essa piedade e emoção sentida seria até mesmo um incômodo para pessoas bem pensantes em suas boas ações, uma vez que elas apenas confundiriam suas máximas deliberadas; o ato, portanto, para ser bom e nobre, deveria ser feito com relutância e com autocompulsão, e apenas por respeito à lei reconhecida e ao conceito de dever. Agora, no entanto, não deve haver esperança de recompensa: meça a inconsistência da demanda!

Escrúpulos de consciência de Schiller.
Gosto de servir meus amigos, mas infelizmente o faço com inclinação,
E, por isso, muitas vezes fico triste por não ser virtuoso.
Decisão.
Não há outro conselho, você deve procurar desprezá-los,
E, com repugnância, fazer o que o dever lhe ordena.[46]

Isso é exatamente contrário ao verdadeiro espírito da virtude: não é a ação que é meritória; mas a *vontade de fazê-lo*, o *amor* do qual procede e sem o qual é uma obra morta. Por essa razão, o cristianismo ensina com razão que todas as obras externas são inúteis se não procedem daquela disposição genuína, que consiste na verdadeira disposição e no amor puro: as obras

---

46 Em alemão, no original: "Schiller's Gewissensskrupel./ Gerne dien' ich den Freunden, doch thu' ich es leider mit Neigung,/ Und so wurmt es mich oft, dass ich nicht tugendhaft bin./ Entscheidung./ Da ist kein anderer Rath, du musst suchen sie zu verachten,/ Und mit Abscheu alsdann thun, wie die Pflicht dir gebeut". (N. T.)

são mera *opera operata*: elas não podem ajudar e redimir: isso só pode ser feito pela atitude genuína, pela fé concedida pelo Espírito Santo; mas não nasce do arbítrio reflexivo e livre que tem somente a lei diante de seus olhos. A exigência de Kant de que toda ação virtuosa deve ser feita por puro e considerado respeito à lei e de acordo com máximas abstratas, portanto friamente e, de fato, contra toda inclinação, é exatamente o mesmo que afirmar que toda obra de arte genuína deve vir à existência através da aplicação bem ponderada e consciente de regras estéticas. Uma é tão errada quanto a outra. A questão, que Platão e Sêneca já discutiram, se a virtude pode ser ensinada, deve ser respondida de forma negativa. É preciso finalmente tomar consciência (o que também deu origem à doutrina cristã da eleição da graça) de que, no essencial e interiormente, a virtude é, em certo sentido, tão inata como o gênio; tão pouco quanto todos os professores de estética, com suas forças unidas, podem ensinar a qualquer um a capacidade de produzir gênio, ou seja, de criar verdadeiras obras de arte; tão pouco quanto todos os professores de ética e pregadores de virtude são capazes de transformar um caráter ignóbil em um virtuoso e nobre: a impossibilidade disso é muito mais óbvia do que a de transformar chumbo em ouro, e a busca de uma ética e de um princípio supremo dela, que teria uma influência prática e realmente transformaria e melhoraria a raça humana, é exatamente o mesmo que a busca pela pedra filosofal.

Em contradição direta com Kant, que rejeita toda compaixão e quer ver tudo o que é bom e nobre emergir da reflexão, afirmo, de acordo com a descrição dada: o mero conceito é tão infrutífero para a virtude genuína quanto para a arte genuína: todo verdadeiro e puro amor é, na verdade, compaixão; e todo amor que não é compaixão é egoísmo. Egoísmo é o *eros* [ερως], compaixão é o *ágape* [αγαπε]. – Platão diz: "amamos os belos jovens como os lobos amam as ovelhas". – Misturas de amor puro e impuro, isto é, de egoísmo e compaixão frequentemente ocorrem.

Amizade

Na verdade, mesmo a *amizade* genuína é apenas uma mistura: o egoísmo, em última análise, está subjacente ao prazer da presença do amigo; sua individualidade corresponde à nossa, e esse prazer egoísta quase sempre constitui a maior parte da amizade: a outra metade, a compaixão, mostra-se na participação sincera e objetiva no bem e no infortúnio do amigo e nos sacrifícios desinteressados que se fazem por ele.

Como confirmação da afirmação paradoxal de que o amor genuíno é um com a compaixão, também observo que o tom e as palavras da linguagem e as carícias do amor puro coincidem inteiramente com o tom da compaixão. – *Pietà* significa puro amor e compaixão.

O choro

Este é também o lugar para discutir uma das peculiaridades mais marcantes da natureza humana, o *choro*, que, como o riso, é uma das expressões que distinguem o homem dos animais. O choro não é de forma alguma uma expressão de dor, pois o choro ocorre com pouquíssima dor. Na minha opinião, nunca se chora diretamente sobre a dor que se sente, mas somente sobre sua *repetição na reflexão*. Pois uma pessoa passa da dor sentida, mesmo que seja física, a uma *mera representação* dela, e então encontra sua própria condição tão *lamentável* que, se outra fosse a sofredora, ficaria firme e sinceramente convencida, cheia de amor e piedade, para ajudá-la. Mas agora a própria pessoa é objeto da sua sincera compaixão: com a disposição mais útil, a pessoa é aquela que precisa de ajuda, sente que tolera mais do que poderia ver outra tolerar, e nesse estado de espírito peculiarmente entrelaçado, no qual o sofrimento sentido diretamente só volta a ser percebido por um duplo desvio, ou seja, primeiro é imaginado como de outro, é simpatizado como tal, e depois de repente é percebido novamente como próprio diretamente – então a natureza cria alívio para si mesma através desse peculiar espasmo corporal. O *choro* é, portanto, a expressão natural da *compaixão por si mesmo*, ou da compaixão lançada de volta a seu ponto de partida. Portanto, o choro tem as seguintes condições: 1) capacidade de compaixão, portanto de amor; 2) imaginação. Por isso, nem pessoas de coração duro nem pessoas sem imaginação choram facilmente. Por isso mesmo o choro é considerado como um sinal de certo grau de bondade de caráter: por isso ele desarma a raiva, porque se sente que quem ainda pode *chorar* também deve ser necessariamente capaz de amar, ou seja, de ter compaixão por outro, precisamente porque isto, da maneira descrita, entra naquele estado de espírito que leva ao choro.

Verso de Petrarca p.543.

Homero mostra a profundidade de seu conhecimento da natureza humana não deixando Odisseu chorar por seus sofrimentos, ele mesmo e diretamente; mas quando, no palácio do rei feácio Alcínoo, o cantor Demódoco canta à mesa os perigos e sofrimentos dos gregos e do próprio Odisseu, ele, Odisseu, irrompe em lágrimas, pois nessa descrição ele se torna o objeto de sua própria piedade. Não é a realidade, mas a imagem de seu sofrimento que provoca as lágrimas.

O que foi dito também é confirmado pelo fato de que as crianças que sofreram dor na maioria das vezes só choram quando são atendidas, ou seja, não sobre a dor, mas sobre a ideia da dor. Quando o que nos move a chorar não é o nosso próprio sofrimento, mas o de outro, isto acontece imaginando-nos vividamente no lugar do doente, ou também vendo em seu destino a sorte de toda a humanidade, consequentemente também, e acima de tudo, a nossa própria sorte: então, por um longo desvio, choramos sobre nós mesmos repetidamente, sentindo pena de nós mesmos. Ver nota à p.544.[47]

---

[47] Schopenhauer se refere aqui a uma anotação feita na página 544 de seu exemplar da primeira edição de *O mundo como vontade e como representação*. (N. T.)

9
Da negação da vontade de viver, ou: da renúncia e da santidade

Chegamos agora ao fim da nossa consideração sobre o significado ético da ação. A natureza do justo, do injusto, da virtude e do vício foi explicada e interpretada na esteira de nossa metafísica da natureza. A esse respeito, eu poderia concluir minha palestra aqui. Mas ainda tenho um capítulo a tratar sobre um objeto que os filósofos nunca incluíram em sua consideração, a *resignação*. Tive que ouvir muitas contradições sobre esse ponto e estou lhes dizendo para que vosso julgamento permaneça o mais livre possível para concordar ou discordar de mim. Entretanto, este capítulo sobre resignação é uma parte muito importante da minha visão do mundo. Pois a essência da *resignação* é a negação da vontade de viver; assim, é a antítese da afirmação da vontade de viver apresentada anteriormente. Com essa consideração sobre a negação da vontade de viver se completa toda a minha filosofia, na medida em que através dela a existência do mundo aparece como *relativa*, ou seja, como completamente dependente da vontade livre, que pode querer o mundo tanto quanto pode *não* querê-lo. O mundo é para nós apenas a representação, a imagem da vontade de viver, através da qual se reconhece a si mesmo, seu próprio ser lhe é dado como uma representação. Devemos, portanto, considerar que efeito esse conhecimento pode ter sobre a própria vontade, através da qual reconhecemos primeiro um objetivo, um propósito do mundo que aparece. — Além disso, reconhecemos que a existência está essencialmente ligada ao *sofrimento*: naturalmente, surge a questão de saber se fomos vítimas dessa existência sofrida por um *fatum* irrevogável para sempre ou se há redenção dela: pois foi demonstrado que a *morte* não conduz para fora do mundo, tampouco que o nascimento realmente conduz a ela: apenas nossa aparência tem início e fim, não nossa essência em si. Este último capítulo fornece uma visão de tudo isso e é, portanto, a pedra-chave do todo. Sua aprovação permanece livre. Mas sempre observe e de uma vez por todas que as minhas considerações éticas nunca tomam a forma de lei ou regulamento, eu nunca digo que se *deve* fazer isto e não aquilo: mas sempre me comporto apenas *teoricamente* e interpreto todo tipo de agir, interpreto, em conceitos, o que se passa no interior.

Nossa consideração ética anterior sobre o justo e sobre o injusto, sobre a virtude, sobre o vício, tomou sua tese principal da metafísica da natureza, onde nos tornamos certos da unidade da coisa em si na multiplicidade de sua aparência. Neste último capítulo sobre resignação ou ausência de vontade, levo mais em conta a terceira parte, a metafísica do belo, na medida em que já encontramos ali, na percepção estética, que é o conhecimento das ideias, um estado de conhecimento *sem vontade*, ou seja, um estado em que estamos momentaneamente sem um *querer*[;] uma ausência de vontade. Então, vamos ao ponto.

Por ora só tenho que mostrar como da mesma fonte, da qual brotam toda a retidão, virtude, amor e generosidade, finalmente, quando as condições estão no mais alto grau, brota a *resignação*, ou aquilo que chamo de *negação da vontade de viver*.

Encontramos o ódio e a malícia condicionados pelo egoísmo, e vimos isso como o preconceito do conhecimento que está baseado no *principio individuationis*: por outro lado, como origem da *justiça* espontânea, e então, quando isso é levado adiante, ao *amor* e à *nobreza* até os mais altos graus, encontramos a percepção precisamente desse *principii individuationis*; pois só assim se elimina a diferença entre o próprio indivíduo e os outros, e através disso a perfeita bondade de disposição se torna possível, até o amor mais altruísta e o mais generoso autossacrifício em relação ao outro.

Quando essa visão que vai além dos *principii individuationis*, esse conhecimento direto da *identidade da vontade* em todas as suas manifestações, estiver presente em um alto *grau de clareza*, haverá uma influência ainda maior sobre a vontade. Ou seja, quando o véu de Maya foi levantado dos olhos de um homem, quando ele vê além do *principium individuationis* tão completamente que não faz mais a *distinção egoísta* entre sua *própria pessoa* e a dos *outros*, mas se interessa tanto pelo sofrimento de outros indivíduos quanto pelo seu próprio, e por causa disto, agora, não só é *altruísta* no mais alto grau, mas está até mesmo pronto para *sacrificar* seu próprio indivíduo para que vários outros possam *ser salvos* através dele: então segue-se que tal homem, que se *reconhece a si mesmo, seu íntimo e verdadeiro eu*, em todos os seres, também deve considerar os infinitos *sofrimentos* de todos os seres vivos como seus e, portanto, deve apropriar-se da dor do mundo inteiro para si mesmo. Nenhum sofrimento é estranho para ele. Todos os sofrimentos dos outros, que ele vê e é tão raramente capaz de aliviar, todos os sofrimentos dos quais ele tem conhecimento indireto, aliás, que ele só reconhece como possíveis, agora afetam seu espírito como se fossem seus próprios. Não é mais a mudança de vida e o sofrimento de sua pessoa que ele tem em vista, como é o caso do homem ainda preso ao egoísmo; mas, como ele vê além do *principium individuationis*, tudo está *igualmente próximo a ele*. Agora, ele reconhece o todo, capta a essência deste e o considera um estado indesejável. Ele vê o mundo como *aparência* em um estado de *decadência perpétua*, uma luta vã, luta interior e *sofrimento constante*. Para onde quer que olhe, ele vê a humanidade sofredora, o sofrimento animal e encontra todo tipo de existência no tempo como uma constante transição para a não existência, um ser evanescente e completamente fútil. Mas tudo isto, o destino geral, está agora tão próximo dele quanto sua própria pessoa está do egoísta. Pois ele reconhece seu próprio ser em tudo. Quando, portanto, em um homem que, precisamente nesse modo de conhecimento, cujo menor grau produz virtude e nobreza, atinge essa distinção, ocorre uma mudança em sua própria vontade. Esse homem sente que sua vontade é a verdadeira essência deste mundo e que são precisamente os atos constantes da vontade, a afirmação da vida, que o ligam a este mundo. Portanto, ele deixa de querer o mundo e a vida, ou seja, deixa de querer em absoluto. Assim, em vez daquele que ainda está preso ao *principium individuationis* e só reconhece as coisas individuais e a relação dessas coisas com sua pessoa, cujo conhecimento sempre dá *novos motivos* para sua vontade; por outro lado, aquele conhecimento descrito que vê através do *principium individuationis* e através do qual a vontade não mais se reconhece somente no indivíduo, mas em todos os seres ao mesmo tempo, esse conhecimento torna-se um *quietivo* de todos e de cada um dos quereres. A vontade agora se afasta da vida: os prazeres da vida despertam nela o horror, parecem-lhe pecaminosos, pois ela reconhece neles a afirmação da vida. Assim o homem atinge o estado de *renúncia voluntária*, de *resignação*, de verdadeira *serenidade* e de completa *falta de vontade*. Mas o início desse estado é sempre precedido por expressões do maior amor pela humanidade, porque surge como resultado do mesmo conhecimento quando esse conhecimento se tornou ainda mais claro. É certamente um fenômeno raro, mas muito elevado. Quero, portanto, dar-lhes suas expressões e explicar sua essência com mais detalhes.

Cada um só pode compreender a essência real de todos os estados humanos a partir de dentro de si mesmo: há certamente uma predisposição em todos para tudo o que pode acontecer ao ser humano, mas muitas vezes ela pode ser muito fraca. Talvez todos tenham, às vezes, uma tendência ao indicado estado de resignação: isto é, em seu próprio sofrimento, fortemente sentido, ou no sofrimento dos outros, que é vividamente reconhecido, a percepção do nada e da amargura da vida às vezes se aproxima mais dele: o pensamento nos excita a romper o aguilhão dos desejos através da renúncia completa e para sempre resoluta, a fechar o acesso a todo sofrimento, a purificar-nos e a santificar-nos: mas é ainda um longo caminho desde um impulso tão momentâneo até o estado de renúncia, resignação, abandono de toda vontade: que é na verdade uma *completa inversão da natureza humana*. Tal mudança logo passa: pois logo nos enredamos de novo no engano das aparências; seus motivos põem a vontade em movimento de novo: não podemos *nos afastar*: a atração da esperança, a lisonja do presente, a doçura dos prazeres, a aquiescência no bem-estar que é concedido à nossa pessoa, mesmo que em meio à miséria de um mundo sofredor sob a regra do acaso e do erro, tudo isso sempre nos atrai de volta ao mundo e nos prende de novo aos laços. Por isso Jesus disse: "É mais fácil um camelo passar pelo olho de uma agulha do que um rico entrar no reino de Deus" [–] Isto é suficiente para entender, até certo ponto, do que estamos falando.

Vamos comparar a vida com um caminho circular de carvões em brasas, com alguns pontos frios de vez em quando: teríamos que correr por esse caminho constantemente: quem ainda está preso ao *principium individuationis* é confortado pelo ponto frio no qual ele está agora mesmo, ou que vê de perto diante dele, e ele continua a correr pelo caminho. Mas aquele que vê através do *principium individuationis*, e, portanto, reconhece a essência das coisas e do todo, não é mais capaz de tal consolo: ele se vê em todos os pontos do círculo de uma só vez, e sai.

Os fenômenos pelos quais se manifesta essa virada específica da vontade e a negação da vontade de viver são principalmente três: castidade voluntária, pobreza voluntária, e finalmente até mesmo a imposição voluntária de desconfortos e dores corporais. Eu os chamo pelo nome de *ascese* [Askesis], pois esse estado sempre foi chamado de modo de vida ascético. A apreensão desse modo de vida é o fenômeno pelo qual se dá a conhecer que (na aparência de um homem) a vontade de viver já não se afirma no conhecimento de sua própria natureza, que é precisamente a vida; mas nega a si mesma. A transição da *virtude* para o *ascetismo* ocorre então. Ou seja, assim que o homem chega a esse ponto, já não lhe basta mais amar os outros como a si mesmo e fazer tanto por eles quanto por si mesmo; mas uma certa timidez, um horror dos prazeres da vida, surge para ele, porque sente que, através deles, está ligado a um mundo que lhe parece miserável. Mas, como seu próprio ser interior é precisamente o ser deste mundo, ele nega a si mesmo, nega a vontade de vida já expressa e manifestada através de seu corpo. Nesse sentido, pode-se dizer: suas *ações* agora *desmentem* sua *aparência* e a contradizem abertamente. Pois, embora ele não seja essencialmente nada além da *aparência da vontade*, agora *deixa de querer* qualquer coisa: tem o cuidado de não ligar sua vontade a nada, e procura estabelecer em si mesmo a maior indiferença a todas as coisas. – O primeiro passo no qual isto se mostra é, como eu disse, a castidade voluntária. Seu corpo, saudável e forte, é, como sabemos, no todo e em todas as suas partes, nada mais que a *visibilidade dos esforços da vontade*. Os *genitais* desse corpo são a *pulsão sexual* objetivada: mas ele nega a vontade e impõe uma *mentira* ao corpo: *não quer nenhuma satisfação sexual*, sob nenhuma condição. Assim, a *castidade* voluntária e perfeita, que não precisa ser levada por nenhum motivo, é o primeiro passo pelo qual a *ascese* ou a *negação* da vontade de viver se torna conhecida. Devo chamar sua atenção para a correspondência dessa verdade com o que foi dito anteriormente, correspondência essa que provarei por algo bastante empírico, mas pelo qual ela se torna ainda mais marcante. Lembrem-se de duas frases: 1) que a mais pura, decisiva e mais forte afirmação da vontade de viver se expressa no ato de procriação; 2) que a explicação da expressão "a vontade se afirma" foi esta: Depois que a vontade, originalmente sem conhecimento, como um impulso cego, ganhou conhecimento de sua própria essência e do que quer através da entrada da representação, esse conhecimento de forma alguma inibe seu querer; mas precisamente o que queria e buscava antes como um impulso sem conhecimento, agora também quer com conhecimento, consciente e prudentemente. Correspondendo exatamente a essas duas proposições, encontramos agora aqui, onde estabelecemos a castidade voluntária como primeiro passo para a negação da vontade de vida, a seguinte diferença bastante empírica e factual entre aquele que nega a vontade e aquele que a afirma através de atos procriativos: a ejaculação fisicamente necessária do sêmen nunca ocorre com aquele (que não afirma a vida através dele) a não ser sem consciência, no sono, como um efeito de força natural cega como toda função vegetativa e meramente vital de seu corpo: com o outro, porém (aquele que afirma a vida através dele), ocorre com consciência e deliberação, na presença do conhecimento. Dessa forma, corresponde à nossa explicação do que significa afirmar a vontade. O homem nega assim a afirmação da vontade que vai além de sua pessoa, além dessa aparência individual da vontade: essa expressão *indica* que, com a vida desse corpo, a vontade, cuja aparência ela é, também deixa de existir. Pois aqui a vontade nada mais afirma do que a existência temporal desse corpo. — A natureza, sempre verdadeira e ingênua, diz que se essa máxima se tornasse geral, a raça humana morreria: e, de acordo com o que eu disse na *Metafísica* sobre a conexão dos fenômenos da vontade, podemos muito bem supor que, com a manifestação mais elevada da vontade, seu reflexo mais fraco, a animalidade, também desapareceria: assim como em plena luz a penumbra desaparece. Com a completa supressão do conhecimento, o resto do mundo também desapareceria no nada; já que, sem o sujeito, não há objeto. Ver nota na página 548.[48]

---

[48] Schopenhauer se refere aqui a uma anotação feita na página 548 de seu exemplar da primeira edição de *O mundo como vontade e como representação*. (N. T.)

Veremos ainda que o cristianismo tem uma tendência decididamente ascética: por isso é dito no Ev. Mateus 19, 10: "Então os discípulos disseram: Se o assunto de um homem é assim com sua esposa, não é bom estar casado". Mas Jesus disse: "Disseram-lhe seus discípulos: se assim é a condição do homem relativamente à mulher, não convém casar. Ele, porém, lhes disse: Nem todos podem receber esta palavra, mas só aqueles a quem foi concedido. Porque há eunucos que assim nasceram do ventre da mãe; e há eunucos que foram castrados pelos homens; e há eunucos que se castraram a si mesmos, por causa do reino dos céus. Quem pode receber isto, receba-o" ["]Paulus, I Cor. cap.7. καλον ανθρωπω γυναικος μη άπτεσθαι.[49] Mas, por causa da fornicação, que cada homem tenha sua esposa e assim por diante. Mas eu digo estas coisas como que por permissão, e não por mandamento. Mas eu preferiria que todos os homens fossem como eu sou: mas cada homem tem seu próprio dom diante de Deus. Mas digo aos solteiros e viúvos, que é bom para eles se também permanecerem como eu sou. Mas, se não podem conter-se, casem-se. Porque é melhor casar do que abrasar-se. I Coríntios 7:9". κρεισσον γαρ εστι γαμησαι η πυρουσθαι.[50] E versículo 38: "De sorte que, o que a dá (sua filha) em casamento faz bem; mas o que não a dá em casamento faz melhor". I Coríntios 7:38. — (Passagem dos Vedas p.548.)

O segundo fenômeno pelo qual a ascese, ou negação da vontade, se manifesta, é a *pobreza* voluntária e *deliberada*, em que a propriedade é dada para aliviar o sofrimento dos outros, não apenas aquela que surge *por acidente*. A pobreza aqui se torna *um*

---

49 É bom para um homem não tocar uma mulher. (N. T.)
50 É melhor se casar do que ser consumido pelo desejo. (N. T.)

fim em si mesma, é escolhida como uma constante *mortificação* da vontade, para que a satisfação dos desejos, a doçura da vida, não volte a excitar a vontade, pela qual o autoconhecimento tomou horror e repulsa. Também no cristianismo há a recomendação da pobreza voluntária: Mateus 19, 21: "Se queres ser perfeito, vai, vende o que tens e dá aos pobres; e terás um tesouro no céu, e vem e segue-me" (ibid., 24). Pois, mesmo que se tenha chegado *a esse ponto*, ele *ainda sente*, como um corpo animado, como uma manifestação concreta da vontade, a *disposição para o querer* de toda espécie: mas ele a suprime deliberadamente forçando-se a não fazer nada do que bem deseja, mas a fazer tudo o que não deseja, mesmo que não tenha outro propósito que servir precisamente o de mortificar a vontade. É por isso que *todo sofrimento* que lhe vem de fora, por acaso ou por malícia de outro, todo dano, toda ignomínia, todo insulto, *é bem-vindo* a ele: recebe-os com alegria, como a oportunidade de dar a si mesmo a certeza de que não mais *afirma a vontade*, mas toma alegremente o lado de *todo inimigo* da manifestação da vontade, que é sua própria pessoa. Ele suporta, portanto, tal ignomínia e sofrimento com inesgotável paciência e mansidão; paga todo o mal com o bem, sem ostentação, sem consentir que o fogo da ira, assim como o da luxúria, desperte nele de novo. — Veremos ainda que o cristianismo tem uma tendência ascética: por isso diz no sentido aqui discutido: "Você não resistirá ao mal; mas se alguém lhe der um golpe na face direita, dê-lhe também a outra" (Ev. Mateus 5, 39).

Finalmente, a terceira expressão do ascetismo é a imposição voluntária de dores corporais. É aí que vem esse ponto, por último. Como ele mortifica *a própria vontade*, assim também a visibilidade dela, o corpo: ele o alimenta de forma insuficiente, para que a profusão de seu florescer e prosperar não reavive e estimule mais fortemente a vontade, da qual ele é mera expressão e espelho. É por isso que vemos tais pessoas recorrendo ao *jejum*, usando somente os cabelos como roupa, até mesmo recorrendo à *mortificação e à autotortura*, a fim de quebrantar e matar cada vez mais a vontade, através da constante privação e sofrimento, essa vontade que elas reconhecem e detestam como a fonte de seu próprio sofrimento e do sofrimento do mundo. Foi nessa direção que surgiram os dias de jejum entre os católicos, o modo de vida estrito e a abstinência de algumas ordens monásticas.

Quem vive dessa maneira pode dizer, como Paulo, καθ' ἡμεραν αποθνησκω: eu "morro todo o dia" (Coríntios, I, 15, 31): para ele a morte não pode ser terrível: antes, para tal homem, a morte é uma redenção bem-vinda. Pois o ser cuja mera expressão e imagem é o corpo, a vontade de vida, livremente negou e anulou a si mesma: apenas um fraco remanescente dela permanece, que aparece apenas como o princípio animador do corpo: apenas através dessa aparência e nela a vontade de vida ainda existe: esse último elo frágil é finalmente rompido pela morte: portanto, aqui não apenas a aparência da vontade de vida termina através da morte, como é o caso de outra forma; mas o próprio ser que apareceu, a vontade de vida, é ao mesmo tempo completamente anulado. Para aquele que termina assim, o mundo tem um fim ao mesmo tempo; portanto, a morte é recebida com alegria por ele como uma redenção há muito esperada. Nesse sentido, Paulo diz: επιθυμιαν εχων εις το αναλυσαι και συν Χριστω ειναι πολλω γαρ μαλλον κρεισσσον (Filipenses 1:23).[51]

---

51 Mas de ambos os lados estou em aperto, tendo desejo de partir e estar com Cristo, porque isto é ainda muito melhor. (N. T.)

Tudo isso não é uma prescrição, mas uma apresentação e explicação de um fenômeno ético da natureza humana. Não estou dizendo que se *deve* desistir de tudo o que se deseja, renunciar a todos os prazeres, recorrer à pobreza voluntária, à castidade e assim por diante. Repito, não existe um dever absoluto; todos os deveres são relativos. É apenas de um ponto de vista errado, ou apenas figurativa e misticamente, que se fala de um *destino do homem*: pois todo destino só pode vir para aquilo que tem seu propósito e sua origem fora de si mesmo: que esse não é o caso do homem, você deve ter entendido há muito tempo. A vontade é a coisa mais original e *absolutamente livre*, precisamente porque é uma coisa em si. O que cada um *quer*, isso é o que cada um é, o que cada um é, o que cada um quer. Isso é mostrado a cada um pelo espelho da vontade, pelo mundo cognoscível e pela vida. Não cabe falar de determinação, prescrição e dever. Apenas interpretamos, expomos os fenômenos[,] não prescrevemos.

Mas o que descrevi aqui em *termos abstratos e gerais* não é um conto de fadas filosófico *inventado* para o benefício e a justificativa de um sistema e que diz respeito apenas ao hoje: não, a *realidade* já mostrou isso muitas vezes: a representação filosófica disso é nova, mas o fato é antigo. Trata-se da vida daqueles que eram chamados de santos, até mesmo de almas belas; tais eram encontrados entre os cristãos, ainda mais entre os hindus, também entre outros companheiros de fé, que nada sabiam uns dos outros e não procederam das mesmas doutrinas. Portanto, não era nenhum dogma, nenhum conhecimento abstrato que os guiava, mas um conhecimento imediato e intuitivo. Em vez disso, sua *razão* foi impressa com *dogmas fundamentalmente diferentes*; mas *seu modo de vida* expressou da mesma forma aquele *conhecimento interior, imediato e intuitivo* do qual somente toda a virtude e, finalmente, toda a santidade podem proceder. – Pois aqui também se manifesta aquela *grande diferença, tão importante* para toda a nossa consideração e tão difundida em toda parte, mas que até agora recebeu pouquíssima atenção, a *diferença entre o conhecimento intuitivo e o abstrato*. Entre os dois existe um *grande abismo* sobre o qual, no que diz respeito ao conhecimento da essência do mundo, só a *filosofia* conduz. *Intuitiva e concretamente*, todo ser humano está realmente ciente de todas as verdades filosóficas: mas trazê-las para seu *conhecimento abstrato*, para a *reflexão*, é tarefa do *filósofo*, que não deve nem pode fazer outra coisa.

Apresentei agora, de maneira abstrata e pura, à margem de qualquer fórmula mítica, a natureza íntima desse conhecido fenômeno que é chamado de santidade, abnegação, mortificação da vontade própria, ascetismo: expressamos essa *natureza interior* como uma *negação da vontade de viver*, que ocorre quando a vontade chega a um *conhecimento perfeito de seu próprio ser*, que o afeta retroativamente e se torna o *quietivo* de todo querer. – Todos aqueles santos e ascetas que, embora tivessem o mesmo *conhecimento interior*, falavam uma *linguagem muito diferente*, de acordo com os dogmas da doutrina de sua terra, que uma vez receberam em sua razão, agora reconheceram e expressaram diretamente o mesmo por meio de ações. Assim, um santo hindu, um santo cristão, um santo lamaísta, cada um deles fará um relato *muito diferente* de suas próprias ações, mas isso é totalmente *indiferente para a questão*. Um *santo* pode estar cheio da mais absurda *superstição* ou, ao contrário, pode ser um filósofo: ambos são igualmente válidos: somente suas *ações* o certificam como *santo*. E essa ação, de um ponto de vista ético, não surge do conhecimento *abstrato*, mas do conhecimento *intuitivo* e direto do mundo e de sua essência: é apenas para a *satisfação de sua razão* que ela é interpretada por ele por meio de algum *dogma*. Portanto, é tão pouco necessário que o santo seja um filósofo quanto que o filósofo seja um santo, assim como não é necessário que um homem perfeitamente belo seja um grande escultor, ou que um grande escultor seja ele mesmo um homem belo. A filosofia nada mais faz do que *repetir toda a essência do mundo* de forma abstrata, geral e clara *em conceitos*, a fim de estabelecê-la como uma imagem refletida do mundo em conceitos permanentes e sempre prontos da razão. Ditado de Bacon.[52]

Mas é justamente por isso que minha apresentação da negação da vontade de viver é apenas abstrata e fria. O conhecimento do qual procede a negação da vontade é *intuitivo* e não *abstrato*, por isso não encontra sua expressão perfeita em conceitos abstratos, mas apenas no *ato* e na *mudança*. Portanto, quem se interessar por esse fenômeno, quem quiser *ver e compreender mais plenamente* o que expresso filosoficamente como a negação da vontade de viver, deve buscar *exemplos* da *experiência* e da *realidade*. É certo que elas não serão encontradas na experiência cotidiana: *nam omnia praeclara tam difficilia quam rara sunt.*[53] Spinoza. Se, portanto, não formos testemunhas oculares de tal modo de vida por um destino particularmente favorável,

---

52 Francis Bacon, De dignitate et augmentis scientiarum libri IX, sive Instaurationis Magnae, Pars Prima, Liber II, Cap. XIII. In: *Opera Omnia, cum Novo eoque insigni augmento Tractatuum hactenus ineditorum, & ex idiomate Anglicano in Latinum sermonem transatorum, opera Simonis Johannis Arnoldi, Ecclesiae Sonnenburgensis Inspectoris*. Hafniae [Kopenhagen; zugleich in Leipzig]: Impensis Johannis Justi Erythropili 1694. (N. T.)

53 Pois todas as coisas excelentes são tão difíceis quanto raras. (N. T.)

teremos de nos contentar com *descrições da vida* de tais pessoas. Então, realmente entenderemos do que estou falando. – A *literatura indiana* é muito rica em *descrições* da vida dos santos, dos penitentes, chamados de *Saniassis*: já no pouco que sabemos até agora por meio de traduções, encontramos muito do mesmo. Muitos exemplos excelentes desse tipo podem ser encontrados na conhecida *Mitologia dos hindus*, de Madame de Polier, especialmente no segundo volume, capítulo 13. A propósito, esse livro contém muitas visões e representações falsas. – Mesmo *entre os cristãos*, não há falta de *exemplos* para a explicação pretendida. Tais exemplos são dados nas *biografias*, em sua maioria mal escritas, daquelas pessoas que às vezes são chamadas de almas santas, às vezes pietistas, quietistas, entusiastas piedosos e assim por diante. Coleções de tais biografias foram feitas em várias épocas, tais como *Leben Heiliger Seelen*[,] antiga: um extrato dela, recente. – Reiz, *Historie der Wiedergeborenen* (Offenbach, 1701. 5v.) – Kanne, *Leben merkwürdiger und auferweckter Christen* (1816). – contém muitas coisas ruins, mas também algumas boas, especialmente a vida de Beata Sturmin (que também apareceu sozinha em 1737 em Stuttgart). Mas especialmente para ser recomendado como um exemplo mais detalhado e perfeito e uma explicação factual dos conceitos que estabeleci é *La vie de Mad. de Guion, écrite par elle même*; 3 volumes. em 12º; no século XVII. Todo homem de melhor natureza lerá esse livro com prazer, será indulgente com a superstição em que sua razão está presa e fará justiça à excelência de sua disposição e conduta: por outro lado, com os pensadores comuns, ou seja, com a maioria, esse livro está desacreditado, e deve estar, porque absolutamente e em todos os lugares todos só podem apreciar aquilo que é, até certo ponto, análogo a eles e para o qual eles têm pelo menos uma disposição fraca. Isso vale tanto para o lado o intelectual como para o ético. Além disso, pode-se considerar como um exemplo pertinente a conhecida biografia francesa de Spinoza, para a qual tão boas chaves proporciona o seu muito inadequado tratado: *De emendatione intellectus*. (Acalmando a tempestade das paixões.) Por fim, até mesmo Goethe, apesar de seu helenismo, fez um relato desse lado mais belo da humanidade no espelho ilustrativo da poesia: *Confissões de uma bela alma*: – onde se idealiza a vida da jovem Klettenberg; da qual a própria biografia de Goethe oferece alguns dados históricos. Ver nota na p.553.[54] – A *história mundial* sempre se calará sobre os homens cuja vida é a melhor e única explicação suficiente desse importante ponto de nossa consideração. Pois o *assunto da história* mundial é bem diferente, até mesmo *oposto*: pois ela não precisa representar a negação e o abandono da vontade de vida, mas, ao contrário, *sua afirmação* e seu aparecimento em inúmeros indivíduos, onde sua *dissensão* consigo mesmo, no estágio mais alto de sua objetivação, emerge com perfeita clareza. Lá ela traz diante de nossos olhos, às vezes a *superioridade* do indivíduo por meio de sua *esperteza*, às vezes o poder da *multidão* por força de sua massa, às vezes o *poder* do *acaso* personificado como destino – mas sempre a futilidade e a nulidade de todo o esforço. Porém não estamos aqui preocupados em *traçar o fio dos fenômenos no tempo*; em vez disso, estamos *filosofando* e procurando *investigar* o *significado ético* das ações para o presente: esse, portanto, é o único *critério* aqui para o que é

---

54 Schopenhauer se refere aqui a uma anotação feita na página 553 de seu exemplar da primeira edição de O mundo como vontade e como representação. (N. T.)

significativo e importante: portanto, apesar da eterna maioria das vozes da mesquinhez e da platitude, queremos confessar que o maior, mais importante e mais significativo fenômeno que o mundo pode apresentar não é o *conquistador do mundo*, mas o *superador* do mundo. Isto, de fato, é representado por nada mais do que a vida silenciosa e despercebida de tal homem, a quem esse conhecimento chegou, em consequência do qual ele desiste e nega aquela vontade que preenche tudo e impulsiona e se esforça em tudo, aquela vontade de viver. Somente aqui *aparece a liberdade dessa vontade*, e a ação agora se torna exatamente o *oposto* da ação comum. — Assim, para o filósofo, no que diz respeito a esse aspecto, essas descrições das vidas de pessoas santas e abnegadas, embora sejam, em sua maioria, mal escritas, até mesmo misturadas com superstição e absurdos, são, no entanto, devido ao *significado do material*, incomparavelmente mais instrutivas e importantes do que até mesmo as obras de Plutarco e Lívio.

A fim de obter um *conhecimento mais próximo e completo* do que expressei na abstração e generalidade do modo filosófico de apresentação como a negação da vontade de viver, ainda será conveniente considerar os *preceitos éticos* que foram dados nesse sentido e por homens que estavam cheios desse espírito. Ao mesmo tempo, eles mostrarão *quão antiga* é nossa visão, não importa *quão nova* possa ser sua expressão puramente filosófica. — O que está mais próximo de nós é o *cristianismo*: sua ética não é apenas fazer o certo e fazer o bem, mas já tem uma tendência ascética: nele reside o espírito de renúncia e afastamento do mundo e de seus prazeres. Esse último lado já está claramente presente como um germe nos escritos dos apóstolos, mas é somente mais tarde que ele se desenvolve plenamente e é *explicitamente* expresso. Dos *apóstolos*, encontramos prescrições:

amor ao próximo, igual ao amor-próprio; caridade; retribuição do ódio com amor e benevolência; paciência, gentileza, renúncia ao próprio direito, disposição para abrir mão dele, não resistência ao mal, suportar todos os possíveis insultos sem resistência; abstinência de alimentos para a supressão do desejo, resistência ao instinto sexual, se possível, completamente. Aqui vemos os primeiros estágios do ascetismo ou a negação real da vontade. Essa orientação logo se desenvolveu mais e mais e deu origem ao modo de vida ascético, aos *penitentes*, aos *anacoretas* e ao *monasticismo*: Os eremitas e monges eram originalmente pessoas que, ao conhecerem o mundo, negaram a vontade de viver, renunciaram a todos os prazeres e a toda vontade própria e escolheram a castidade voluntária, a pobreza voluntária e a completa solidão, a fim de encerrar suas vidas por meio da contemplação piedosa, da penitência contínua e da abstinência estrita. Essa origem era, portanto, pura e santa, mas, por essa mesma razão, bastante inadequada para a maioria das pessoas, razão pela qual logo se tornou uma máscara para a hipocrisia e as maiores abominações se desenvolveram a partir dela: o terrível clericalismo. Esse germe ascético do cristianismo desenvolveu-se em sua plenitude nos *escritos dos santos e místicos cristãos*. Além do amor mais puro, eles pregam a *resignação* quase completa, a *pobreza voluntária completa*, a *verdadeira serenidade*, a completa *indiferença* a todas as coisas do mundo, a morte para a própria vontade e o renascimento em Deus, o completo *esquecimento* da própria pessoa e a imersão na visão de Deus. Você pode encontrar um relato completo sobre isso em Fénelon, *Explication des maximes des saints sur la vie intérieure*. Nesse livro, não são suas próprias opiniões que são as mais importantes, mas aquelas que ele cita, muitas vezes para argumentar contra elas.

Mas *esse* desenvolvimento do espírito do cristianismo é mais perfeito e poderosamente expresso no conhecido, muito antigo e excelente livro *Die Teutsche Theologie* [A teologia alemã] (*illustratio*), nova edição. Lutero escreveu um prefácio para uma edição desse livro, no qual ele diz que, com exceção da Bíblia e de Santo Agostinho (*honoris causa*), ele não havia aprendido mais sobre Deus, Cristo e o homem em nenhum outro livro do que nesse. – Os ensinamentos e preceitos nele contidos são a mais completa discussão sobre o que chamo de negação da vontade de viver. No mesmo espírito excelente, embora não deva ser considerado igual a *A teologia alemã*, estão os escritos ainda mais antigos de Tauler, especialmente *Medulla animae* e *Nachfolgung des armen Leben Christi*.

Assim, essa tendência do espírito humano e o mais importante de todos os fenômenos éticos, que chamamos de negação da vontade, foi apresentada na *Igreja Cristã* e no *mundo ocidental*. – Mas ele se desenvolveu ainda mais, foi expresso de maneiras mais variadas e apresentado de forma mais vívida *entre os hindus*, nas antigas obras da língua *sânscrita*. (Por que não há obstáculos: p.556, 57.) Por mais imperfeito que seja nosso conhecimento da literatura indiana, ainda assim encontramos uma abundância de preceitos éticos no que temos dos *Vedas*, *Puranas*, epopeias e outras obras poéticas, mitos, lendas de seus santos, ditos e regras de vida, cuja soma indicarei a seguir. Você encontrará provas do que foi dito acima especialmente nos seguintes lugares, embora existam muitos outros: *Oupnek'hat*, v.II, n.138, 144, 145, 146. – *Mythol. d. Indous*, p.Polier, v.2, cap.13, 14, 15, 16, 17. – *Asiat. Magazin von Klaproth*, v.1. *über die Fo-Religion*: – e mesmo o *Bhaguat-Dschita, Gespräche zwischen Krischna und Ardschun*: – v.2: Moha-Mudgava. – *Institutes of Hindu-Law, or the*

Ordinances of Menu, trad. sânscrito por W. Jones; trad. alemão por Hüttner (1797): especialmente capítulos 6 e 12. — Finalmente, muitas traduções que podem ser encontradas nos *Asiatick Researches*. —

Em todas essas passagens, portanto, encontramos normas expressas da maneira mais variada e poderosa, *cujo resumo é: amor* ao próximo, com negação completa de todo amor-próprio; caridade, até mesmo a ponto de doar o que se ganha diariamente; *paciência* ilimitada contra todos os ofensores; *retribuição de todo mal, por pior* que seja, *com o bem* e o amor; *resistência* voluntária e alegre a toda ignomínia; abstenção de todo alimento animal; castidade completa e renúncia a toda luxúria, para aquele que almeja a verdadeira santidade; *pobreza* voluntária, desfazendo-se de todos os bens, abandonando todas as propriedades, todos os parentes, solidão profunda e completa, passada em contemplação silenciosa (então se experimentará quão abençoado é um homem solitário que abandona e não é abandonado); finalmente, também penitência voluntária, terrível e lenta autotortura para a completa mortificação da vontade; e isso finalmente vai até a morte voluntária, por inanição, também indo ao encontro dos crocodilos, ou também quando, em grandes festivais, as imagens dos deuses são conduzidas em uma enorme carruagem, que os sacerdotes acompanham cantando, e na frente da qual as bailarinas dançam com címbalos e tímpanos, a pessoa se joga sob as rodas, o que não interrompe a procissão por nem um momento. A origem desses regulamentos remonta a quatro milênios; mas mesmo agora, não importa o quão degenerado esse povo seja em muitos aspectos, esses regulamentos são vividos por indivíduos até os extremos. O que continuou a ser praticado *por tanto tempo*, com um povo que compreende *tantos milhões*, não pode ser um *capricho arbitrário*, mas deve ter sua base na natureza da humanidade. Mas, além disso, sempre nos surpreende a *harmonia* que se encontra ao ler a vida de um santo ou penitente cristão e a de um indiano. Com dogmas, costumes e ambientes tão fundamentalmente diferentes, a vida interior e as aspirações de ambos são exatamente as mesmas. Assim, também o *espírito dos preceitos* é exatamente o mesmo para ambos: por exemplo, Tauler fala da pobreza completa que se deve buscar e que consiste em renunciar completamente e se despojar de tudo que possa proporcionar qualquer consolo ou satisfação mundana. Obviamente porque tudo isso sempre dá *novo alimento à vontade*, cuja total extinção se procura: Como *contrapartida indiana*, temos os preceitos de *Fo*, ao *Saniassi*, o qual deve carecer de moradia e de qualquer propriedade, e a quem é ordenado, por último, que não se deite mais vezes sob a mesma árvore, para que não tome gosto ou inclinação por essa árvore. Essas características *expressam todo o espírito* das regras. Mas *essa grande semelhança*, em épocas e povos tão diferentes, é uma prova factual de que não há, como a platitude otimista gosta de afirmar, uma loucura ou excentricidade da mente aqui, mas *um lado essencial da natureza humana* se expressando, que apenas raramente se destaca por causa de sua excelência e sublimidade.

Indiquei-lhes as fontes nas quais vocês podem aprender diretamente e extrair da vida os fenômenos por meio dos quais se expressa o que chamamos filosoficamente de *negação da vontade de viver*. Apresentei esse ponto importantíssimo apenas em termos gerais e abstratos: vocês obterão um conhecimento mais próximo dele melhor a partir das fontes indicadas, cujos autores falam a partir da experiência direta.

No entanto, quero acrescentar algo à descrição geral dessa condição. Anteriormente, mostrei como o *homem mau* sofre tormento interior constante e arrasador pela violência de sua vontade e, finalmente, quando todos os objetos da vontade estão esgotados, procura esfriar a sede feroz da vontade própria vendo a dor dos outros. *O outro extremo ético* mostra-se agora naquele que chegou à *negação da vontade de viver*: a sua condição, vista de fora, é pobre, sem alegria e cheia de privações, mas está cheio de alegria interior e em verdadeira paz celestial. Sua condição não é aquela que acompanha a mudança do homem que ama a vida, o impulso inquieto de viver, a alegria exultante, que tem como condição um sofrimento violento, que ou precede ou segue essa manifestação; Mas é precisamente ἡ εἰρηνη ἡ υπερεχουσα παντα νουν[55] (Fp 4:7), uma paz inabalável, uma tranquilidade profunda e uma serenidade íntima; quando essa condição é colocada diante de nossos olhos ou de nossa imaginação, não podemos vê-la sem o maior desejo: reconhecemos essa condição como a única coisa certa, que supera infinitamente tudo o mais, e nosso melhor espírito nos chama para o grande *sapere aude*. Sentimos, então, que *toda satisfação de nossos desejos*, que obtemos do mundo, é apenas como a *esmola* que mantém o mendigo vivo hoje, para que ele volte a passar fome amanhã: Por outro lado, a *renúncia* ao *patrimônio* herdado: livra para sempre o proprietário de todas as preocupações.

Agora, lembremos algo que aprendemos na *estética*, a saber, que uma grande parte da alegria proporcionada pela beleza consiste numa condição subjetiva, a saber, que, ao entrar no estado de *pura contemplação*, somos, por um momento, aliviados

---

[55] A paz [de Deus] que excede toda a razão. (N. T.)

de toda vontade, ou seja, de todos os desejos e preocupações. Isto é, somos, por um momento, aliviados de todos os desejos e preocupações, como se, por assim dizer, *livres de nós mesmos*, não fôssemos mais o indivíduo que conhece por causa de sua vontade constante, o correlato da coisa individual, para quem os objetos se tornam *motivos*, passando a ser o correlato da ideia, o eterno puro sujeito do conhecimento: essa breve *salvação* do impulso da vontade, provocada pela contemplação estética, é, por assim dizer, apenas uma *emergência momentânea* do pesado éter terrestre: mas são os momentos mais felizes que conhecemos. A partir disso, podemos ver quão bem-aventurada deve ser a vida de um homem *cuja vontade* não é *subjugada* apenas por um momento, como na apreciação do belo, mas é *subjugada para sempre* e, na verdade, é completamente extinta, exceto pela última centelha ardente, que sustenta o corpo e se extinguirá com o corpo. Tal homem, depois de muitas *lutas* amargas contra sua própria natureza, finalmente *a superou completamente*: agora toda a volição se afastou dele; e ele é apenas como que um *puro ser de conhecimento*, como um *límpido espelho* do mundo. Nada mais pode assustá-lo, nada mais pode movê-lo, pois ele cortou todos os mil fios do querer que nos mantêm presos ao mundo e que, como o desejo, o medo, a inveja, a raiva, nos dilaceram em constante dor. Ele agora olha para trás calmamente e sorrindo para as ilusões deste mundo, que antes eram capazes de mover e atormentar sua mente e agora, uma vez que perderam todo o significado para ele por meio da supressão do querer, permanecem diante dele indiferentes, como as peças de xadrez que permanecem no tabuleiro depois que o jogo termina e sua posição não significa mais nada. — A vida e suas figuras apenas pairam diante dele, como uma aparição fugaz, como um sonho matinal quando já se está meio acordado: e, como esse sonho, a vida finalmente desaparece dele sem uma transição violenta. A partir dessas reflexões, podemos entender quando Mme. De Guion, diante do fim, em sua biografia, muitas vezes se expressa assim: "Tudo é indiferente para mim; não *posso* mais querer nada; muitas vezes não sei se estou aqui ou não" (passagem p.562.[56]). A partir daqui, também, a *justiça eterna* se mostra para nós novamente. O que o homem mau mais teme de todas as coisas, para ele é certo: *é a morte*. A morte é igualmente certa para o homem bom, mas é bem-vinda para ele. Como toda maldade consiste no desejo violento e incondicional pela vida, a morte é amarga, fácil ou desejável para cada um, de acordo com a medida de sua maldade ou bondade. A finitude da vida individual é um mal ou um bem, dependendo do fato de o homem ser bom ou mau. Comparação das celebrações cristãs e pagãs da morte.

Entretanto, não *devemos pensar* que, depois que o conhecimento se tornou o quietivo da vontade e, portanto, a vontade negou a si mesma, esse *estado não pode mais ceder* e ser vacilante e que podemos nos apoiar nele como em uma propriedade adquirida. Em vez disso, ele deve ser conquistado repetidas vezes por meio de *luta constante*. Pois, uma vez que *o corpo* é a própria vontade, apenas na forma de objetidade, ou como uma aparência no mundo como uma representação, assim, enquanto

---

[56] Schopenhauer se refere aqui à anotação relativa à fonte da citação, feita na página 562 de seu exemplar da primeira edição de O *mundo como vontade e como representação*: La vie de Madame J. M. B. de la Mothe Guion. *Écrite par Elle-même*. Cologne: Jean de la Pierre, 1720, v.3, cap. XXI (p.238-245). (N. T.)

o corpo vive, toda a vontade de vida também ainda está lá, de acordo com sua possibilidade, e sempre se esforça para entrar na realidade e brilhar novamente com todo o seu fervor. Portanto, na vida dos santos, encontramos a tranquilidade e a bem-aventurança descritas apenas como *a flor* que surge da *constante superação* da vontade e que vemos, pois, como *o solo* do qual brota uma *constante luta* com a vontade de viver. Pois ninguém pode ter descanso permanente na Terra. Encontramos, portanto, as histórias da vida interior dos santos cheias de *conflitos da alma*, *tribulações* e *abandono* da graça, isto é, eventuais abandonos precisamente daquele modo de conhecimento que torna todos os motivos ineficazes, acalma todo querer como um quietivo geral, dá a paz mais profunda e abre o portão da liberdade. Por isso, vemos também aqueles que, uma vez alcançada a negação da vontade, tentam se manter nesse caminho *com todo o esforço*, através de *renúncias forçadas* de todo tipo, por um modo de vida penitentemente duro e pela busca daquilo que lhes é desagradável: tudo a fim de amortecer a vontade que está sempre ressurgindo. Portanto, porque eles já conhecem o caminho da salvação, explica-se finalmente, seu *cuidado ansioso* pela *preservação* da salvação que conquistaram, seus escrúpulos de consciência, a cada indulgência inocente, ou a cada pequena agitação de sua *vaidade* que é, de todas as inclinações do homem, a mais indestrutível[,] a mais ativa e mais tola. — Tenho usado com frequência o termo *ascetismo*; no sentido mais restrito, entendo por isso essa ruptura *deliberada* da vontade, mesmo quando a própria vontade ainda se expressa, quando a pessoa, então, deliberadamente e com autocompulsão, nega a si mesma o agradável e busca o desagradável. Daí, então, o modo de vida penitente autoescolhido para a constante mortificação da vontade. (Essas pessoas geralmente usavam os cabelos como roupas e cintos com pontas. Isso pertence ao fenômeno dessa orientação do espírito humano.)

Δευτερος πλους[57]

Como vemos agora, aquele que já alcançou a negação da vontade, para assim se preservar, deliberadamente se coloca no estado de sofrimento; assim também o *sofrimento em geral*, como é imposto pelo destino, é uma segunda via, δευτερος πλους, que leva a essa negação. Sim, podemos supor que a maioria deles chega a isso apenas por esse caminho: o que os leva à resignação não é o sofrimento meramente *reconhecido* de toda a vida, que eles sentem e do qual se apropriam como seu por mero conhecimento, mas é precisamente o sofrimento que eles mesmos *sentem*: isso leva mais frequentemente à resignação, e muitas vezes apenas quando a morte está próxima. Pois somente no caso de poucos é que o mero conhecimento é capaz de proporcionar tanto a ponto de fazê-lo ver através do *principium individuationis*, trazendo assim, em primeiro lugar, a mais perfeita bondade de disposição e uma filantropia universal, e então, finalmente, permitindo que todos os sofrimentos do mundo sejam reconhecidos como o seu próprio, o que então dá origem à negação da vontade. Sempre que alguém se aproxima desse ponto, o estado tolerável de sua própria pessoa, a lisonja do momento, a sedução da esperança e a satisfação sempre presente da vontade, ou seja, do prazer, quase sempre serão um obstáculo constante para a negação da vontade e uma tentação

---

57 A segunda via. (N. T.)

constante para a afirmação renovada da vontade: portanto, a esse respeito, todas essas seduções foram personificadas na figura do *diabo*. Na maioria das vezes, portanto, a vontade é *quebrada* pelo maior *sofrimento próprio* antes que ocorra a negação dela mesma. Em tais casos, vemos o homem, depois de ter sido levado à beira do desespero através de todos os estágios do maior sofrimento, com a mais violenta relutância — *subitamente entrando em si mesmo, reconhecendo a si mesmo e ao mundo*, mudando toda a sua natureza, elevando-se acima de si mesmo e de todo o sofrimento, e, como se purificado e santificado pelo sofrimento, em incontestável calma, bem-aventurança e sublimidade, renunciando voluntariamente a tudo o que ele queria antes com a maior veemência, por fim, recebendo alegremente a morte. Mesmo os homens que eram muito perversos às vezes são purificados a esse grau pelos maiores sofrimentos: eles se *tornaram outro* e estão completamente transformados: seus antigos delitos, portanto, não assustam mais suas consciências; ainda assim, eles os expiam de bom grado com a morte e veem de bom grado o fim da aparência daquela vontade que agora se tornou estranha e abominável para eles. Temos uma descrição muito clara e vívida dessa negação da vontade provocada pelo grande infortúnio e pelo desespero da salvação no espelho da poesia, nomeadamente no *Fausto* de Goethe, a história do sofrimento de Gretchen. Não conheço nenhum semelhante na poesia. Podemos considerá-lo como um exemplo perfeito da segunda via, que conduz à negação da vontade: a primeira e mais nobre via conduz à negação através do mero *conhecimento* do sofrimento de um mundo inteiro, do qual se apropria voluntariamente: a segunda via, porém, δευτερος πλους, através da dor autossentida, a dor própria, que se experimenta de forma exaltada. É verdade que muitas *tragédias* acabam levando seu vigoroso herói a esse ponto de resignação total, quando a vontade de viver e sua aparência perecem simultaneamente: mas nenhuma representação que conheço põe de manifesto a essência dessa transformação de maneira tão clara e pura como a passagem mencionada de *Fausto*.

Mas a *vida real* também apresenta esse fenômeno com frequência. Aqueles infelizes que morrem no cadafalso (que aturam a maior medida de sofrimento, já que, depois que toda a esperança lhes foi completamente tirada, eles morrem de forma violenta, ignominiosa e, muitas vezes, agonizante), muitas vezes os encontramos transformados dessa maneira. Não devemos presumir, entretanto, que eles são sempre tão piores do que a maioria das outras pessoas, à vista de que são mais infelizes: a diferença externa aqui é, na maioria dos casos, devida principalmente a circunstâncias externas: a margem de que são culpados e consideravelmente maus. Mas agora vemos muitos deles, depois de ficarem completamente sem esperança, transformados da maneira indicada. (Pergunte aos pregadores que prepararam os delinquentes para a morte, leia os livros deles sobre o assunto.) Eles agora demonstram real bondade de espírito, verdadeiro repúdio à prática de qualquer ato maligno ou desamoroso: perdoam seus inimigos, e, seja quem for, por quem tenham sofrido sem serem culpados, ou sofrido mais do que eram realmente culpados; e isso não apenas em palavras e talvez por medo hipócrita dos juízes do inferno, mas em atos e com sinceridade de coração, e não querem absolutamente nenhuma vingança: de fato, seu sofrimento e sua morte se tornam finalmente desejados por eles, pois ocorreu a negação da vontade de viver: eles frequentemente rejeitam o resgate oferecido, morrem com alegria, tranquilidade e felicidade. – Para eles, no excesso de sofrimento, o *último segredo* da vida foi revelado, a saber, que o mal, o sofrimento e o ódio, o atormentado e o atormentador, embora se mostrem muito diferentes para o conhecimento que segue o princípio de razão, são em si mesmos um só, a manifestação daquela única vontade de vida que revela seu conflito consigo mesma por meio dos *principii individuationis*. Eles chegaram a conhecer os dois lados, a maldade e a dor, em toda a sua extensão e finalmente perceberam a identidade de ambos. Agora rejeitam os dois ao mesmo tempo, negando a vontade de viver. A propósito, a proximidade da morte e a completa desesperança não são absolutamente necessárias para essa purificação por meio do sofrimento. Mesmo sem isso, por meio de grande infortúnio e dor, a percepção da contradição entre a vontade de viver e a própria pessoa pode se impor e a futilidade de todo esforço pode ser percebida. É por isso que, com frequência, vemos pessoas que tiveram uma vida muito agitada nos estertores das paixões, reis, heróis, aventureiros, mudarem repentinamente, recorrerem à resignação e ao arrependimento, tornarem-se eremitas e monges. Com Raimundo Lúlio temos uma dessas autênticas histórias de conversão. Esse conhecimento, no entanto, também pode se esvair ao mesmo tempo que sua causa, retornando o caráter anterior e com ele a vontade de viver. Em geral, a negação da vontade de modo algum emerge do sofrimento como a *necessidade* de um *efeito* a partir de sua causa; mas a vontade permanece livre. Pois este é precisamente o único ponto em que sua *liberdade* entra diretamente na *aparência*. Com todo sofrimento, pode-se pensar em uma vontade que seja superior a ele em violência e que, portanto, não seja vencida por ele. Por essa razão, Platão conta no

Fédon sobre pessoas que se banqueteiam, bebem e desfrutam da afrodisia até o momento de sua execução, afirmando a vida até a morte. Shakespeare, em *Henrique VI* (parte 2, ato 3, cena 3), coloca diante de nossos olhos o fim do cardeal Beaufort, um réprobo que morre em desespero, pois nenhum sofrimento ou morte pode quebrar a vontade que nele é feroz até a máxima maldade. Quanto mais violenta for a vontade, mais gritante será a aparência de sua contradição: maior, portanto, será o sofrimento.

Um mundo que seria a manifestação de uma vontade de viver incomparavelmente mais violenta do que a atual exibiria um sofrimento muito maior: seria, portanto, um *inferno*.

Uma vez que *todo sofrimento* é uma mortificação da vontade e, portanto, um convite à resignação, ele tem, de acordo com a possibilidade, um *poder santificador*: daí se explica que o *grande infortúnio*, a dor profunda, sempre inspira em si uma certa reverência. Mas o sofredor não se torna realmente venerável para nós quando, olhando para o curso de sua vida como uma cadeia de sofrimentos, ou lamentando uma dor grande e incurável, ele realmente só olha para a cadeia de circunstâncias que tornaram sua vida tão infeliz e triste; pois, se fizer isso, seu conhecimento ainda seguirá o princípio de razão e se apegará à aparência individual: ele então ainda quer a vida, mas não as condições sob as quais ela se tornou a sua vida – mas ele só é verdadeiramente venerável quando seu olhar se eleva do individual para o geral, quando vê seu próprio sofrimento apenas como um exemplo do todo: ele então se torna genial de um ponto de vista ético: a saber, um caso conta para ele como mil: portanto, então compreende toda a vida como sofrimento essencial e chega à resignação. Por essa razão, é venerável quando, em *Tasso*, a princesa fala sobre como sua própria vida e a de seu próprio povo sempre foram tristes e sem alegria e, ao fazer isso, ela olha completamente para o geral.

Sempre pensamos em um caráter muito nobre com um certo verniz de tristeza tranquila: com isso não quero dizer nada menos do que uma constante irritabilidade em relação às adversidades diárias, o que seria um traço ignóbil e daria origem a temores de uma má atitude; mas o que quero dizer é uma consciência anterior, decorrente do conhecimento, do nada de todos os bens e do sofrimento de toda a vida, não apenas da própria vida. Esse conhecimento pode ser despertado primeiro pelo sofrimento experimentado por nós mesmos, especialmente por um único grande sofrimento, como o de Petrarca p.569. Quando, por meio de uma frustração tão grande e irrevogável do destino, a vontade é quebrantada em um certo grau; então, quase nada é desejado, e o caráter se mostra gentil, triste, nobre, resignado. Quando, finalmente, o luto não tem mais um objeto definido, mas se espalha por toda a vida: então ele é, até certo ponto, um entrar em si mesmo, uma retirada, um desaparecimento gradual da vontade, cuja visibilidade, o corpo, ele mina até mesmo silenciosamente, mas no mais íntimo, por meio do qual o homem sente um certo afrouxamento de suas amarras, um suave pressentimento da morte, que se anuncia aqui como a dissolução do corpo e da vontade ao mesmo tempo; é por isso que uma alegria secreta acompanha esse pesar: essa é *the joy of grief*.[58] — Mas aqui também se encontra o precipício da *sensibilidade*, tanto para a vida em si quanto para sua representação na poesia: pois se alguém sempre chora

---

58 A alegria do pesar. (N. T.)

e sempre lamenta sem se encorajar à resignação, perdeu o céu e a terra ao mesmo tempo e só permanece o sentimentalismo aguado. Somente quando o sofrimento assume a forma de puro conhecimento e então traz verdadeira resignação como uma *quietude* da vontade, só aí temos o caminho para a salvação e, portanto, um caminho venerável. Assim, sentimos um certo respeito ao ver uma pessoa muito infeliz, semelhante ao que a virtude e a generosidade exigem de nós: e, ao mesmo tempo, nossa própria condição feliz parece uma coisa reprovável. Não podemos deixar de considerar todo sofrimento, tanto aquele sentido por nós mesmos quanto o externo, como, pelo menos, uma possível aproximação da virtude e da santidade, enquanto os prazeres e a satisfação mundana são a distância disso. Isso vai tão longe que todo homem que tolera um grande sofrimento físico ou suporta um severo sofrimento espiritual, sim, até mesmo todo homem que simplesmente executa um trabalho físico que exige o maior esforço, com o suor de seu rosto e com visível exaustão, mas tudo isso com paciência e sem resmungar, isso, eu digo, todo homem assim, se o observarmos com atenção, nos parecerá, por assim dizer, como uma pessoa doente que aplica uma cura dolorosa, mas que, de boa vontade e até mesmo com satisfação, suporta a dor que a cura causa, sabendo que, quanto mais sofre, mais a substância da doença é destruída e, portanto, a dor atual é a medida de sua cura.

A redenção

De acordo com tudo o que foi dito até agora, a *negação da vontade de viver*, que é o que se chama de *completa resignação* ou *santidade*, sempre surge do *quietivo* da vontade, que é o reconhecimento de sua contradição interna e de sua nulidade essencial, que se manifestam no sofrimento de todas as coisas vivas. A diferença, que descrevi como dois caminhos que levam a isso, consiste no fato de se ter chegado a esse conhecimento por meio do sofrimento pura e simplesmente *reconhecido*, que se adquire ao ver além do *principium individuationis*, ou se chegou-se a ele por meio do sofrimento diretamente *experimentado* por si mesmo. Enquanto a negação da vontade de viver descrita anteriormente não tiver ocorrido, todos não serão nada além dessa vontade em si. Como sua aparência, encontramos uma existência que se esvai, um esforço sempre fútil e sempre frustrado, e o mundo retratado cheio de sofrimento: a isso todos pertencem irrevogavelmente da mesma maneira. Enquanto nossa vontade for a mesma, nosso mundo não poderá ser outro. Pois descobrimos anteriormente que a vida é sempre certa para a vontade de viver, e que sua única forma real é o *presente*, que nenhuma morte pode nos tirar, mas da qual também nunca escapamos, assim como a morte e o nascimento só imperam no mundo da aparência. O mito indiano expressa isso dizendo: "nós nascemos de novo". – O que está na base da grande diferença ética entre os personagens e que, portanto, se revela é o fato de que o homem mau está infinitamente longe de alcançar o conhecimento do qual surge a negação da vontade: que ele está, portanto, firmemente ligado à vida e inteiramente sujeito a ela. Portanto, ele está, de fato e em verdade, *realmente* entregue a todas as qualidades que parecem *possíveis* na vida: pois o atual estado feliz de sua pessoa, se é que existe algum, baseia-se apenas no *principium individuationis*, a forma da aparência – é, portanto, a obra deslumbrante de Maya, o sonho feliz do mendigo. E os sofrimentos que ele inflige a outro na veemência de sua vontade são a medida dos seus sofrimentos, cuja própria experiência não pode quebrantar sua vontade e levar à negação final. — Por outro lado, todo o amor verdadeiro e puro, sim, até mesmo toda a justiça espontânea, já emerge da percepção dos *principii individuationis*: — se isso agora ocorre em plena clareza, traz o completo abandono da vontade e, precisamente com isso, a redenção. O fenômeno dessa liberação é o estado de resignação descrito anteriormente, a paz inabalável que o acompanha e essa suprema alegria que se manifesta ante a morte.

Sobre o suicídio

Para evitar mal-entendidos grosseiros, devo falar aqui sobre o *suicídio*. A saber, a partir da negação da vontade de viver, que é o único ato de sua *liberdade* que aparece *diretamente na aparência*, nada é mais diferente do que a suspensão arbitrária de sua própria aparência, o *suicídio*. Longe de ser uma negação da vontade, é um fenômeno de forte afirmação da vontade. O suicida quer a vida e está apenas insatisfeito com as condições sob as quais ela se tornou a sua própria vida. Portanto, ele não desiste de forma alguma da vontade de viver, mas apenas da sua vida, destruindo a aparência individual. Ele quer a vida, quer a existência e a afirmação desimpedidas do corpo, mas o entrelaçamento das circunstâncias não permite isso, e surge um grande sofrimento para ele. A própria vontade de vida se vê tão inibida nessa única aparência que não consegue desenvolver seu esforço. Portanto, ela (a vontade) decide de acordo com sua natureza em si mesma: isso está fora da forma do princípio de razão e, portanto, toda aparência é indiferente para ela: pois ela mesma permanece intocada por toda gênese e extinção: pois ela é a vida interior de todas as coisas. De fato, essa mesma certeza firme e interior, que nos faz viver sem constantes tremores de morte, da qual já falamos longamente, ou seja, a certeza de que a vontade nunca pode deixar de aparecer, essa mesma certeza também sustenta o ato do suicídio. É a mesma vontade de viver que aparece nesse suicídio (*Shiva*), assim como no prazer da autopreservação (*Vishnu*) e no desejo de procriação (*Brahma*). O suicida não nega a espécie, mas apenas o indivíduo. Já lhes mostrei que, como a vida é sempre certa para a vontade de viver, mas o *sofrimento* é essencial para a vida, o suicídio é um ato fútil e, portanto, tolo, pois destrói a aparência individual, mas a coisa em si permanece imperturbável; assim como o pôr do sol não traz a noite para o próprio Sol. Agora, além disso, o suicídio é a obra-prima de Maya, pois é a expressão mais gritante da contradição da vontade de viver consigo mesma. Já reconhecemos essa contradição nas manifestações mais baixas da vontade, na luta constante de todas as expressões de forças naturais e de todos os indivíduos orgânicos: eles lutam por matéria, tempo e espaço. Vimos, nos estágios crescentes da objetivação da vontade, que essa luta também se torna cada vez mais evidente, com terrível clareza; finalmente, no estágio mais elevado, que é a ideia do homem, ela atinge aquele grau em que não apenas os indivíduos que representam a mesma ideia se aniquilam mutuamente, mas em que até o mesmo indivíduo anuncia guerra a si. A veemência com a qual deseja a vida e insta o sofrimento contra a inibição dela o leva a destruir a si mesmo, de modo que a vontade individual anula o corpo, que é apenas sua própria manifestação, por um ato de vontade, em vez de o sofrimento quebrantar a vontade. Justamente porque o suicida não pode deixar de *que-*

rer, ele deixa de *viver*, e a vontade se afirma aqui justamente pela abolição de sua aparência, porque não pode mais se afirmar de outra forma. Mas o próprio *sofrimento* do qual ele se afasta era uma *mortificação* da vontade que poderia tê-la levado à negação de si mesma e, assim, à *redenção*: nesse sentido, podemos comparar o suicídio a um homem doente que, tendo iniciado uma operação dolorosa que poderia curá-lo da raiz, não permite que ela seja concluída, mas prefere manter a doença. O sofrimento se aproxima e, como tal, abre a possibilidade de negar a vontade: mas ele a rejeita destruindo a aparência da vontade, o corpo, para que a vontade possa permanecer intacta. – Levados pelo sentimento do que foi dito aqui, quase todos os especialistas em ética, tanto religiosos quanto filósofos, condenam o suicídio: mas como até agora não conseguiram trazer a razão real para ele à clareza do conhecimento, laboriosamente buscam várias razões bem diferentes para ele, algumas das quais são estranhas, mas todas são sofísticas. – Se, no entanto, um homem alguma vez se absteve do suicídio, para o qual estava inclinado, por um impulso puramente ético, o significado mais íntimo dessa autoconquista (em quaisquer termos com que sua razão a revestiu) foi este: "Eu não quero me esquivar do sofrimento, para que ele possa contribuir para abolir a vontade de viver, cuja aparência é tão lamentável. Não me subtraio ao sofrimento para fortalecer o meu conhecimento da natureza real do mundo que já despontou em mim, de modo que esse conhecimento se torne o quietivo final de minha vontade e me redima para sempre".

Devo mencionar aqui um tipo muito peculiar de suicídio, que é completamente diferente do usual, e ocorre apenas muito raramente e talvez ainda não tenha sido suficientemente estabelecido. É o voluntário *morrer de fome* que ocorre no mais alto grau de ascetismo: sua ocorrência rara, além disso, sempre foi acompanhada por uma grande quantidade de arrebatamento religioso e até mesmo superstição, o que a torna muito indistinta. Parece, entretanto, que a completa negação da vontade pode chegar ao ponto em que até mesmo a vontade, que é necessária para a manutenção da vegetação do corpo por meio da ingestão de alimentos, deixa de existir. Esse tipo de suicídio estaria longe de surgir da vontade de viver; ao contrário, esse asceta resignado deixa de viver simplesmente porque deixou completamente de querer. Outra forma de morte que não a da fome não é bem concebível aqui (a menos que surja de alguma superstição especial), porque a intenção de encurtar a duração da vida já seria, de fato, um grau de afirmação da vontade. Os dogmas que preenchem a razão de tal penitente refletem para ele a ilusão de que um ser de um tipo mais elevado ordenou que ele jejuasse; enquanto, na verdade, uma inclinação interior o leva a isso. – Exemplos mais antigos. Breslauer, *Sammlung von Natur- und Medizin Geschichten* (set. 1719, p.363 ss.) – Bayle, *Nouvelles de la république des lettres* (fev. 1685, p.189 ss.) – Zimmermann, *Über die Einsamkeit* (v.I, p.182). – Entretanto, nessas notícias os indivíduos são retratados como insanos, e não se pode mais determinar até que ponto isso pode ter sido verdade: – uma nova notícia desse tipo está no *Nürnb. Corresp.* de 29 de julho de 1813.

Entre essa morte voluntária por ascetismo e a morte comum por desespero pode haver muitos estágios intermediários e misturas: de fato, é difícil explicar, mas a mente humana tem profundezas, trevas e complexidades que é extremamente difícil iluminar e revelar.

Arthur Schopenhauer

Sobre a relação da negação da vontade com a necessidade da motivação

Resta agora ver como essa exposição do que eu chamo de *negação da vontade de viver* se concilia com a minha exposição anterior da *necessidade* que corresponde à *motivação*, bem como a todas as outras formulações do princípio de razão: você se lembrará que descobrimos que os motivos, como todas as causas, são apenas *causas ocasionais*: neles, o caráter desdobra sua essência e a revela com a necessidade de uma lei natural: portanto, negamos completamente o *liberum arbitrium indifferentiae*. Aqui, no entanto, vemos a vontade se libertando completamente da influência dos motivos, na medida em que, a partir do conhecimento da vida como um todo, surge um *quietivo* para ela, por meio do qual ela deixa de querer qualquer coisa, e assim os motivos perdem completamente seu efeito sobre ela. – Longe de abolir isso aqui, eu o lembro. Na verdade, a *liberdade real*, ou seja, a independência do princípio de razão, só chega à vontade como uma coisa em si, mas não na aparência, cuja forma essencial é, em toda parte, o princípio de razão, o elemento da necessidade. Mas, mesmo assim, eu disse: "O *único caso* em que a liberdade da vontade também pode se tornar *diretamente visível na aparência* é aquele em que ela põe fim ao que aparece; mas porque, nesse caso, a mera aparência, na medida em que é um elo na cadeia de causas e efeitos, continua no tempo, que contém apenas aparências; então a vontade que se manifesta em tal aparência está em contradição com ela, pois nega o que a aparência expressa: daí esse estado da vontade também ser chamado de *autonegação*". Da mesma forma, o corpo inteiro nada mais é do que a expressão visível da vontade de viver: no entanto, os motivos adequados a essa vontade não funcionam mais: sim, até mesmo a dissolução do corpo, o fim do indivíduo e, portanto, a maior inibição da vontade natural é bem-vinda e desejada. Essa, então, é uma contradição *real* entre a vontade e sua aparência; ela surgiu da intervenção da *liberdade* que a vontade tem como uma coisa em si *na necessidade* à qual sua aparência está sujeita. Dessa contradição *real*, temos agora, aqui, uma repetição na reflexão filosófica nessa contradição *verbal* entre minha afirmação da necessidade com a qual os motivos determinam a vontade, de acordo com a medida do caráter, por um lado, e minha afirmação da possibilidade de uma abolição completa da vontade, pela qual os motivos se tornam impotentes, por outro lado. A chave para a unificação dessas contradições, no entanto, está no fato de que a condição em que o caráter é retirado do poder dos motivos não procede diretamente da vontade, mas de um *modo alterado de conhecimento*. Pois, enquanto o conhecimento estiver preso ao *principium individuationis* seguindo o princípio de razão *per se*, o poder dos motivos será irresistível. Mas, quando se vê para além do *principium individuationis*, quando, em toda a multiplicidade de coisas individuais e em toda a diversidade de aparências, a essência em si de todas as coisas é diretamente reconhecida como a mesma em todas, como a única e mesma vontade que aparece em tudo, e agora a esse conhecimento é adicionado o estado de sofrimento dos seres vivos, então, de todo esse conhecimento emerge um quietivo geral de todo querer. Os *motivos* individuais se tornam ineficazes, porque o modo de conhecimento que corresponde a eles retrocedeu, obscurecido por outro completamente diferente. Portanto, o caráter nunca pode *modificar-se parcialmente*, e deve, como consequência de uma lei da natureza, realizar em detalhes a vontade da qual, como um todo, é a aparência: mas esse mesmo todo, o próprio caráter, pode ser completamente abolido pela *mudança de conhecimento* indicada.

Explicação desses ensinamentos por meio dos dogmas da Igreja cristã

Posso explicar os aspectos essenciais de todo esse ensinamento por meio dos dogmas da Igreja cristã. Essa abolição de caráter é precisamente o que, na Igreja cristã, foi muito apropriadamente chamado de *nascer de novo*; e o conhecimento do qual essa abolição surge é o que é chamado de *efeito da graça*. — Precisamente porque não estamos falando de uma *mudança* de caráter, mas de uma *supressão completa* dele, acontece que, por mais diferentes que fossem os caracteres antes dessa abolição, eles, no entanto, depois dela, mostram uma grande semelhança na maneira como agem: embora todos, de acordo com seus conceitos e dogmas, ainda *falem* de maneira muito diferente.

Nesse sentido, então, *o velho filosofema relativo à liberdade da vontade, sempre contestada e sempre afirmada*, não é sem fundamento; nem o dogma da Igreja sobre o *efeito da graça* e do *nascer de novo* seria sem sentido e significado. Mas, inesperadamente, agora vemos que os dois coincidem em um só: e desse ponto de vista também podemos entender um ditado do excelente Malebranche: *la liberté est un mystère*; em que temos que concordar com ele. Pois precisamente aquilo que os místicos cristãos chamam de *efeito da graça* e do *nascer de novo* é para nós a única expressão da *liberdade da vontade* que se torna diretamente visível na aparência, onde de outra forma prevalece a necessidade universal. Essa expressão tem lugar quando a vontade alcançou o perfeito conhecimento de sua essência em si, recebe dele um quietivo e assim se subtrai do efeito dos *motivos*, dado que esse efeito está no domínio de um modo diferente de conhecimento, cujos objetos são apenas aparências. A *possibilidade* de a *liberdade* se expressar dessa forma é a maior vantagem do homem, e que está eternamente ausente nos animais: a primeira condição para isso é a prudência da razão, que, independentemente da impressão do presente, permite que toda a vida seja contemplada. O animal não tem qualquer possibilidade de liberdade, como também não tem possibilidade de escolha real, que se dá depois de um conflito de motivos, que requer a presença de representações abstratas. Com a própria necessidade, portanto, com a qual uma pedra cai na terra, um animal se torna o exterminador implacável de outro: porque aqui a vontade ainda não pode alcançar o conhecimento de seu ser como um todo: assim, o lobo faminto crava seus dentes na carne da caça, sem a possibilidade de saber que ele próprio é tanto o mutilado quanto o mutilador. *A necessidade é o reino da natureza; a liberdade é o reino da graça.*

Vimos que essa *autossupressão* da vontade procede do conhecimento: mas todo conhecimento e compreensão é, como tal, *independente da vontade*: portanto, também aquela negação de toda vontade, aquela entrada na liberdade, não deve ser *forçada por resolução*, mas procede da relação mais íntima que, no homem, seu conhecimento tem com sua vontade: portanto, aquele discernimento, do qual procede a negação da vontade é como se repentinamente viesse de fora, à margem de nosso concurso. É por isso que a Igreja o chamou de *efeito da graça*: assim como, em *termos intelectuais*, o conhecimento imediato mais perfeito é chamado de *genial*, atribuindo-o assim a um gênio que toma posse do homem. E porque, como resultado desse *efeito da graça*, toda a natureza do homem é *fundamentalmente alterada* e revertida, e ele agora não quer mais nada de tudo o que até então desejava com tanta veemência, assim, um *novo homem* realmente tomou o lugar do *antigo*, por assim dizer; é por isso que a Igreja chamou essa consequência do efeito da graça de *novo nascimento*. O velho homem (Adão) morre, o novo homem (Jesus) nasce. A doutrina da fé cristã não se detém no conhecimento que segue o princípio de razão e, portanto, só conhece os indivíduos; mas capta a ideia do homem em sua unidade: e agora simboliza a natureza, a afirmação da vontade de viver em *Adão*: de acordo com a ideia, somos todos *um* com ele e, portanto, participantes de seu pecado, mas também do sofrimento e da morte eterna. Essa unidade da ideia, que nos identifica a todos com *Adão*, agora se apresenta externamente, experimentalmente, por meio do vínculo da procriação que nos liga a ele. Nesse sentido, então, o pecado que pertence ao homem em primeiro lugar é chamado de *pecado original*. Ele deve morrer; o Adão. – Seguindo a mesma forma de conhecimento, a Igreja simboliza a *graça*, ou a *negação da vontade de viver*, *a redenção* da morte e do pecado, no *Deus humanamente ordenado*. Ele deve renascer em nós. Como ele, como tal, deve estar livre de toda a pecaminosidade, ou seja, de *toda a vontade de viver*, ele não pode, como nós, ter surgido da afirmação suprema da vontade de viver; ele não pode, de fato, como nós, ter um corpo que é apenas uma vontade concreta, uma aparência da vontade; mas nasce da virgem pura e tem apenas um corpo ilusório. Pelo menos este último era o dogma de alguns dos Pais da Igreja, chamados de Docetas, que eram muito consistentes a esse respeito, desde δοκειν: δοκει μεν σωμα εχειν ουκ εχει δε.[59] Foi especialmente ensinado por Apeles, contra quem Tertuliano e seus sucessores se levantaram.

Além disso, trata-se de uma doutrina primitiva e evangélica do cristianismo, que *Lutero* propôs como objetivo principal de seu esforço purificar dos erros e ressaltá-la, como ele mesmo explica expressamente no livro *De servo arbitrio*. A doutrina segundo a qual *a vontade não é livre*, mas originalmente sujeita à inclinação para o mal; portanto, as obras da vontade são sempre pecaminosas e defeituosas, nunca sendo capazes de fazer justiça o suficiente: e que não são as obras que trazem a salvação, mas a fé: mas essa fé em si *não* surge da *intenção e da vontade livre*; mas vem sobre nós, pelo *efeito da graça*, sem que façamos nada. — Esse dogma concorda plenamente com o resultado de nossas considerações. Pois nós também descobrimos que a virtude genuína e a santidade da mente têm sua primeira origem não na deliberação do arbítrio (obras), mas no conhecimento (fé). Se as obras, que nascem da intenção deliberada e, de alguma forma, de *motivos*, levassem à bem-aventurança, a *virtude* seria sempre apenas um *egoísmo* prudente e metódico: por mais voltas que se queira dar. *A fé*, entretanto, para a qual a Igreja cristã promete salvação, é esta: que por meio da queda do primeiro homem todos nós caímos em parte no pecado, na morte e na destruição; e que, por outro lado, todos nós somos redimidos apenas pela graça e pela admissão de nossa imensa culpa, por meio do Mediador divino: e isso inteiramente sem o nosso mérito, o mérito da pessoa: porque aquilo que pode vir do ato intencional (determinado por motivos) da pessoa, as *obras*, nunca pode nos

---

59 Parecer ter um corpo, mas na verdade não ter. (N. T.)

justificar. As obras, por sua natureza, não podem nos justificar, precisamente porque são algo intencional, ou seja, provocado por motivos, *opus operatum*. — Nessa fé, portanto, reside, em primeiro lugar, que nosso estado é original e essencialmente *sem esperança*, e que precisamos de *redenção* desse estado. Em seguida, que nós mesmos pertencemos essencialmente ao *mal*, e estamos tão firmemente apegados a ele, que nossas obras de acordo com a lei e com os preceitos, isto é, de acordo com os motivos, são insatisfatórias em relação à justiça e não podem nos redimir. A *redenção* só é obtida por uma *fé* que não brota da intenção, mas só pode vir sobre nós pela *graça*, isto é, como que de fora, ou seja, por um *conhecimento totalmente mudado* de todas as coisas. Isso também significa que a salvação é completamente estranha à *nossa pessoa* e aponta para uma *negação e renúncia dessa mesma pessoa*, o que é necessário para a salvação, morrendo para a própria vontade e nascendo de novo em Deus. As *obras*, a observância da lei como tal, nunca podem justificar, porque são sempre uma ação sobre os *motivos*. Lutero postula (no livro *De libertate christiana*) que, após *a ocorrência da fé*, as boas *obras* surjam dela por si mesmas, como sintomas, como frutos da fé: mas de forma alguma as obras devem reivindicar mérito, justificação ou recompensa em si mesmas, mas devem acontecer de forma inteiramente voluntária e gratuita. — Tudo isso corresponde ao fato de que, a partir de uma mudança no *conhecimento* que ocorre sem que façamos nada, ou seja, a partir da compreensão cada vez mais clara dos *principii individuationis*, surge primeiro apenas a justiça espontânea, depois o amor, até a completa abolição do egoísmo e, finalmente, a renúncia ou negação da vontade.

Esses *dogmas da doutrina cristã* são, em si mesmos, estranhos à filosofia. Eu trouxe à tona esses dogmas meramente para mostrar que a *ética* aqui apresentada, que necessariamente emerge do conjunto da filosofia apresentada a vocês está em exata concordância e coerência com eles. Essa ética é nova em *expressão*, mas não em espírito e essência; ela está em completa concordância com os verdadeiros dogmas *cristãos* e está até mesmo, em essência, contida neles. De todas as éticas filosóficas anteriores, nunca se pode deduzir a tendência ascética do cristianismo (na verdade, porque todos os filósofos eram otimistas)[;] o cristianismo, agora, não carrega uma visão falsa em si mesmo, mas é obviamente a melhor ética; isso mostra que todas as éticas filosóficas anteriores tinham uma visão errônea do cristianismo: isso é o otimismo. Nossa ética também corresponde exatamente aos preceitos éticos dos *livros sagrados hindus*, que são novamente apresentados de formas bastante diferentes. A lembrança dos dogmas da Igreja cristã serviu, ao mesmo tempo, para explicar e elucidar melhor a *aparente contradição* entre, por um lado, a *necessidade* de todas as expressões do caráter na presença de motivos e, por outro lado, a *liberdade da vontade como tal*, em virtude da qual ela pode *negar a si mesma* e abolir o *caráter*, com toda a necessidade de motivos baseados nele. Pois isso é precisamente o que o ensinamento da Igreja expressa como o *reino da natureza e o reino da graça*, ambos os quais existem ao mesmo tempo e um no outro, mas o homem pode passar do reino da natureza para o reino da graça, que é o *nascer de novo*, por meio do efeito da graça.

Do nada, com o mundo suprimido

Apresentei a vocês os fundamentos da ética e, assim, concluí de fato toda a doutrina da natureza do mundo e do espírito humano que eu tinha a apresentar a vocês. — No entanto, ainda há uma objeção a ser mencionada que pode ser feita à última parte de minha apresentação, e que de forma alguma desejo ocultar, mas sim mostrar como ela é provocada pela própria essência do assunto. Depois que nossa consideração finalmente chegou ao ponto em que, na *santidade perfeita, a negação e a supressão* de toda vontade nos são apresentadas e, precisamente por meio disso, a *redenção* de um mundo cuja existência inteira reconhecemos como um sofrimento necessário, isso, agora, aparece como uma transição para o *nada* vazio. Pois, com a supressão da vontade, o mundo também é suprimido, uma vez que este mundo é a mera visibilidade da vontade.

A primeira coisa a ser notada sobre isso é que o conceito de *nada* é essencialmente *relativo*: pois ele sempre se refere a *algo determinado* que é *negado*. Essa propriedade geralmente se atribui ao *nihil privativum*; por isso se entende aquilo que é designado com um (−) em contraste com um (+). Este (−), então, desse ponto de vista oposto pode converter-se em (+). Em contraste com esse *nihil privativum*, coloca-se então um *nihil negativum*, que seria *nada* em *todos os aspectos*. Como exemplo disso, podemos citar a *contradição lógica* que se anula. No entanto, considerando mais de perto, um nada absoluto, um *nihil negativum*, não é sequer concebível. Em vez disso, todo suposto *nihil negativum*, quando visto de um ponto de vista mais elevado, ou seja, subsumido a um conceito mais amplo, é sempre apenas um *nihil privativum*. Ou seja, todo *nada* é tal apenas na medida em que o pensamos *em relação* a outra coisa e, portanto, essa relação também pressupõe esse outro, o *algo*. Mesmo uma *contradição lógica* é apenas um nada relativo. Não é um pensamento da razão; mas, nem por isso, é um nada absoluto. Pois é uma palavra composta; é um exemplo do não pensável, que é necessário na lógica para verificar as leis do pensamento. Portanto, se, para esse propósito, alguém partir de um exemplo como esse, ele se agarrará ao absurdo como o positivo, que está apenas buscando, e pulará o sentido, como o negativo. Dessa forma, todo *nihil negativum* ou nada absoluto, se o subordinarmos a um conceito mais elevado, aparecerá como um mero *nihil privativum* ou nada relativo: tal coisa também pode sempre trocar sinais com aquilo que nega, de sorte que o positivo seja pensado como negativo e vice-versa. Com relação a essa análise do conceito de *nada*, vale a pena ler a difícil investigação dialética do nada que Platão faz no *Sofista*, principalmente nas páginas 277-87 (Bip.). Seu resultado coincide com o nosso: nossa consideração pode contribuir muito para facilitar a compreensão dessa difícil passagem de Platão.

Aquilo que geralmente é assumido como positivo, que chamamos de existente e cuja negação é expressa pelo termo *nada* em seu significado mais geral, é precisamente o mundo como representação, que demonstrei como objetidade ou visibilidade da vontade. Essa vontade e esse mundo também somos nós mesmos, e a ela pertence a representação em geral, como seu lado, a ela também o conceito, o material da filosofia, finalmente também a palavra, o signo do conceito. — A negação, a supressão, a virada da vontade é também a supressão e o desaparecimento do mundo, de sua visibilidade e imagem. Se não o vemos mais nesse espelho, perguntamos em vão para onde ele se voltou e depois reclamamos que ele se perdeu no *nada*.

Um ponto de vista inverso, se fosse possível para nós, permitiria que os sinais fossem trocados, mostraria o que *existe* para nós como o *nada* e esse *nada* como o *existente*. Este último, entretanto, permanece negativo para nós e só pode ser designado negativamente por nós enquanto nós mesmos formos a vontade de vida: pois o que nos priva de todo conhecimento aqui é precisamente a antiga e verdadeira *proposição dos pitagóricos*, de que o semelhante só é conhecido pelo semelhante. Por outro lado, a possibilidade de todo o nosso conhecimento real, ou seja, a possibilidade do mundo como uma representação ou a objetivação da vontade, baseia-se, em última análise, nessa proposição. Pois o mundo é precisamente a vontade que conhece a si mesma. Como, portanto, estamos em um ponto de vista unilateral, a afirmação da vontade e da aparência é para nós o existente; a negação da vontade é o nada.

Se, no entanto, insistíssemos em alcançar qualquer conhecimento *positivo* daquilo que a filosofia só pode *expressar negativamente* como a negação da vontade, então, no final, não nos restaria nada além de nos referirmos ao estado experimentado por todos aqueles que alcançaram a negação da vontade, e que tem sido designado pelos nomes êxtase, arrebatamento, iluminação, união com Deus etc. Esse estado, no entanto, não deve ser realmente chamado de conhecimento, porque não tem mais a forma de sujeito e objeto; além disso, é acessível apenas à própria experiência, que não pode ser comunicada posteriormente.

Mas permanecemos inteiramente no *ponto de vista da filosofia* e, portanto, devemos nos contentar aqui com a *conhecimento negativo*, satisfeitos por termos alcançado a última pedra do conhecimento positivo. Descobrimos que a *vontade* é o em si do mundo: todas as aparências são apenas sua *objetividade*, e seguimos isso desde o impulso sem conhecimento das forças naturais obscuras até a ação consciente do homem: portanto, não evitamos a consequência de que, com a livre negação e a supressão da vontade, todas essas aparências também são abolidas. Assim, aquele constante impulso e persistência, sem meta e sem descanso, em todos os níveis de objetidade, nos quais e por meio dos quais o mundo existe, é então suprimido; também a multiplicidade de formas e toda sua aparência é suprimida com a vontade; finalmente, também as formas gerais dessa multiplicidade, tempo e espaço, e também a última forma básica de aparência sujeito e objeto. Sem vontade, não há representação e não existe o mundo (*Kein Wille; keine Vorstellung: keine Welt*).

Tudo o que resta diante de nós é o *nada*. Mas aquilo que resiste a essa dissipação no nada, nossa natureza, é apenas a vontade de viver, que nós mesmos somos, assim como nosso mundo. O fato de abominarmos tanto o nada, não é nada mais do que outra expressão do fato de que queremos tanto a vida e nada sermos além dessa vontade e nada sabermos além dela — essa nossa escuridão só pode ser iluminada indiretamente, por assim dizer, pelo reaparecimento de um mundo completamente outro. — Pois devemos desviar o olhar de nossa própria autoconsciência e carência para aqueles que venceram o mundo, nos quais a vontade alcançou o pleno autoconhecimento e agora se reconhece em tudo, e então se nega livremente: apenas seu último traço é deixado como a animação do corpo, e eles esperam que isso desapareça com o fim do corpo. Neles vemos, em vez do impulso e da atividade inquietos, em vez da constante transição do desejo para o medo e da alegria para a tristeza, em vez da esperança nunca satisfeita e que nunca morre, na qual consiste o sonho de vida do homem desejoso. — Em vez de tudo isso, vemos aquela paz que é mais elevada do que toda razão, aquela calma completa da mente, aquela tranquilidade profunda, confiança inabalável e serenidade, cujo mero reflexo no semblante, como retratado por Rafael e Correggio, é um completo evangelho. Somente o conhecimento permaneceu; a vontade desapareceu. — Essa contemplação é a única que pode nos confortar permanentemente quando, por um lado, reconhecemos como o sofrimento incurável e a miséria sem fim são essenciais para o surgimento da vontade, para o mundo, e, por outro lado, com a vontade suspensa, vemos o mundo se dissolver e apenas o *nada vazio* permanece diante de nós. Assim, para dissipar a *impressão sombria* daquele *nada* que paira como o objetivo final por trás de toda virtude e santidade, mas cuja escuridão é, na verdade, apenas a falta de percepção de nossos olhos para a luz de outra região — para tirar o horror dessa impressão, nada é mais útil do que a consideração das vidas dos santos, que raramente temos o privilégio de encontrar em nossa própria experiência, mas que sua história e a arte registradas trazem diante de nossos olhos o selo da verdade interior. Aqui, Rafael e Correggio. Referimo-nos, então, a essa impressão indireta, a esse reaparecimento, acessível somente a nós, de outra região, que não apresenta nada além de negações a toda a nossa *faculdade de conhecimento*; é melhor do que evitar a completa *negatividade* que ocorre aqui com *relação a nós*, como fazem os hindus, por meio de mitos e conceitos sem sentido, como a reabsorção no espírito primordial, ou o nirvana dos budistas. Em vez disso, queremos confessar livremente que o que resta após a completa abolição da vontade é nada para todos aqueles que não são *nada* além dessa vontade em si. — Mas, quando o ponto de vista é invertido, os sinais do positivo e do negativo também são invertidos. Ou seja, para aqueles em quem a vontade se transformou e se negou, todo esse nosso mundo, tão real, com todos os seus sóis e vias lácteas – é Nada. Aquilo que é positivo para ele, por outro lado, não existe para nossa faculdade de conhecimento.

Uma última questão

Agora, finalmente, depois que a filosofia estabeleceu a essência do mundo e de nós mesmos, ou seja, a reproduziu *in abstracto*, alguém poderia talvez perguntar: "Mas de onde vem, afinal, essa vontade, que tem liberdade ou para se afirmar, o que resulta na aparência do mundo presente; ou também negar e suprimir a si mesma, pelo que entendemos que esse mundo aparente se desfaz para ela, mas, como acabou de ser demonstrado, não pode ter nenhum conhecimento positivo do novo estado que pode então ocorrer para ela; de onde vem, no final, todo esse ser, que pode ser vontade e também não vontade?".

A primeira resposta a isso seria que todo esse questionamento se baseia no princípio de razão, que constitui apenas a forma da aparência e, portanto, válida apenas na área da aparência, não além dela: consequentemente, a questão é aqui transferida de forma bastante errônea para a coisa em si.

Enquanto isso, vamos deixar de lado essa resposta bastante correta e dar outra.

Portanto, se alguém perguntar: *recapitulatio*: nós dizemos: "Não apenas não é possível para *nós* ter conhecimento disso; mas ninguém, nunca e em lugar algum e sob nenhuma condição: isso não é apenas *relativamente* inescrutável, mas absolutamente incognoscível. Não apenas ninguém o *conhece*, mas, por sua natureza, ele nunca *pode ser conhecido*. Pois a cognoscibilidade em si e tomada em geral, com sua forma bastante necessária de sujeito e objeto, pertence apenas à aparência, ao externo, não ao interno, nem de forma alguma à essência como tal, nem deste mundo nem de outros mundos possíveis.

Onde quer que haja conhecimento, há apenas representação, aí já estamos no reino da aparência. É por isso que reconhecemos o que é o mundo como mundo: é aparência, e nós reconhecemos a natureza interna dessa aparência diretamente de dentro de nós mesmos: a correção desse conhecimento foi finalmente provada pelo fato de que toda a conexão da vida com o mundo assim o revela e, assim, tornou-se clara para nós. Mas isso é tudo que a filosofia pode alcançar.

Mas, se deixarmos o mundo em geral, tanto sua aparência quanto sua essência em si, a fim de perguntar de onde vem toda essa essência, ou o que ela pode ser, além do fato de que ela pode querer o mundo e também não querer o mundo, então deixamos todo o terreno no qual o conhecimento pode ser possível: deixamos completamente o terreno da representação. Pois a natureza mais íntima do mundo é incognoscível. O ser em si, cuja expressão pode ser vontade e, portanto, mundo, ou não, de acordo com a livre determinação; esse ser em si mesmo, considerado, não está aberto a nenhum conhecimento possível: porque precisamente o conhecimento em geral está apenas no mundo, assim como o mundo está apenas no conhecimento".

Essa seria a última resposta. A partir disso, pode-se ver que nunca e em lugar algum pode haver uma resposta para uma pergunta como a seguinte: "O que eu seria se não fosse a vontade de viver?".

A *escuridão* que se espalha sobre nosso ser, cujo sentimento fez Lucrécio exclamar:

Qualibus in tenebris vitae, quantisque periclis
Degitur hocc' aevi quodcumque est![60]

Essa escuridão, que gera a própria necessidade da filosofia e da qual as mentes filosóficas se tornam conscientes em momentos individuais com tal vivacidade que podem parecer quase insanas para os outros: essa escuridão da vida, então, não deve ser explicada pelo fato de estarmos isolados de alguma luz original, ou pelo fato de nosso círculo de visão ser limitado por algum obstáculo externo, ou de o poder de nossa mente não ser adequado ao tamanho do objeto; por essas explicações, toda essa escuridão seria apenas *relativa*, existindo apenas em relação a nós e ao *nosso* modo de cognição. Não, ela é absoluta e originária: isso é explicável pelo fato de que a essência interna e originária do mundo não é *conhecimento*, mas apenas a *vontade*, uma ausência de conhecimento. O conhecimento em geral é de origem secundária, é acidental e externo: portanto, essa escuridão não é um ponto acidentalmente sombreado no meio da região da luz; mas o conhecimento é uma luz no meio da escuridão original sem limites na qual ele se perde. Portanto, quanto maior a luz, mais palpável se torna essa escuridão, porque ela toca a fronteira da escuridão em mais pontos; quero dizer, quanto mais inteligente é um homem, mais ele sente a escuridão que o cerca e é filosoficamente estimulado por ela. Por outro lado, o homem obtuso e ordinário não sabe de forma alguma de que escuridão se fala de fato: ele acha tudo bastante natural: portanto, sua necessidade não é de filosofia, mas apenas de dados históricos proporcionados pela história da filosofia. –

---

60 Ah, em que escuridão de ser, em que grandes perigos,/ Cada parte da vida é gasta. (N. T.)

SOBRE O LIVRO

Formato: 13,7 x 21 cm
Mancha: 23 x 44 paicas
Tipologia: Venetian 301 12,5/16
Papel: Off-white 80 g/m² (miolo)
Cartão Triplex 250 g/m² (capa)

1ª edição Editora Unesp: 2024

EQUIPE DE REALIZAÇÃO

Edição de texto
Tulio Kawata (Copidesque)
Rita Ferreira (Revisão)

Capa
Vicente Pimenta

Editoração eletrônica
Eduardo Seiji Seki

Assistente de produção
Erick Abreu

Assistência editorial
Alberto Bononi
Gabriel Joppert

Rua Xavier Curado, 388 • Ipiranga - SP • 04210 100
Tel.: (11) 2063 7000 • Fax: (11) 2061 8709
rettec@rettec.com.br • www.rettec.com.br